DIE MACHT DER ARMEN

D1927407

KONKRETIONEN – BEITRÄGE ZUR LEHRE
VON DER HANDELNDEN KIRCHE
HERAUSGEGEBEN
VON PROF. DR. HANS-ECKEHARD BAHR
RUHR-UNIVERSITÄT BOCHUM

Die Macht der Armen

Martin Luther King
und der Kampf
für soziale Gerechtigkeit

von HEINRICH GROSSE

FURCHE-VERLAG HAMBURG

KONKRETIONEN BAND 10

Meinen Eltern

© Furche-Verlag H. Rennebach KG, Hamburg 1971
Alle Rechte, auch die des auszugsweisen Nachdrucks
und der photomechanischen Wiedergabe, vorbehalten
Umschlag: Alfred Janietz
Gesamtherstellung: Clausen & Bosse, Leck
Printed in Germany
ISBN 3 7730 0044 8
Bestell-Nr. 2 2010/7

INHALT

Vorbemerkungen und Abkürzungsverzeichnis

1. Bibelstellen werden nach der Übersetzung der Zürcher Bibel (Zürich, 1965) zitiert.

2. Die Übersetzungen englischer Texte stammen vom Verfasser. Bereits vorliegende Übersetzungen wurden berücksichtigt.

3. Zeitschriften werden nach RGG 3 zitiert.

CALCAV	Clergy and Laymen Concerned About Vietnam
CORE	Congress of Racial Equality
dsAr	dieser Arbeit
MLTP	Ministers' Leadership Training Program
NAACP	National Association for the Advancement of Colored People
OB	Operation Breadbasket
PPC	Poor People's Campaign
RGG	Die Religion in Geschichte und Gegenwart. 3. Auflage, hrsg. von K. Galling, 1957—1962
SCLC	Southern Christian Leadership Conference
SNCC	Student Nonviolent Co-ordinating Committee
WCC	World Council of Churches
WPKG	Wissenschaft und Praxis in Kirche und Gesellschaft

VORWORT

Die folgende Studie stellt eine gekürzte Fassung meiner 1970 abgeschlossenen Bochumer Dissertation dar. Sie umfaßt den gesamten Zeitraum, in dem Martin Luther King politisch wirkte, also die Jahre von 1955 bis 1968. Darstellung und Analyse konzentrieren sich auf jene Aspekte der von King geleiteten Freiheitsbewegung, die exemplarisch-modellhaften Charakter haben oder entscheidende Wendepunkte markieren. Ich hoffe, mit dieser Fallstudie Materialien und Reflexionen darbieten zu können, die für das Problemfeld »Kirche und Politik« – »Christlicher Glaube und politische Praxis« relevant sind.

Die Arbeit stützt sich in erster Linie auf Selbstdarstellungen Kings und der »Southern Christian Leadership Conference (SCLC)«, die in der Form von Büchern, Reden, Aufsätzen, Predigten und Informationsliteratur vorliegen. Diese Dokumente habe ich durch Interviews mit engen Mitarbeitern, theologischen Lehrern und kompetenten Kritikern Kings ergänzt. Mitarbeiter der SCLC und des »Delta Ministry« sowie Dr. Gottlieb von der Mugar Library der Boston University halfen mir freundlicherweise bei der Beschaffung des Quellenmaterials.

Ein Stipendium des Weltkirchenrats gab mir die Gelegenheit, in den Jahren 1967 und 1968 das Rassenproblem in den Vereinigten Staaten »vor Ort« zu studieren. Während meiner dreimonatigen Mitarbeit im

»Delta Ministry«, einem Bürgerrechtsprojekt des Weltkirchenrats in Greenville, Miss., wurde ich mit der trostlosen politisch-sozialen Lage der Neger in den Südstaaten konfrontiert. Schließlich ermöglichte mir die Heinrich-Hertz-Stiftung im Jahre 1969 eine einmonatige Studienreise zu Aktionszentren der SCLC.

An folgenden von King bzw. seinen Mitarbeitern organisierten Projekten habe ich selbst teilgenommen: den Jahreskonferenzen der Vereinigung »Clergy and Laymen Concerned About Vietnam« in den Jahren 1967 und 1968, der »Kampagne der Armen« im Sommer 1968, dem Krankenhausarbeiterstreik in Charleston und Aktionen der »Operation Brotkorb« in Atlanta im Mai 1969.

Herrn Professor Dr. Hans-Eckehard Bahr, der die vorliegende Arbeit in allen Stadien durch Rat und Kritik gefördert hat, möchte ich an dieser Stelle meinen ausdrücklichen Dank sagen.

In den USA habe ich wertvolle Anregungen von den Professoren Max Stackhouse, Theodor Steeman und Preston Williams erhalten. Hans-Jürgen Benedict, Johannes Degen und Reinhard Finck haben mich immer wieder durch kritische Anmerkungen zur Überprüfung meiner Thesen genötigt. Besonders erwähnen möchte ich die selbstlose Hilfe, mit der mein Freund Horst Friedrichsmeier zum Zustandekommen dieser Arbeit beigetragen hat.

Der Hancock Congregational Church in Lexington, Mass., und der Andover Newton Theological School danke ich für das gewährte Stipendium. Die Landeskirche Hannovers, die Landeskirche Westfalens und die Ruhr-Universität Bochum haben die Veröffentlichung der Arbeit durch Druckkostenzuschüsse gefördert.

Nicht unerwähnt lassen möchte ich die Mühe und Sorgfalt, die Frau M. Bochnig, Frau B. Borowy, Frl. A. Heidermann, Frl. B. Sturm und vor allem Frau E. Kahlenborn auf die Anfertigung des Manuskripts verwendet haben.

Bochum/Lüneburg, im April 1971 Heinrich W. Grosse

A EINLEITUNG

Martin Luther King im Urteil seiner Zeitgenossen

Das Wirken Martin Luther Kings ist von seinen Zeitgenossen innerhalb und außerhalb der USA sehr unterschiedlich beurteilt worden; bislang haben sich nicht einmal Ansätze zu einer einheitlichen Tendenz der Meinungen abgezeichnet.[1]

Die Mehrzahl der Stellungnahmen bezieht sich auf die Strategie der politischen Praxis Kings. In der amerikanischen und außeramerikanischen Presse wurde King, vor allem nach seinem Tode, als »Apostel der Gewaltlosigkeit«, als »schwarzer Mahatma Gandhi«[2] gewürdigt und sein »Testament der Gewaltlosigkeit«[3] beschworen.

Die vielfachen Hinweise auf Kings Strategie der Gewaltlosigkeit entsprangen allerdings ganz unterschiedlichen politischen Interessen. Während die amerikanischen Neger in der Freiheitsbewegung durch gewaltloses Han-

[1] Eine umfassende, systematische Studie der Theorie und Praxis M. L. Kings fehlt bisher, doch sind neben einigen Biographien (W. R. Miller; D. Lewis; D. McKee; L. Bennett) eine Vielzahl von knappen Analysen und Stellungnahmen erschienen (s. Lit.-Verzeichnis). Es handelt sich dabei vorwiegend um Essays in Zeitschriften oder Kommentare in Tageszeitungen.

[2] Vgl. dazu bes.: Gandhi Marg, Juli 1968, passim; Negro History Bulletin, Mai 1968, passim. Vgl. auch: W. R. Miller, Gandhi and King, in: Fellowship, Jan. 1969, S. 8.

[3] J. Schwelien, Das Ende des Gewaltlosen, in: Die Zeit, 16. 4. 1968, S. 3.

deln den gesellschaftlichen Status quo ändern wollten, versuchten nicht wenige amerikanische und deutsche Politiker und Publizisten, eben durch die Beschwörung der Gewaltlosigkeit Kings den Status quo zu stabilisieren und gesellschaftskritische Gruppen — revoltierende Neger dort, demonstrierende Studenten hier — moralisch zu diskreditieren.[4]
Wenn Kings »Gewaltlosenbewegung« und die »Heißsporne der Black Power«, wenn »gewaltloser Kampf« und »hinterhältiger Guerillaüberfall«[5] der Öffentlichkeit als unversöhnliche Gegensätze vorgestellt werden, dann müssen die schwarzen Radikalen und nicht weiße Rassisten als das eigentliche Problem erscheinen.[6]

In schroffem Gegensatz zu dieser Sicht steht die Behauptung rechtsradikaler Weißer und einiger konservativer Neger in den USA, King sei wegen seiner Zusammenarbeit mit radikalen gesellschaftskritischen Gruppen, seiner Opposition zur amerikanischen Vietnampolitik und seines Aufrufs zu »massivem zivilen Ungehorsam« ein »Apostel der Gewalt«.[7] 1967 erklärte der Kongreßabgeordnete J. Ashbrook aus Ohio im Repräsentantenhaus: »Während er (King) Gewaltlosigkeit predigt, zeigt, wie ich meine, sein Werdegang eindeutig, daß er ein Gewaltapostel ist.«[8] Auch die Aufstände in den amerikanischen Gettos werden bei solcher Sicht meist King angelastet.[9]

4 Vgl. dazu: H.-J. Benedict, Licht und Finsternis — Der Mord an Martin Luther King und seine Folgen im Spiegel der deutschen Publizistik, in: edd. Th. Ebert/H.-J. Benedict, Macht von unten, S. 60—73, und: W. R. Miller, Martin Luther King, S. 278 ff. – So mißbrauchten deutsche Politiker Kings Plädoyer für Gewaltlosigkeit, indem sie dessen Gesellschaftskritik und Engagement für diskriminierte Minderheiten bewußt ausblendeten. Dies hat H.-E. Bahr an der Verwendung eines verkürzten King-Zitates durch den CDU-Fraktionsvorsitzenden R. Barzel exemplarisch nachgewiesen (H.-E. Bahr, Schwarzer Gandhi? in: Radius, Juni 1968, S. 3).

5 So K. H. Janssen in: »Versuchen, zu lächeln«, in: Die Zeit, 12. 4. 1968, S. 10.

6 Vgl. B. Detwilers Kritik an dem »Moralisieren« weißer Politiker gegenüber dem schwarzen Amerika, in: The Establishment Embrace, in: Liberation, April 1968, S. 17.

7 Dahingehende Voten finden sich in: L. Lokos, House Divided; s. auch: Congressional Record, Vol. 113, Nr. 158, 4. 10. 1967.

8 Die Rede von J. Ashbrook ist abgedruckt in: Congressional Record, Vol. 113, No. 158, 4. 10. 1967.

9 Diese These vertritt vor allem L. Lokos in seiner King-Biographie.

Radikale Gruppen innerhalb der Bürgerrechtsbewegung sahen indessen in King »eine Marionette und einen Lakaien der weißen Machtstruktur«[10]. Von Negerführern wie Robert Williams, Malcolm X, Eldridge Cleaver, Rap Brown und Stokely Carmichael wurde King als »Renommierneger der Weißen«[11] eingestuft.[12] Während sie von weißen Politikern verfolgt wurden, erhielt King in den ersten Jahren seines Wirkens Einladungen ins Weiße Haus. Daß King gelegentlich Konfrontationen mit der »white power structure« vermied und anfechtbare Kompromisse einging, ironisierte und generalisierte der schwarze Schriftsteller LeRoi Jones wie folgt: »Kings Hauptfunktion (besteht) darin, ein Agent der mittelständischen Machtstruktur zu sein. ... Er ist ein gut ausgesuchter Führer der Unterdrückten, aber nur diejenigen, die ihn dazu aussuchten, sind davon überzeugt.«[13]

Für andere dagegen war King nicht ein opportunistischer Negerführer, sondern – vor allem aufgrund seines unpopulären Engagements in der Antikriegsbewegung – ein uneigennütziger Anwalt aller Armen und Unterdrückten gegenüber einem verhärteten Establishment. »Martin Luther King war nicht nur ein Anwalt der Gewaltlosigkeit. Er war ein Anwalt der Gerechtigkeit und des Friedens.«[14] Nach dem Tode Kings erklärte der Ökumenische Rat der Kirchen: »Für die Unterdrückten war er die treibende Kraft im gewaltlosen Kampf für Gerechtigkeit, auf dem friedlichen Weg zum Frieden.«[15]

Vielen erschien King als der charismatische Führer[16] einer Emanzipa-

10 E. Cleaver, Soul on Ice, S. 87.

11 Zit. in: R. Italiaander, Martin Luther King, S. 50.

12 Es ist darauf hinzuweisen, daß sich das Urteil dieser Kritiker wandelte, als King zu einem scharfen Gegner der Regierungspolitik wurde.

13 LeRoi Jones, Ausweg in den Haß, S. 155. Vgl. auch A. Kopkind, Von der Gewaltlosigkeit zum Guerilla-Kampf, in: Black Power, Voltaire-Flugschrift Nr. 14, S. 29.

14 Editorial »Dr. King's Legacy«, in: Commonweal, 19. 4. 1968, S. 126.

15 Zit. nach: Deutsches Pfarrerblatt, Nr. 10, 1968, S. 368.

16 Vgl. die Bemerkung von A. Meier (in: ed. E. Lincoln, M. L. King, S. 147): »Er kam wie kein anderer je in der Bürgerrechtsbewegung einem charismatischen Führer nahe.« In einem »Editorial« von »Christianity and Crisis« (17. 4. 1968, S. 475) heißt es: »›Charisma‹, das vielbenutzte Wort, scheint für King erfunden worden zu sein.«

tionsbewegung, dessen »größter Beitrag (darin bestand), daß er den Schwarzen half, sich von Selbstzweifel und Selbsterniedrigung zu befreien.«[17] Der Psychologe F. Wertham sah es als die größte Leistung Kings an, daß »er die Würde der Empörung wiederherstellte«.[18]

Auch die Frage, ob King die dichotomische Entwicklung der amerikanischen Gesellschaft verstärkt oder aufzuhalten versucht habe, ist ganz unterschiedlich beurteilt worden.

Der Publizist H. Mitgans würdigte in der New York Times Kings versöhnende Rolle mit den Worten: »Mehr als irgendein anderer war King die Brücke ... zwischen den zwei Gesellschaften, die sich in den USA entwickeln.«[19] Der sich als »konservativ« bezeichnende King-Biograph L. Lokos behauptete dagegen: »Martin Luther King hinterließ seinem Land ein Erbe der Gesetzlosigkeit. ... Zum zweitenmal in unserer Geschichte ist Amerika ein geteiltes Haus, ... zwischen Gesetz und Gesetzlosigkeit.«[20]

Ähnlich divergent sind jene Urteile, in denen Kings Wirken an den demokratischen Traditionen Amerikas gemessen wurde. Viele Bürger sahen in King die »hervorragende Stimme moralischer Integrität und humaner Entscheidung in den USA«[21], einen »wahren Amerikaner«[22]. »Eben dies wurde Kings Lebenswerk: Amerika zu einem wahren Land der Freien zu machen. Er bestand darauf, daß seine Landsleute sich der nicht zu Ende geführten Aufgabe der Demokratie stellten.«[23]

Dagegen nahmen Verteidiger der amerikanischen Innen- und Außenpolitik Kings wachsenden Widerstand gegen die Regierungspolitik zum Anlaß, ihn als unpatriotisch zu verteufeln. »Er hat in diesem Jahrzehnt

17 C. Eric Lincoln, Martin Luther King, S. XIII.

18 In: The Virus of Violence, in: San Francisco Sunday Examiner & Chronicle, 28. 4. 1968.

19 H. Mitgans, The Race Crisis, in: The New York Times, 7. 4. 1968.

20 L. Lokos, House Divided, S. 460—461.

21 Editorial »Martin Luther King« in: The Nation, 15. 4. 1968, S. 490.

22 B. Mays, zit. in: L. Bennett, What Manner of Man, S. VIII. Max Frisch hat King als den »großen Mann der demokratischen Opposition in den USA« bezeichnet. (zit. in: R. Italiaander, a. a. O., S. 87).

23 B. Quarles, Martin Luther King in History, in: Negro History Bulletin, Mai 1968, S. 9.

mehr als jede andere Person für die kommunistische Partei getan«[24], behauptete 1967 der Kongreßabgeordnete J. Ashbrook.[25]

Die Mehrheit der unterprivilegierten Neger, die durch King zu Protestaktionen mobilisiert wurden, versuchte, Kings Bedeutung in Kategorien der Christentumsgeschichte zu erfassen. In den über 15 000 Telegrammen, die die Witwe Kings nach dem Tod ihres Mannes erhielt, wurde King häufig als »großer Prophet der Zeit«, als »zeitgenössischer Moses, der das Gelobte Land nicht sehen konnte«[26], bezeichnet. King wurde auch als »biblischer Rebell«[27], als »christlicher Held«[28], als »Apostel des reinsten christlichen Idealismus«[29] charakterisiert. Sein eigener Vater war der Überzeugung: »Er ist eben ein Prophet des 20. Jahrhunderts.«[30] Für viele Bürgerrechtler faßte dieser Titel Kings Wirken am zutreffendsten zusammen.[31]

Von Repräsentanten weißer amerikanischer Kirchen wurde King ebenso eindeutig kritisiert. 1964 erklärten Delegierte des »American Council of Christian Churches«, einer Vereinigung fundamentalistischer Kirchen, es sei »bedauerlich, daß Rev. Martin Luther King ... der Welt als friedliebender christlicher Pastor ... vorgestellt worden«

24 Zit. in: Congressional Record, Vol. 113, No. 158, 4. 10. 1967. Viele Zeitungen in den Südstaaten druckten Kommentare wie den folgenden: »Der frühere Gewinner des Nobelpreises kann mit Stalin und Mao Tse Tung verglichen werden. Dieser Mann hat mehr Gewalt hervorgerufen und mehr Haß hinterlassen als alle Bürgerrechtsführer in der Geschichte des Landes.« (The Greenwood Commonwealth, zit. in: P. Good, The Meredith March, in: New South, Sommer 1966, S. 5).

25 E. Hoover, der Leiter des FBI, bezeichnete King öffentlich als den »notorischsten Lügner im Lande«. (Zit. in: W. Miller, Martin Luther King, S. 200).

26 Zit. in: J. Jungblut, Martin Luther King, The Man and the Vision, in: Gandhi Marg, Juli 1968, S. 274.

27 M. Friedman, Martin Luther King: An American Gandhi and a Modern Job, in: Gandhi Marg, Juli 1968, S. 231.

28 B. Mays, in: L. Bennett, What Manner of Man, S. VIII.

29 Editorial »Farewell to ›A Drum Major for Justice and Peace‹«, in: Freedomways, 1968, 2. Quartal, S. 101.

30 Zit. in: E. Lincoln, ed., Martin Luther King, S. 203.

31 So z. B. B. Mays, Disturbed About Man, S. 13; J. Cone, Black Theology and Black Power, S. 108; M. Long, He Kept So Plain, in: The Progressive, Mai 1968, S. 21.

sei.[32] Die Zeitschrift »Christianity Today«, Sprachrohr konservativer weißer Christen, warf King »politischen Milleniarismus« vor und deutete an, er habe, die Sündigkeit des Menschen unterschätzend, die Neger zu Opfern »materialistischer Halluzinationen«[33] gemacht.

In einigen Kommentaren sind Kings Zielvorstellungen bzw. die theoretischen Reflexionen seiner politischen Praxis in den Mittelpunkt der Beurteilung gerückt worden. So hat Johannes Hoekendijk King als einen »Mann mit einem Traum«[34] charakterisiert. »Er fühlt sich mehr zu Hause in Konzepten und Ideen.«[35]

Eben diese Vorstellungen verspottete der schwarze Publizist Ossie Sykes als die »Traumwelt des Dr. King«[36]. Er warf King »Seichtheit des Denkens« vor, weil er versuche, sich »an das Denken der weißen Majorität anzupassen«.[37]

Zu den Untersuchungen, die sich primär mit Kings theoretischen Leistungen befassen, gehören auch die wenigen Analysen seiner Theologie.

Der amerikanische Theologe H. Richardson hat Kings Theologie als dessen eigentliche Leistung angesehen. »Martin Luther King war der bedeutendste Theologe unserer Zeit. ... Der bedeutendste Verfechter einer Theologie der Versöhnung war Martin Luther King. ... Es wäre eine Tragödie, meine ich, wenn wir uns an ihn nur als an einen Helden (hero) und nicht als an einen Denker (thinker) erinnern würden.«[38] Der Inder Mohan Lal Sharma bezeichnete King als »bedeutendsten ›social-action‹-Theologen im modernen Amerika«.[39]

32 Zit. in: Congressional Record, Vol. 113, No. 158, 4. 10. 1967.

33 Editorial »Johnson, King and Ho Chi Minh«, Christianity Today, 26. 4. 1968, S. 24–25.

34 J. C. Hoekendijk, Ein Mann mit einem Traum, in: Kontexte Bd. 1, 1965, S. 85.

35 J. C. Hoekendijk, a.a.O., S. 87.

36 O. Sykes, Dream World of Rev. King, in: Liberator, Feb. 1965, S. 10.

37 O. Sykes, a.a.O., S. 11.

38 H. Richardson, Martin Luther King-Unsung Theologian, in: Commonweal 3. 5. 1968, S. 201 und 203. J. W. Rathbun, Martin Luther King: The Theology of Social Action, in: American Quarterly, Frühjahr 1968, S. 38. Daß King kein origineller Denker gewesen sei, ist die übereinstimmende Meinung der King-Biographen D. Lewis und W. Miller. Vgl. W. Miller, Martin Luther King, S. 285 und D. Lewis, King, S. 44.

39 M. L. Sharma, Martin Luther King: Modern America's Greatest Theolo-

Verehrter Leser, der Verfasser und der Verlag dieses Buches hoffen, daß es die Erwartungen erfüllt hat, die Sie in die Lektüre gesetzt hatten. Wenn Sie uns diese Karte ausgefüllt zurückschicken, informieren wir Sie gern über unser weiteres Programm.

FURCHE-VERLAG

Diese Karte entnahm ich dem Buch

____

Ich habe es gekauft: wegen des Themas / wegen des Autors / aufgrund eines Prospektes /

einer Anzeige in ____________________

einer Besprechung in ____________________

einer Empfehlung meines Buchhändlers / sonstiger Empfehlung / ich sah es im Schaufenster / ich bekam es geschenkt. (Zutreffendes bitte unterstreichen)

Senden Sie mir bitte das folgende Buch

____

durch meine Buchhandlung

____

Ich bitte um unverbindliche Zusendung von Prospekten über:

Theologie · Religionspädagogik · Erziehung · Seelsorge · Lebensführung · THEOLOGIA PRACTICA. Unsere Reihen: KONKRETIONEN · FURCHE-BÜCHEREI · STUNDENBÜCHER

(Gewünschtes bitte unterstreichen)

Name

Beruf

Ort

Straße

Senden Sie Prospekte bitte auch an

Name

Beruf

Ort

Straße

Bitte frankieren Sie die Karte mit Postkartenporto; sonst müssen wir Strafporto bezahlen.

Im Inland
bitte mit
25 Pf
frankieren

An den
FURCHE-VERLAG
Leserinformation

2000 HAMBURG 76
Papenhuder Straße 2

Von deutscher Seite ist gefragt worden: »Ist Dr. King noch Theologe? Handelt er nicht vielmehr als Sozialreformer? Dies ist eine... Frage, die man ihm kritisch aus kirchlichen Kreisen stellt. ...Aus christlichen Kreisen wird Dr. King vor allem Synkretismus vorgeworfen.«[40]

Die internationale, ökumenische Bedeutung des Wirkens Kings ist m.W. bisher noch nicht analysiert worden, obwohl King bekanntlich 1964 den Friedensnobelpreis erhielt. Der Generalsekretär der Vereinten Nationen, U Thant, würdigte King als einen Menschen, der »unablässig und gewaltlos für die Sache des Friedens, der internationalen Verständigung und der Menschenrechte wirkte«.[41] Papst Paul VI. bezeichnete ihn als ein Beispiel für die »Tugenden der Gerechtigkeit und internationaler Liebe«.[42] Der Generalsekretär des Weltkirchenrates, Dr. E. C. Blake, erklärte nach der Ermordung Kings: »Nach internationalem Konsensus war Dr. King einer der ersten Weltbürger. ...Für die Kirche war er der führende amerikanische Geistliche im Dienste Christi.«[43]

gian of Social Action, in: The Journal of Negro History, Juli 1968, S. 257; vgl. das Votum M. Fischers: »Martin Luther King ist in einem einzigartigen Frontdienst Doktor der Theologie gewesen« (in: Deutsches Pfarrerblatt, Nr. 11, 1968, S. 404).

40 A. Vahl, Martin Luther King, S. 93.

41 Zit. in: L. Bennett, a.a.O., S. 146.

42 Ebd., S. 145.

43 Zit. in: Deutsches Pfarrerblatt, Nr. 10, Mai 1968, S. 368.

B Der historische und soziale Kontext des Wirkens Martin Luther Kings

I *Die Geschichte der Neger in Nordamerika*

> »Wenn ein Sklave nicht auf seinen Herrn hört oder Befehle anderer, die Aufsicht über ihn führen, nicht befolgt, und die Zwangsgewalt dieser Personen seinen Tod herbeiführt, so soll dieser Tod nicht als Verbrechen bestraft werden.« (Aus dem Sklavenkodex von Virginia aus dem Jahr 1669)

> »Ich weiß, was die Welt meinem Bruder angetan hat und wie knapp er es überlebte. Und ich weiß, was viel schlimmer ist, und dies ist das Verbrechen, dessen ich mein Land und meine Landsleute anklage, und das weder ich noch die Zeit noch die Geschichte ihnen je vergeben werden, ich weiß, daß sie hunderttausendfach Leben zerstört haben und immer noch zerstören, und sie wissen es nicht und wollen es nicht wissen.« (James Baldwin)

Bereits 1619 wurden zwanzig Neger aus Afrika von einem holländischen Schiff nach Jamestown transportiert, um dort englischen Kolonisten als leibeigene Sklaven (bond-servants) zu dienen. Auch viele weiße Einwanderer mußten sich auf Zeit als »servants« verdingen. Erst nach 1680 wurden die Neger zur wichtigsten Quelle billiger Arbeitskraft, da die Arbeitszeit der weißen Diener aus Rücksicht auf die Meinung der Bevölkerung Europas gekürzt wurde und zunehmende Konkurrenz unter den Tabakfarmern die Suche nach billigen Arbeitskräften verstärkte [1]. Bereits um 1660 wurde der Status der Neger von

[1] Dazu: J. H. Franklin, From Slavery to Freedom, S. 42 ff.

dem anderer Diener unterschieden. Negern wurde, z. T. auf gesetzlichem Wege, die Rolle von Sklaven auf Lebenszeit aufgezwungen.

Die Kolonisten des 17. und des frühen 18. Jahrhunderts sahen eher im Heidentum als in der Rasse der Neger eine Legitimation für deren Versklavung. Um 1776 gab es ca. 600 000 Negersklaven in den USA, d. h. jeder sechste Einwohner war ein Sklave. Bei der Abfassung der Unabhängigkeitserklärung wurde zwar der Grundsatz: »Alle Menschen sind gleich geschaffen« aufgenommen, eine explizite Verurteilung der Sklaverei aber gleichzeitig abgelehnt. Negersklaven wurden wie Vieh auf Auktionen gehandelt, ihnen wurden sogar Erkennungsmarken eingebrannt. Sie wurden ihrer kulturellen, vor allem ihrer religiösen afrikanischen Traditionen beraubt. Ihre bisherige Familienstruktur wurde zerbrochen[2], um die von ihren Familienangehörigen isolierten Neger noch wehrloser gegen ihre Ausbeutung zu machen.

Als – nach der Erfindung der Baumwollentkörnungsmaschine im Jahre 1792 – Baumwollpflanzungen zur ökonomischen Grundlage des amerikanischen Südens wurden, erweiterte und stabilisierte die feudale Aristokratie das System der Sklaverei in allen Südstaaten.[3]

Am Beginn des 19. Jahrhunderts stießen erste Bewegungen zur Abschaffung der Sklaverei auf den organisierten Widerstand derjenigen weißen Amerikaner, die ein wirtschaftliches Interesse am Sklavensystem hatten. 1857 entschied der Oberste Gerichtshof, Neger seien nicht unter die in der Verfassung genannten »Bürger der USA« zu rechnen und hätten »keine Rechte, die ein Weißer respektieren muß«.[4]

Die 1863 erlassene Emanzipationsproklamation bedeutete für die Neger nicht mehr als einen ersten Schritt zu Freiheit und Gleichheit, da die freigelassenen Neger weder Land besaßen noch hinreichende Erziehung und Ausbildung genossen hatten. In der kurzen sog. Rekon-

2 Mitglieder von Großfamilien wurden auseinandergerissen, Männer wurden von ihren Frauen getrennt, Frauen von ihren Kindern. Die sexuelle Ausbeutung der Negerfrauen förderte die Zerstörung noch vorhandener familiärer Bande unter den Negern.

3 Ein seit 1808 rechtskräftiges Gesetz, das die Einfuhr von Sklaven untersagte, umgingen die Sklavenbesitzer durch systematische »Aufzucht« von Negersklaven.

4 E. Lincoln, The Negro Pilgrimage in America, S. 50/51.

struktionsepoche (1865—1877) nach dem Sieg der Nordstaaten im Bürgerkrieg erlangten Neger erstmalig politische Macht: 22 Neger gehörten zwischen 1869 und 1880 dem Kongreß an.[5] Mit der Ratifizierung des »14. Zusatzes zur Verfassung« im Jahre 1868 wurden Neger juristisch Bürger der Vereinigten Staaten.[6]

Als jedoch zwischen 1869 und 1877 – nach dem Rückzug der Beamten aus den Nordstaaten – die weißen Regierungen des Südens schrittweise wieder an die Macht gelangten, setzte eine massive Gegenbewegung ein, die den sozialen Aufstieg der Neger nicht nur verlangsamen, sondern rückgängig machen sollte. Das System sozialer, politischer und ökonomischer Rassentrennung (Segregation) diente diesem Ziel. Aufgezwungene Armut und Unbildung sollten die Verfügbarkeit und Gefügigkeit billiger schwarzer Arbeitskraft gewährleisten. Der ideologischen Rationalisierung dieser Politik diente jetzt die Behauptung der biologischen Inferiorität der Neger.[7]

Juristische Maßnahmen liefen faktisch auf eine Abschaffung des Wahlrechts und jeder politischen Partizipation der Neger hinaus.[8] Durch Terrorakte wie Lynchungen versuchte der 1865 gegründete Ku Klux Klan, das Hauptziel der weißen Rassisten durchzusetzen, nämlich: »den Neger an seinem Platz festzuhalten (to keep the Negro in his place)«. 1896 wurde die in weiten Teilen der USA praktizierte Rassentrennung von Weißen und Schwarzen durch den Obersten Gerichtshof für legal erklärt: Segregierte Institutionen seien zwar »getrennt, aber gleich (separate but equal)«. Unter dem Deckmantel rechtlicher Gleichstellung konnte nun die soziale Deklassierung um so rücksichtsloser fortgesetzt werden.

Vor dem ersten Weltkrieg und vor allem danach, als die Ströme europäischer Einwanderer abrissen, begann die »Nordwanderung (Northern migration)« der Neger. Sie betrachteten die Großstädte des industrialisierten Nordens als »Gelobtes Land« und verließen zu Tau-

5 E. Lincoln, a.a.O., S. 167.

6 Dazu: L. Bennett, Before the Mayflower, S. 194 ff.

7 Vgl. Th. Gossett, Race, S. 33 ff.

8 Während in Louisiana z. B. im Jahre 1896 130 344 Neger als Wähler registriert waren, belief sich die Zahl der registrierten Neger vier Jahre später nur noch auf 5320 (vgl. U. S. Riot Commission Report, S. 214)!

senden die Farmen des Südens: Während in den Industriestädten des Nordens – als Folge des 1. Weltkrieges – neue Arbeitsstellen für ungelernte Arbeiter entstanden, machte die einsetzende Mechanisierung der Farmbetriebe in den Südstaaten viele Neger arbeitslos.

Da die zugewanderten Neger von den weißen Arbeitern, vor allem von den um einen raschen sozialen Aufstieg bemühten europäischen Immigranten, als Konkurrenz angesehen wurden, kam es bald zu – teilweise blutigen – Auseinandersetzungen auf dem Arbeits- und Wohnungsmarkt. Die Negergettos in den Großstädten des Nordens entstanden bzw. dehnten sich rapide aus[9]. Die propagierte Ideologie der »weißen Überlegenheit (white supremacy)« verhinderte die naheliegende Solidarisierung armer weißer und schwarzer Amerikaner, indem sie den ausgebeuteten Weißen bei gleicher sozialer Lage wenigstens ein höheres Sozialprestige gewährte. Noch im zweiten Weltkrieg kämpften Neger in einer segregierten Armee, ein Zustand, der erst 1949 durch einen Erlaß Präsident Trumans aufgehoben wurde[10].

Der mit dem zweiten Weltkrieg einsetzende wirtschaftliche Boom und die fortschreitende Mechanisierung der Agrarwirtschaft führten zu einem erneuten Anschwellen der Abwanderung in die Städte, die seit der Weltwirtschaftskrise rückläufig gewesen war. Die Bevölkerungsdichte in den Gettos erreichte ein beispielloses Ausmaß.

Die von Oscar Handlin[11] u. a. vertretene These, daß die Probleme der Neger denen der europäischen Immigranten entsprächen, erweist sich schon angesichts der einzigartigen jahrhundertelangen Leidens-

9 Während sich die Negerbevölkerung in den USA zwischen 1910 und 1966 verdoppelte, verfünffachte sich im gleichen Zeitraum die Zahl der Neger, die in Städten wohnen, die Zahl der außerhalb der Südstaaten wohnenden Neger verzehnfachte sich. 1910 lebten 27 % der Neger in Städten mit mehr als 2500 Einwohnern (Weiße: 48 %), 1966 lebten 69 % der Neger in Großstädten (Weiße: 64 %). (Vgl. dazu: M. Oppenheimer/G. Lakey, The Civil Rights Movement in American History, in: R. Murphy/H. Elinson, edd., Problems and Prospects of the Negro Movement, S. 239.).

10 Vgl. U. S. Riot Commission Report, S. 217–219.

11 O. Handlin, The Newcomers; ähnliche Thesen von Ph. Hauser und P. Ylvisaker sind knapp referiert bei: Ch. Silberman, Crisis in Black and White, S. 36 ff.

geschichte der Neger in den USA als falsch[12]. Anders als zur Zeit der Jahrhundertwende – dem Höhepunkt europäischer Einwanderung – bestand in der amerikanischen Wirtschaft der letzten Jahrzehnte nur ein geringer Bedarf an ungelernten, unqualifizierten Arbeitern[13]. Auch die Bedeutung der politischen Parteiapparate (»political machines«) in den Städten, die oft ein wichtiges Machtinstrument ethnisch homogener Minoritäten waren, hat ständig abgenommen. Schließlich erweist sich die Hautfarbe noch immer als Stigma der Neger: Anders als bei den europäischen Immigranten verband sich wirtschaftlicher Aufstieg bei ihnen nicht mit stärkerer geographischer Mobilität, m. a. W.: mit einer schrittweisen Auflösung der Gettos[14].

II *Das Verhalten der weißen protestantischen Kirchen gegenüber den amerikanischen Negern (1619–1955)*

»Die eigentliche Sklaverei, die in den meisten nordamerikanischen Provinzen abgeschafft, empört mich nicht so sehr wie die Brutalität, womit dort die Schwarzen und die Mulatten behandelt werden ... Dabei machen diese Amerikaner großes Wesen von ihrem Christentum und sind die eifrigsten Kirchgänger.« (Heinrich Heine, 1840)

»Es ist schön, dem Neger Religion zu geben; es ist mehr, ihm Gerechtigkeit widerfahren zu lassen.« (Frederick Douglass, 1862)

Als die ersten Neger 1619[1] als Sklaven nach Nordamerika kamen, galt für jede englische Kolonie das Gesetz, daß »ein Sklave, der ... getauft worden war, für frei erklärt« wurde[2]. Sklavenbesitzer, die ein ökono-

[12] Es bedarf wohl kaum der Erwähnung, daß keine Einwanderergruppe derartig brutal entmachtet und erniedrigt wurde.

[13] Bestimmte Berufe für ungelernte Arbeiter stellten keine Aufstiegsberufe mehr da. Die Automation führte zu einer krassen Reduzierung von Arbeitsstellen für ungelernte Arbeiter. J. K. Galbraith, The Affluent Society, S. 323, hat von den amerikanischen Negern als den »ersten Minoritätsarmen« gesprochen; die europäischen Einwanderer teilten ihre Armut mit der Mehrheit der Bevölkerung (s. Kap. XXIII, a.a.O., S. 322—333).

[14] Dazu: Ch. Silberman, a. a. O., S. 40 ff.; U. S. Riot Commission Report, S. 278—283.

[1] Die Darstellung der Geschichte der weißen Kirchen soll bis zum Jahre 1955

misches Interesse an billiger und gefügiger schwarzer Arbeitskraft hatten[3], setzten daher einer christlichen Mission unter den Negern Nordamerikas zunächst starken Widerstand entgegen. Einer der erfolgreichsten Missionare, Dr. Le Jau, zerstörte jedoch die Bedenken der Sklavenhalter, indem er alle Sklaven vor der Taufe folgenden Text unterschreiben ließ: »Du erklärst vor Gott und vor dieser Gemeinde, daß Du um die heilige Taufe bittest, nicht um Dich von der Pflicht und dem Gehorsam freizumachen, die Du Deinem Herrn (master) schuldest, solange Du lebst; sondern ausschließlich zum Heil Deiner Seele, und um an der Gnade und den Segnungen teilzuhaben, die den Gliedern der Kirche Christi verheißen sind.«[4] 1727 versicherte der Bischof von London, Dr. Gibson, besorgten Plantagenbesitzern: »Die Freiheit, die der christliche Glaube schenkt, ist Freiheit von der Last der Sünde und des Satans und von der Herrschaft menschlicher Lüste«, doch bezüglich der Sklaverei »bedeutet sie keine Veränderung.«[5]

Weder die Theokratien in Neuengland noch die Church of England in den südlichen Kolonien setzten dem System der Sklaverei nennenswerten Widerstand entgegen. Im Gegenteil: Sie rechtfertigten das Kastensystem mit dem Hinweis auf das »Heidentum« der Neger. Nur die Quäker schlossen Mitglieder, die ihre Sklaven nicht freigaben, aus[6]. Da noch gegen Ende der kolonialen Epoche die Majorität der Neger nicht getauft war, stellten die Rassenbeziehungen allerdings kein akutes innerkirchliches Problem dar[7].

Als jedoch in den »Erweckungen« nach der amerikanischen Revolution

durchgeführt werden, da King in jenem Jahr mit der ersten Protestaktion an die Öffentlichkeit trat. Weitere Bemerkungen zur Soziologie der weißen Kirchen: s. S. 206 ff. dsAr.

2 Th. Lehmann, Negro Spirituals, S. 64. In der christlichen Missionsgeschichte hatte sich eine Tradition herausgebildet, derzufolge ein Sklave mit der christlichen Taufe die Freiheit erwarb. Vgl. dazu: J. Washington, Black Religion, S. 166.

3 Vgl. die Bemerkung J. Washingtons, a.a.O., S. 165: »Jamestown war kein Experiment in religiöser Freiheit, sondern in ›free enterprise‹«.

4 Zit. in: Th. Lehmann, a.a.O., S. 65.

5 Zit. in: Th. Lehmann, a.a.O., S. 67.

6 Vgl. D. Reimers, White Protestantism and the Negro, S. 4.

7 Dazu J. Washington, a.a.O., S. 173; D. Reimers, a.a.O., S. 10—11.

Tausende von Negern Christen wurden[8] und zudem die Zahl freier Neger wuchs[9], konnten die weißen Kirchen nicht mehr der Frage ausweichen, in welche Beziehungen sie in Zukunft zu ihren schwarzen Glaubensgenossen treten wollten.

Nach der amerikanischen Revolution bekämpften viele Kirchen in den Nordstaaten das System der Sklaverei, auch in den Südstaaten entstanden »Gesellschaften zur Bekämpfung der Sklaverei«. Indes, als gegen Ende des 18. Jahrhunderts der Bedarf an billiger Arbeitskraft in der agrarischen Ökonomie der Südstaaten wuchs, milderten die Kirchen ihre Kritik der Sklaverei[10]. Nach mehreren Sklavenaufständen um 1820 und 1830 verteidigten die Kirchen der Südstaaten schließlich fast einmütig den gesellschaftlichen Status quo[11].

Da kirchliche Gruppen in den Nordstaaten die Versklavung der Neger als unchristlich bezeichneten, gewannen in den Südstaaten auch biblische Rechtfertigungen der Rassendiskriminierung an Bedeutung. Die amerikanischen Neger wurden als die verfluchten Nachkommen des Noah-Sohnes Ham oder des Brudermörders Kain bezeichnet[12].

Hatte sich noch gegen Ende des 18. Jahrhunderts der Enthusiasmus der Erweckungsbewegung oft vehement gegen die Sklaverei gerichtet, so wurde die Erweckungsfrömmigkeit im 19. Jahrhundert zu einer wichtigen ideologischen Stütze der weißen Vorherrschaft[13]. Die amerikanischen Neger lernten durch die weißen evangelistischen Prediger

8 Vgl. C. Woodson, The History of the Negro Church, Kap. 1 und 2.

9 Viele Neger wurden wegen ihres Einsatzes im Kampf gegen die englische Kolonialmacht freigelassen.

10 Viele Bischöfe und Geistliche besaßen Sklaven. 1844 unterstanden 1200 methodistischen Geistlichen 11 600 Sklaven (vgl. J. Cone, Black Theology and Black Power, S. 76).

11 Vgl. D. Reimers, a.a.O., S. 5.

12 Vgl. Th. Lehmann, a.a.O., S. 68 ff.; L. Pope, The Kingdom Beyond Caste, S. 146. Zwischen Gen. 9, 25 (»Ein Sklave unter Sklaven sei er unter seinen Brüdern!«) und Jos. 9, 23 (»Und nun, verflucht seid ihr, und nie sollt ihr aufhören, Knechte zu sein und Holzhauer und Wasserschöpfer für das Haus meines Gottes.«) wurde ein Zusammenhang behauptet.

13 Der Soziologe T. Parsons hat auf diese politisch-ethische Ambivalenz fundamentalistischer Frömmigkeit hingewiesen in: Full Citizenship for the Negro American?, in: The Negro American, Daedalus, Herbst 1965, S. 1046–1047.

ein Christentum kennen, in dem allein der »Rettung der Seele« Bedeutung beigemessen wurde. Als christliche Tugenden wurden ihnen vor allem Arbeitseifer, Gehorsam, Genügsamkeit, alkoholische und sexuelle Abstinenz dargestellt. Einen breiten Raum nahm die Ausmalung jenseitiger Belohnungen ein. Der christliche Glaube sollte also die Arbeitsmoral und Servilität der Neger, m. a. W. die Verinnerlichung ihres inferioren Status fördern[14]. Weiße Prediger wiesen gegenüber den Plantagenbesitzern darauf hin, daß ihre Verkündigung den Arbeitseifer vieler Neger gestärkt und die Bereitschaft zu politischem Widerstand zerstört habe. Die Pflanzer gaben daher ihren anfänglichen Widerstand gegen die Evangelisationen unter den Negern bald auf; ja sie förderten die Arbeit der Missionare.[15]

In schroffem Gegensatz zu der herrschenden Einstellung in den Südstaaten verstärkten kirchliche Gruppen im Norden in den Jahrzehnten nach 1830 ihre Agitation gegen die Sklaverei. Freilich waren auch dort die Abolitionisten eine Minderheit. Doch trugen die Gegensätze in der Frage der Sklaverei zu einer Polarisierung bei, die schließlich in den Jahren von 1837 bis 1845 zu Kirchenspaltungen führte: Die Presbyte-

14 Vgl. dazu das ausgezeichnete Kapitel: »Teacher of Immoral Moralities« in: K. Haselden, The Racial Problem in Christian Perspective, S. 47 ff. — Der südliche Zweig der Presbyterian Church erklärte 1864: »Es ist die besondere Mission der Südkirche, die Institution der Sklaverei zu erhalten und sie zu einem Segen für Herren und Sklaven zu machen.« (zit. in: H. R. Niebuhr, Social Sources of Denominationalism, S. 243).

15 Vgl. dazu das Kapitel »Purveyor of Arrant Sedatives (Lieferant eherner Beruhigungsmittel)« in: K. Haselden, a.a.O., S. 34 ff. – Martin Luther King urteilte über die Ziele der Mission unter den Negern: »Die größte Blasphemie des ganzen häßlichen Prozesses bestand darin, daß der weiße Mann Gott zu seinem Partner bei der Ausbeutung der Neger machte.« (King, Where, S. 75). Die Rolle der weißen Kirchen bei der Entmachtung und Indoktrination der Neger ist zweifellos ein wesentlicher Grund für die anti-christliche Einstellung militanter Neger der Gegenwart wie LeRoi Jones, Malcolm X und der »Black Muslims«. Vgl. dazu: H. Schulze-Wilde, Malcolm X und Elijah Muhammed, in: Frankfurter Hefte, 22. Jahrg., 1967, S. 333—348; Malcolm X, Autobiography, S. 254 und 313. LeRoi Jones bekannte (in: Ausweg in den Haß, S. 88): »Ich bin fast versucht, unter dem Arbeitstitel ›Christentum als Abschreckungsmittel gegen Sklavenaufstände‹ einen weiteren Essay zu schreiben.«

rian Church, die Methodist Episcopal Church und die Baptist Church zerfielen in eine »nördliche« und eine »südliche« Kirche[16].

Bestand auch hinsichtlich der Beurteilung der Sklaverei ein Gegensatz zwischen den Christen im Norden und im Süden, so gab es doch lange Zeit vor dem Bürgerkrieg bereits Rassentrennung und -diskriminierung unterschiedslos in den nördlichen wie in den südlichen Kirchen. Wurden Neger in eine weiße Gemeinde aufgenommen, so mußten sie meist in »Negerbänken« am Gottesdienst teilnehmen. Das Abendmahl feierten sie nach den weißen Kirchenmitgliedern[17]. Bei den »gemeinsamen« Gottesdiensten von weißen und schwarzen Christen handelte es sich also keineswegs um eine Form brüderlicher Gemeinschaft und Gleichheit: Die »Integration von Negern und Weißen in der Zeit vor dem Bürgerkrieg war nicht mehr als eine Manifestation der ›Gesellschaft aus Herren und Sklaven‹«[18]. Was gern »die beste Tradition des ›Old South‹«[19] genannt wird – der »persönliche« Kontakt der Weißen mit Negern –, war im Grunde nur der Ausdruck eines klug berechneten Paternalismus[20], mit dessen Hilfe die ökonomische und politische Vorherrschaft der Weißen aufrechterhalten werden sollte.

Die Diskriminierung der Neger in den weißen Gemeinden zwang die Neger bereits im 18. Jahrhundert, um ihrer Selbstachtung und um der ungehinderten Ausübung ihres Glaubens willen, eigene Gemeinden und Denominationen zu gründen[21]. In dem Jahrzehnt nach 1865 verließen Neger aus den Südstaaten in Massen die weißen Gemeinden, so daß um 1875 die Rassentrennung in den Südstaatenkirchen fast vollständig war.

Noch während des Bürgerkriegs errichteten kirchliche Gruppen aus den Nordstaaten Schulen für freigelassene Neger. Mit missionarischem Eifer widmeten sie sich der Ausbildung und auch der religiösen Erziehung der ehemaligen Sklaven.

16 Vgl. dazu D. Reimers, a.a.O., S. 6 ff.
17 Vgl. D. Reimers, a.a.O., S. 10 ff.; Th. Lehmann, a.a.O., S. 91.
18 K. Haselden, a.a.O., S. 24.
19 K. Haselden, a.a.O., S. 27.
20 Dazu: J. Washington, a.a.O., S. 197 ff.; H. R. Niebuhr, a.a.O., S. 243.
21 Vgl. dazu S. 33 f. dsAr; auch J. Washington, a.a.O., S. 193; H. R. Niebuhr, a.a.O., S. 236 ff.

Die Selbstgerechtigkeit der siegreichen Nordstaatler trug jedoch dazu bei, daß sich der Widerstand der Südstaatler gegen eine Gleichstellung der Neger nach dem Ende der Rekonstruktionsepoche verstärkte. »Die protestantische Kirche, eine der bedeutendsten sozialen Institutionen im Süden, war unter den ersten Gruppen, die die Rassentrennung nach dem Bürgerkrieg durchführten und Rassismus als Basis der Rassenbeziehungen akzeptierten. Der Protestantismus ebnete den Weg für die Kapitulation vor dem Rassismus am Ende des 19. Jahrhunderts.«[22] Diskriminierende Rassentrennung trat nun an die Stelle der Sklaverei in der Zeit vor dem Bürgerkrieg. Protestantische Theologen und Gemeindeglieder griffen die biologischen Rassentheorien des 19. Jahrhunderts auf, um nicht nur mit »Schriftbeweisen«, sondern auch »wissenschaftlich« die Inferiorität der Neger bzw. die »weiße Überlegenheit« darzutun[23].

Als nach 1890 der Rassismus einen Höhepunkt erreichte und ein »Jim-Crow«-Gesetz[24] nach dem anderen verabschiedet wurde, leisteten die Kirchen keinen Widerstand. Im Gegenteil, da die Neger seit der Rekonstruktionsepoche offensichtlich keine nennenswerten politischen oder sozialen Fortschritte gemacht hatten, hielten führende Repräsentanten der protestantischen Gemeinden die völlige politische Entmachtung der Neger (z.B. den Entzug des Wahlrechts) für gerechtfertigt. Sie lobten die »Uncle Toms«, die ihre untergeordnete Rolle willig akzeptierten, und bezeichneten militante Neger als – von skrupellosen Politikern verführte – Agitatoren[25].

22 D. Reimers, a.a.O., S. 25.

23 Dazu: Th. Gossett, a.a.O., S. 60 ff. Das »American Book and Bible House« publizierte ein Buch mit dem Titel »Der Neger – ein wildes Tier (The Negro – A Beast)«, in dem anhand von Bibelzitaten(!) die These verfochten wurde, die Neger seien gar keine Nachfolger von Ham, sondern seelenlose Tiere, denen gegenüber ein Christ keine Verpflichtung habe. (Vgl. J. Hough, Black Power and White Protestants, S. 173.)

24 Unter »Jim-Crow«-Gesetzen sind Gesetze zu verstehen, durch die die Rassentrennung in öffentlichen Einrichtungen erzwungen wurde (Jim Crow, Figur aus einem Spottlied über die Neger, wurde um 1838 zu einem Synonym für »Neger«; vgl. dazu: L. Bennett, Before the Mayflower, S. 221).

25 Vgl. dazu: D. Reimers a.a.O. S. 37–39. Dort auch Zitate aus Kirchenzeitungen, die diese Einstellung belegen: »Der Neger ist nicht fähig zu regieren.« – »Die Neger sind ein Volk, das dazu bestimmt ist, hauptsächlich ma-

Zu Beginn des 20. Jahrhunderts, vor dem 1. Weltkrieg, war die Degradierung der Neger zu »Bürgern zweiter Klasse« so weitgehend durchgeführt, daß die weißen Kirchen im Süden keine Notwendigkeit mehr sahen, ausdrücklich die Doktrin von der »weißen Vorherrschaft« zu verteidigen. Das Rassenproblem war ihrer Meinung nach zum Besten aller, auch der Neger, »gelöst« worden. Als ihre primäre Aufgabe betrachteten die Kirchen die »christliche Erbauung und Emporhebung (Christian uplift)« der Neger. Sie setzten offensichtlich die Inferiorität der Neger voraus und suchten entsprechend die Ursachen des Rassenkonflikts bei den Negern[26]. Nur die Lynchjustiz an Negern verurteilte die Mehrzahl der weißen Kirchen.

In den Jahren zwischen dem Bürgerkrieg und dem 1. Weltkrieg glichen die weißen Protestanten in den Nordstaaten ihr Verhalten gegenüber den Negern immer mehr der Praxis der Südstaatler an. Zwar wurde die Rassentrennung nicht offen begrüßt oder gar als Ausdruck des Willens Gottes gepriesen, doch setzte sie sich praktisch in den Ortsgemeinden durch[27].

Die wachsende Kompromißbereitschaft der Nordstaatenkirchen hatte mehrere Gründe: Die Industriellen des Nordens waren an einem stabilen Markt in den Südstaaten interessiert. Diese Stabilität war nur gewährleistet, wenn die Südstaatler die Rassenbeziehungen dem »Southern way of life« entsprechend regeln konnten. Als gegen Ende des 19. Jahrhunderts das Streben nach Wiedervereinigung in den gespaltenen Kirchen wuchs, waren viele Kirchenführer bereit, um der Kircheneinheit willen den Kampf für die Rechte der Neger einzustellen[28].

nuelle Arbeit zu verrichten.« – »Für den, der diese Rasse (der Neger – der Vf.) kennt, ist nichts so offensichtlich wie ihre vollkommene Bereitschaft, eine untergeordnete Stellung zu akzeptieren, wenn sie darauf vertrauen können, daß ihnen in jener Position der Unterordnung Gerechtigkeit und Freundlichkeit zuteil wird ... Wenn sie verständnisvoll und fröhlich diese Situation akzeptieren, ist das Rassenproblem für immer gelöst.« — »Aber eine neue Generation von Negern ist bereit zu handeln. Sie weiß nichts von den Wohltaten und Segnungen der Position ihrer Väter in der Zeit der Sklaverei.«

26 S. D. Reimers, a.a.O., S. 50.

27 Vgl. J. Hough, a.a.O., S. 174.

28 Vgl. K. Bailey, Southern White Protestantism in the 20th Century, S. 55 bis 59.

Besonders bemerkenswert ist die Tatsache, daß diejenigen kirchlichen Gruppen, die ihre Aufmerksamkeit auf die Probleme der Industrialisierung und Urbanisierung richteten, sich kaum um die sozialen Probleme der Neger kümmerten. Die Social-Gospel-Bewegung, die mit der Gründung des »Federal Council of the Churches of Christ in America« im Jahre 1908 einen Höhepunkt erreichte, ignorierte das Rassenproblem im allgemeinen und unterschied sich darin nicht von der Erwekkungsbewegung zu Beginn des 20. Jahrhunderts.[29]

Die Rassentrennung erstreckte sich bald auf alle organisatorischen Ebenen der Denominationen im Norden. Kontakt zwischen weißen und schwarzen Protestanten bestand fast nur innerhalb der Kirchenführungen während regionaler Kirchenkonferenzen. Die Autorität von Negern, die eine kirchliche Führungsposition innehatten, war faktisch zumeist auf schwarze Christen beschränkt.

Pastoren und Laien in den Nordstaaten machten sich oft zu Anwälten der erzieherischen und religiösen Bedürfnisse der Neger, doch traten sie selten für die politische, juristische und wirtschaftliche Gleichberechtigung der Neger ein.

So läßt sich zusammenfassend sagen: Zu Beginn des 20. Jahrhunderts nahm die Mehrheit der weißen Christen im Norden wie im Süden die Rassentrennung und die »Zweiter-Klasse-Bürgerschaft« der Neger als gegeben hin.

Als gegen Ende des 1. Weltkrieges und in den zwanziger Jahren blutige Rassenunruhen die USA erschütterten und der Ku-Klux-Klan durch Terrorakte erneut an die Öffentlichkeit trat, entstand eine »Bewegung für Zusammenarbeit zwischen den Rassen«, die sich auf Staaten beiderseits der Mason-Dixon-Linie erstreckte. 1919 wurde unter maßgeblicher Beteiligung einzelner Kirchenfunktionäre die »Commission on Interracial Cooperation« gegründet. Die Bewegung hatte paternalistische Züge und sehr begrenzte Ziele: Innerhalb des als solchen akzeptierten Systems der Rassentrennung sollten die Neger mehr Rechte erhalten und Exzesse wie Lynchjustiz bekämpft werden. 1921 richtete der »Federal Council of Churches« eine »Kommission für Rassenbeziehungen« ein, die als ihre Hauptaufgabe die Aufklärung der

29 Vgl. dazu Th. Gossett, a.a.O., S. 177 ff.

Öffentlichkeit in bezug auf das Rassenproblem und die Initiierung gemeinsamer Aktionen von weißen und schwarzen Amerikanern ansah. Auch auf lokaler Ebene entstanden »Komitees für Rassenfragen.«[30]

Es läßt sich jedoch nicht bestreiten, daß die typische Haltung weißer protestantischer Kirchen weiterhin die Duldung von Rassentrennung und -diskriminierung war. Bis zu Beginn des 2. Weltkrieges war eine offizielle Stellungnahme gegen alle Formen der Rassentrennung unter den größeren Denominationen nur von der Congregational Church und der Northern (American) Baptist Convention abgegeben worden[31].

Bei den Jahreskonferenzen der verschiedenen Denominationen kam es immer wieder zu eklatanten Fällen von Rassendiskriminierung[32]. So weigerte sich z. B. 1932 Dr. W. McGlothlin, Präsident der 4 Millionen Mitglieder zählenden Southern Baptist Church, mit einem schwarzen Pastor gemeinsam an einem Dinner teilzunehmen, da er kein Tabu der Südstaaten verletzen wollte[33]. Der amerikanische Kirchenhistoriker David Reimers hat zu Recht bemerkt: »Die Versäumnisse des Protestantismus können vielleicht am besten an dem Versagen der Kirchen abgelesen werden, mit dem Problem der Rassentrennung und Diskriminierung in ihren eigenen Organisationen fertig zu werden.«[34] Immerhin führte die Agitation kleiner kirchlicher Gruppen dazu, daß die Rassentrennung in einigen Kirchen wenigstens bei den Jahreskonferenzen aufgehoben wurde.

Die Haltung der weißen protestantischen Denominationen in der

30 Vgl. D. Reimers, a.a.O., S. 84 ff.

31 Vgl. K. Haselden, a.a.O., S. 31.

32 Noch 1944 mußten schwarze Mitglieder der United Church bei einer Jahreskonferenz separat am Ende des Saales essen. — Presbyterianische Neger mußten bei einer Konferenz in North-Carolina in der Küche essen. — 1929 ließ ein Pastor in Brooklyn schwarzen Christen mitteilen, sie seien in seiner Kirche unerwünscht. Der Pastor, der sich als »Freund der Neger« bezeichnete, begründete seine Aufforderung mit dem Hinweis: »Obgleich Christus Liebe für alle predigte, gab es Zeiten, zu denen selbst Christus die Gemeinschaft mit gewissen Leuten verweigerte.« (Diese und weitere Belege und Zitate finden sich bei D. Reimers, a.a.O., S. 101—107.)

33 Vgl. dazu Th. Gossett, a.a.O., S. 447.

34 D. Reimers, a.a.O., S. 101.

Rassenfrage änderte sich spürbar erst in den vierziger Jahren dieses Jahrhunderts[35].

1946 verabschiedete der »Federal Council of Churches« eine Resolution, in der eine »nicht-segregierte Kirche und eine nicht-segregierte Gesellschaft«[36] gefordert wurden. »Es war das erste Mal, daß eine maßgebende, interdenominationelle Gruppe sich verpflichtete, die traditionellen Praktiken des Rassismus zu bekämpfen, die seit den Kolonialzeiten existiert hatten.«[37] In den folgenden Jahren gaben einzelne Denominationen ähnliche Erklärungen ab. Selbst die Mehrzahl der Kirchen in den Südstaaten verurteilte, wenn auch zögernd und oft nicht ohne Vorbehalte, die Rassentrennung. D. Reimers dürfte recht haben mit der Behauptung, daß die Kirchen damit der allgemeinen gesellschaftlichen Entwicklung nur nachfolgten, nicht aber selbst initiativ waren[38].

In den vierziger und fünfziger Jahren richteten die meisten Kirchen spezielle »social action«-Gruppen zur Verbesserung der Rassenbeziehungen ein. Am weitgehendsten wurde die Rassentrennung auf den höchsten Verwaltungsebenen abgebaut. Kirchliche Leitungsfunktionen wurden erstmalig Negern übertragen. Freilich handelte es sich oft mehr um symbolische Zugeständnisse (»tokenism«) als um eine tatsächliche Änderung der innerkirchlichen Machtverhältnisse. Nur geringen Erfolg hatten die Bemühungen, die Rassentrennung auch auf der Ebene der regionalen Kirchenkonferenzen und der Synoden aufzuheben.

Am größten aber war und ist das Versagen des weißen Protestantismus auf der Ebene der politischen und kirchlichen Ortsgemeinden[39]. Es gab dort kaum ernsthafte Versuche, das in den offiziellen Resolutionen proklamierte Ziel der Rassengleichheit zu realisieren.

Von einer rassischen Integration der Kirchengemeinden konnte auch nach dem 2. Weltkrieg keine Rede sein. 1946 gehörten nur 8000 Neger,

35 Vgl. L. Pope, a.a.O., S. 158.

36 D. Reimers, a.a.O., S. 112. 1950 wurde der FCC reorganisiert als »National Council of Churches« (NCC).

37 D. Reimers, a.a.O., S. 112–113.

38 Vgl. D. Reimers, a.a.O., S. 109–111.

39 Vgl. dazu G. Winter, The Suburban Captivity of the Churches, passim.

d. h. weniger als 0,1 % (!) aller schwarzen Protestanten einer integrierten Kirchengemeinde an[40]. Besonders in den Südstaaten wurde Negern häufig mit Gewalt die Teilnahme an den Gottesdiensten weißer Gemeinden verwehrt. Die rassische Exklusivität der Kirchengemeinden wurde durch die Rassentrennung im Wohnbereich (»residential segregation«) wesentlich verstärkt. Der Exodus weißer Protestanten aus den Zentren der Großstädte in die »lilienweißen« Vororte hielt auch nach dem 2. Weltkrieg an. »Wenn Neger zwei Fünftel der Bewohner eines Bezirkes ausmachten, waren alle protestantischen (weißen) Kirchen umgezogen, oder sie hatten sich aufgelöst.«[41]

Die überwältigende Mehrheit der Kirchgänger war in den vierziger und fünfziger Jahren nicht bereit, sich für die politische und wirtschaftliche Gleichberechtigung der Neger einzusetzen. Ihr praktisches Verhalten sprach den offiziellen sozialethischen Verlautbarungen ihrer Kirchenleitungen Hohn.

So hatte eine repräsentative Befragung von 7500 Mitgliedern der United Church of Christ in den Jahren 1964/65 u. a. folgende Ergebnisse: 91 % der befragten weißen Protestanten lehnten familiäre Verbindungen mit Negern ab, nur 69 % würden Neger als Mitglied ihrer Gemeinde akzeptieren, nur 58 % würden Neger als Gäste in ihrem Haus aufnehmen. 22 % der Befragten würden Negern selbst die Bürgerschaft der Vereinigten Staaten verweigern[42].

Das Verhalten der weißen Protestanten, so läßt sich zusammenfassend feststellen, spiegelte zumeist das allgemeine kulturelle Wertsystem wider. Die Kirchen stützten ideologisch und praktisch ein politisch-wirtschaftliches System, das auf der Diskriminierung der Neger basierte[43].

40 Dazu: F. Loescher, The Protestant Church and the Negro, S. 76—78.

41 G. Winter, a.a.O., S. 51.

42 Y. Fukuyama, Parishioners' Attitudes Toward Issues in the Civil Rights Movement, in: Sociological Analysis, No. 2, Sommer 1968, S. 94—103. Es gibt keinerlei Anhaltspunkte dafür, daß die Einstellung von Mitgliedern der United Church of Christ signifikant von der Einstellung anderer christlicher Gruppen abweicht.

43 Die meisten Christen in den Südstaaten betrachten eine Veränderung der Rassenbeziehungen nicht als ihre Christenpflicht, da es sich dabei ihrer Meinung nach nicht um »einen Teil des Heilsplanes« handelt. (Formulierung eines Pastors in den Südstaaten, zit. in: S. Hill, Southern Churches in Crisis, S. 106).

Die politisch konservative Haltung der Masse der Kirchenmitglieder und die Diskrepanz zwischen ihrem Verhalten und den offiziellen kirchlichen Verlautbarungen zur Rassenfrage mußten notwendig zu tiefgreifenden Konflikten und einer »Scheidung der Geister« innerhalb der weißen Kirchen führen, sobald eine kämpferische Protestbewegung der Neger sie zu Entscheidungen und zum Handeln zwang.

III *Die Geschichte der Negerkirchen in Nordamerika*

»Didn't my Lord deliver Daniel,
An' why not-a every man?«
(»Hat der Herr nicht Daniel befreit,
warum nicht alle Menschen?«) (Negro Spiritual)

»›Negerreligion‹ in Amerika ist per definitionem ›segregierte Religion‹«[1]. Nicht Bekenntnis[2]-, sondern Rassenunterschiede führten im 18. Jahrhundert zur Bildung unabhängiger Negerkirchengemeinden und -denominationen. Für die Neger stellte die gemeinsame Ausübung des christlichen Glaubens schon vor dem Schisma der amerikanischen Kirchen in »weiße Kirchen« und »schwarze Kirchen« die einzige Basis sozialer Kohäsion dar, nachdem ihre traditionellen Bindungen durch die Sklaverei zerstört worden waren[3]. Diese kirchliche Bindung gewann mit der Entstehung separater Kirchengemeinden der Neger eine neue Qualität[4]. »Die Negerkirche war von Anbeginn das logische Zentrum

[1] J. Fichter, American Religion and the Negro, in: The Negro American, Daedalus, Herbst 1965, S. 1087.

[2] Vgl. dazu: L. Haynes, The Negro Community Within American Protestantism, S. 215: »Hier handelte es sich um das erste wirkliche Schisma in der amerikanischen Kirche, das aufgrund sozialer und nicht theologischer Ursachen entstand.«

[3] Die auf den großen Plantagen zumeist voneinander getrennten Neger fanden sich nur bei den mit Weißen gemeinsam gefeierten Gottesdiensten zusammen.

[4] Zur Gründung separater Negerkirchen kam es in den Jahren kurz vor und nach 1800, nachdem schwarze Christen sich aus Gemeinden zurückgezogen hatten, in denen sie ständig diskriminiert wurden. Vgl. dazu: E. F. Frazier, The Negro Church in America, S. 26 u. 27; dort weitere Literatur zur Entstehung separater Negerkirchen.

des ›community life‹. Sie war so mehr als ein Ort des Gottesdienstes«[5]. Nur im Rahmen der vom Einfluß der Weißen fast völlig unabhängigen schwarzen Kirchengemeinden konnten Neger sich »politisch« betätigen[6]: Jeder Neger konnte sich um einen »Posten«, um eine leitende Position innerhalb der Kirchengemeinde bewerben und seine Fähigkeiten bei der Ausübung des übertragenen Amtes beweisen. Negerpastoren und kompetente Laien erlangten so begrenzte Macht als Leiter der »Negro community«.

Der Negerführer W. E. DuBois hat auf eine weitere Funktion der Negerkirchen innerhalb der »Negro community« hingewiesen: »Eine Studie oekonomischer Kooperation unter Negern muß mit der Kirche beginnen.«[7] Das wirtschaftliche Potential der unterprivilegierten Neger konzentrierte sich im Eigentum und in den geschäftlichen Unternehmungen ihrer Kirchen. Viele Negerkirchen initiierten »Gesellschaften für gegenseitige Hilfe«, die in besonderen Notsituationen wie Krankheits- und Todesfällen finanzielle Hilfe gewährten[8]. In ihren Kirchengemeinden machten viele Neger erstmalig Erfahrungen mit den Möglichkeiten organisierter Selbsthilfe.

In kirchlichen Veranstaltungen konnte sich weiterhin eine genuine afro-amerikanische Subkultur erhalten und artikulieren. Neben den Gottesdiensten ermöglichten gesellige Veranstaltungen allen Gemeindegliedern eine ungehinderte Selbstdarstellung, da dort keine weißen Aufseher präsent waren. Die Teilnahme am kirchlichen Leben diente so zugleich der Schaffung und Affirmation eines Selbstwertgefühls der diskriminierten Neger.

Unter den Aktivitäten und Veranstaltungen, mit deren Hilfe die Negerkirchen die soziale Kohäsion und das Gruppenbewußtsein der »Negro community« stärkten, hatten die Gottesdienste eine besondere Stellung.

5 G. Myrdal, a.a.O., S. 867.

6 Bezeichnenderweise wurden die politischen Negergemeinden in den ländlichen Gegenden der Südstaaten nach ihren Kirchen benannt.

7 Zit. in: E. F. Frazier, a.a.O., S. 34.

8 Vgl. E. F. Frazier, a.a.O., S. 35–38.

In den 30er Jahren des 20. Jahrhunderts ergab eine empirische Untersuchung[9], daß bei einem hohen Prozentsatz von Negerpredigten der Tenor primär »otherworldly«, also auf ein außergeschichtliches Jenseits gerichtet, war. Der Soziologe E. F. Frazier kritisierte den Kompensationscharakter solcher Predigten[10], da sie die Neger zur Anpassung an ihren inferioren sozialen Status erziehen und die weiße Herrschaft nicht in Frage stellen würden[11]. Der schwarze Theologe P. Williams hat demgegenüber zu bedenken gegeben: »Später war die Jenseitsgerichtetheit (der Predigten — der Vf.) tatsächlich ein Hindernis, aber in der Zeit der Sklaverei erwies sie sich als eine im Prozeß der Anpassung und des Überlebens hilfreiche Anschauung.«[12] Auch die »Jenseitigkeit« der Spirituals muß, wie James Cone jüngst mit Nachdruck betont hat, »im Licht der ständig gegenwärtigen, dehumanisierenden Wirklichkeit ›weißer Macht‹ betrachtet werden ...; im allgemeinen sangen die Sklaven deshalb vom Himmel, weil sie die Sinnlosigkeit einer Rebellion erkannten und nicht, weil sie die Sklaverei akzeptierten«.[13]

Die Ausrichtung der Predigten und Spirituals auf ein Jenseits konnte also sowohl Flucht vor den irdischen Realitäten — und damit ihre passive Hinnahme — als auch latenten Protest[14] gegen die jeweilige gesellschaftliche Situation bedeuten.[15] Nur durch den Hinweis auf eine jenseitige Wirklichkeit, nur durch die Erwartung künftiger Freiheit und Gerechtigkeit konnten die Neger unter den Bedingungen der Unterdrückung ihre menschliche Würde, ihre Gottesebenbildlichkeit festhalten.

Mit der massenhaften Abwanderung der Neger in die Großstädte zu Beginn dieses Jahrhunderts gerieten die Negerkirchen in ihrer Funktion als »community center« in eine Krise. Die Hilfe, welche die Kirchengemeinden in den Südstaaten bei der Bewältigung sozialer Probleme der »Negro community« gewährten, konnte unter den schwierigen Getto-Bedingungen im Norden von den schwarzen Kirchengemeinden nicht mehr geleistet werden. So rückte das Interesse an der

9 Vgl. B. Mays/J. Nicholson, The Negro's Church, S. 59.

10 Deren Emotionalität und »otherwordliness« ist von Weißen zweifellos oft übertrieben dargestellt worden. Vgl. dazu: G. Myrdal, a.a.O., S 937.

11 E. F. Frazier, a.a.O., S. 46.

12 P. Williams, Black Church: Origin, History, Present Dilemmas, in: Andover Newton Quarterly, November 1968, S. 115.

13 J. Cone, a.a.O., S. 93.

14 Das bedeutete natürlich nicht, daß der Protest sich auch praktisch-politisch artikulieren konnte.

15 Ein Lied wie »I got a shoes ... in heab'n ...« macht das deutlich.

Selbsterhaltung der kirchlichen Institution in den Vordergrund. »Die ›Schwarze Kirche‹ hatte einfach keine Möglichkeit, der Krise der zwanziger und dreißiger Jahre zu begegnen. Ihr fehlten die theologischen, finanziellen, ausbildungsmäßigen und sonstigen Resourcen, die diese Situation erforderte.«[16]

Die bedeutenden Bürgerrechtskämpfer und -organisationen wirkten daher weithin außerhalb der institutionellen Negerkirchen. Dennoch leisteten die Negerkirchen einen wichtigen Beitrag zur entstehenden Protestbewegung: Sie stellten Räumlichkeiten für die größte Bürgerrechtsorganisation, die »National Association for the Advancement of Colored People (NAACP)«, zur Verfügung und waren durch Gemeindeglieder und Pastoren an der Leitung lokaler NAACP-Gruppen beteiligt.[17]

Gegen Ende der 30er Jahre begannen die Negerkirchen, sich in ihrer Verkündigung und Praxis auf die fortschreitende Urbanisierung, soziale Differenzierung und Gettobildung innerhalb der »Negro community« einzustellen. »Die Negerkirchen verließen ihren überwiegend jenseits-orientierten Standpunkt.«[18]

Der »soziale Aspekt« religiöser Glaubenseinsichten trat immer mehr in den Vordergrund[19], wie R. Johnston in einer empirischen Untersuchung nachgewiesen hat. Insofern die Negerkirchen auf die Änderungen der gesellschaftlichen Situation der Neger und auf das militante Selbstbewußtsein des »New Negro« reagierten, war es nur konsequent, »daß Negerkirchen neben ihrer Funktion als Zuflucht (escape function) eine direkte Protest-Rolle (direct protest role) übernahmen. Der Traum vom Himmel, der Neger so lange aufrechterhalten hat, wurde in Hoffnung für das Leben auf Erden transformiert.«[20] Für die Masse der »lower-class«-Neger fungierten die Negerkirchen allerdings bis in die Gegenwart primär als Trost- und Schutzinstitution, als Freiheitsraum innerhalb der rassistischen weißen Gesellschaft.

Die Bedeutung der Negerkirchen für die »Negro community« kann

16 P. Williams, a.a.O., S. 121.
17 Dazu: E. F. Frazier, a.a.O., S. 47 ff.
18 E. F. Frazier, a.a.O., S. 51.
19 R. Johnston, The Development of Negro Religion, S. 27.
20 K. Clark, Dark Ghetto, S. 175.

deshalb zusammenfassend mit G. Myrdal abgeleitet werden aus ihrer »Funktion, Hoffnung zu stiften und emotionale Katharsis zu bewirken, aus ihrer Funktion als Zentrum der Aktivität der ›community‹, als Quelle von Führungskräften und aus ihrer Funktion, Ansehen zu verleihen.«[21]

IV *Die sozioökonomische und psychische Situation der amerikanischen Neger nach dem zweiten Weltkrieg*

»To be a Negro in this country and to be relatively conscious is to be in rage almost all the time.«
(»Ein Neger in diesem Land zu sein und einigermaßen bewußt zu leben, heißt fast ständig in Wut zu sein.«) James Baldwin

»Die erhabene amerikanische Nation ... zwingt den Neger, Stiefel zu putzen, dann beweist sie seine physische und geistige Minderwertigkeit durch die Tatsache, daß er Stiefelputzer ist.« George Bernard Shaw

Der »underclass«-Status der Majorität der Neger wird evident in fünf verschiedenen Bereichen: den sozialen Bereichen der Arbeit, der Wohnverhältnisse, des Schulwesens, des Gesundheits- und Wohlfahrtswesens sowie in ihrer psychischen Situation.

1. Arbeitssituation

1958 waren 12,6 % (1967: 8,2 %) der Neger arbeitslos.[1] Damit war ihr Anteil an der Arbeitslosenrate doppelt so hoch wie der der Weißen. Unter den jugendlichen Negern war sogar jeder fünfte arbeitslos. Noch gravierender ist die Unterbeschäftigung der Neger. 1954 war nur jeder zweite arbeitende Neger das volle Jahr ununterbrochen beschäftigt. Neger sind in schlechtbezahlten Berufen mit geringem Sozialprestige überrepräsentiert. Aufgrund mangelnder fachlicher Ausbildung sind sie in besonderem Maße struktureller Arbeitslosigkeit ausgesetzt,

[21] G. Myrdal, a.a.O., S. 942.
[1] U.S. Riot Commission Report, S. 252–253. Zum Vergleich: Die Arbeitslosigkeit betrug 1956 in der BRD 3,5 % (1965: 0,7 %); vgl. dazu: D. Claessens et al., Sozialkunde der Bundesrepublik Deutschland, S. 179.

die vor allem durch die zunehmende Automation bedingt ist. In den 50er Jahren begann deshalb der Abstand zwischen dem Durchschnittseinkommen der Neger und dem der Weißen größer zu werden: Neger verdienten kaum halb so viel wie Weiße[2]. Selbst Neger mit High-School-Abschluß verdienen im allgemeinen weniger als Weiße, die nur acht Schuljahre aufweisen können[3].

2. Wohnverhältnisse

Während 1910 73 % aller Neger in ländlichen Gebieten wohnten, lebten 1960 73 % aller Neger in Städten (Weiße: 70 %). Davon sind ca. 80 % in den Gettos im Zentrum der Großstädte zusammengedrängt. »Der Kontrast zwischen den von Negern dicht bewohnten Stadtzentren und den ›lilienweißen‹ Vororten ist wohl das deutlichste Merkmal gegenwärtiger Rassentrennung.«[4] Nur 44 % aller Gettowohnungen sind ordnungsgemäß mit den notwendigen Installationen versehen[5].

3. Schulwesen

Mitte der 50er Jahre lag die durchschnittliche Schulbesuchsdauer der Neger um drei Jahre unter der der Weißen. Unverhältnismäßig viele Neger verlassen die Schule aus finanziellen Gründen vorzeitig. Die Zahl der praktisch Illiteraten ist bei den Negern prozentual dreimal so hoch wie bei weißen Amerikanern. Zwar wurde 1954 die Segregation in den Schulen für illegal erklärt, aber: »Während de jure Rassentrennung in den Schulen abnimmt, nimmt de facto Rassentrennung rapide zu.«[6] Un-

[2] Dazu: St. Clair Drake, The Social and Economic Status of the Negro in the United States, in: The Negro American, Daedalus 1965, S. 771—814.
[3] Dazu: D. Moynihan, in: The Negro American, a.a.O., S. 745 ff.
[4] N. Gist/S. Fava, Urban Society, S. 131.
[5] Dazu: Ph. Hauser, Demographic Factors in the Integration of the Negro, in: The Negro American, a.a.O., S. 847—877.
[6] Th. Pettigrew, Complexity and Change in American Racial Patterns: A Social Psychological View, in: The Negro American, a.a.O., S. 981. Diese Entwicklung hat zwei Hauptursachen: a) die zunehmende Gettobildung; b) die von weißen Eltern immer stärker in Anspruch genommene Möglichkeit, ihre Kinder auf nicht-integrierte Privatschulen zu schicken.

tersuchungen haben ergeben, daß Schulen für Neger im allgemeinen qualitativ schlechteren Unterricht bieten. Finanzprobleme, schlecht ausgebildete Lehrer und überfüllte Klassenräume verursachen diese Differenz.

4. Gesundheits- und Wohlfahrtswesen

Die Lebenserwartung von Negern liegt sechs Jahre unter der von Weißen. Krankheiten, die die Haupttodesursachen darstellen, treten disproportional häufig in Negerfamilien auf, die unter schlechter Ernährung, katastrophalen Wohnverhältnissen und inadäquater Gesundheitsfürsorge leiden. Negern stehen oft nur unzureichend ausgerüstete Krankenhäuser zur Verfügung[7].

Die traditionelle Abneigung der weißen Amerikaner gegen ein umfassendes und damit effektives Wohlfahrtswesen[8] stabilisiert die Armut der unterprivilegierten Neger. Wohlfahrtsstaatliche Minimalmaßnahmen, die in Schweden, Großbritannien und der BRD längst institutionalisiert sind, werden von einflußreichen Lobbies verhindert[9]. Zudem werden von der Bundesregierung initiierte Programme, die die sozialdarwinistischen Konsequenzen des amerikanischen Kapitalismus mildern könnten, oft durch rassistische Politiker in den einzelnen Staaten und Kommunen boykottiert[10].

Faßt man die eben genannten Faktoren des sozio-ökonomischen Status der unterprivilegierten Neger zusammen, so ergibt sich folgendes

7 Dazu: St. Clair Drake, a.a.O., S. 788.

8 Vgl.: The American Business Creed, edd. F. Sutton et al., S. 251 ff.

9 Vgl. W. Pritchard, The Poor People's Campaign and Other Lobbies, in: New South, Vol. 23, Nr. 4, 1968, S. 21—27.

10 Belege dafür u. a. im »Newsletter« des »Delta Ministry«, Greenville, Miss. (erscheint seit 1964). Die staatlichen Wohlfahrtsausgaben pro Familie sind äußerst gering: Familien, denen die sog. »General Assistance« gewährt wird, erhalten 68—70 Dollar pro Monat. Empfänger der »Aid to Families with Dependent Children« erhalten durchschnittlich 32 Dollar pro Monat. Jährlich bekommen ca. 3,2 Millionen Kinder diese Hilfe, aber 12 Millionen bedürftige Kinder entbehren diese Hilfe (vgl. dazu: A. Schuchter, White Power/Black Freedom, S. 489 ff.). Insgesamt betrugen die Wohlfahrtsausgaben der amerikanischen Regierung 1955 4062 Millionen Dollar.

Bild: »Der Neger ist gefangen in dem starren Schraubstock von Armut und geographischer Segregation; das zwingt ihm Isolierung von Weißen und soziale Segregation auf; das bewirkt getrennte und schlechtere Erziehung. Das wiederum beschränkt die Berufs- und Einkommensmöglichkeiten, wodurch die Armut aufrechterhalten und verstärkt wird.«[11] »In dem Maße, in dem menschliche Probleme – ökonomische, soziale, Ausbildungs- und Gesundheitsprobleme – im Getto konzentriert sind, wirken sie selbstverstärkend.«[12]

5. Die psychische Situation der Neger[13]

Neben Wissenschaftlern haben amerikanische Negerschriftsteller wie R. Wright, R. Ellison und J. Baldwin und schwarze Führer der Freiheitsbewegung wie Malcolm X, M. L. King und E. Cleaver immer wieder darauf hingewiesen, daß die rassische Diskriminierung und Entmachtung der Neger nirgends so tiefgehende Konsequenzen hat wie im psychischen Bereich. »Das schlimmste Verbrechen, das der weiße Mann begangen hat, war, daß er uns lehrte, uns selbst zu hassen.«[14] Das rigorose »caste-class-system«[15] im Süden und das »ethnic-class-system« im Norden der USA erzeugten eine elementare Identitätskrise in den Negern, ein Gefühl von »facelessness«, »nobodyness«, »namelessness« und »invisibility«[16]. »Das Individuum, das zu einer unterdrückten und ausgebeuteten Minorität gehört und sich der dominanten kulturellen Ideale bewußt ist, aber daran gehindert wird, ihnen nachzueifern, ist geneigt, die negativen ›images‹, die ihm von der dominierenden Ma-

11 Ph. Hauser, a.a.O., S. 872.

12 E. u. G. Grier, Equality and Beyond, in: The Negro American, a.a.O., S. 77.

13 Im folgenden Abschnitt wird die Situation der Neger vor dem Beginn der von King repräsentierten Bürgerrechts-Bewegung beschrieben.

14 Malcolm X, zit. in: Ch. Silberman, a.a.O., S. 68.

15 Dazu: J. Dollard, Caste and Class in a Southern Town.

16 Wörtlich: »Gesichtslosigkeit«, »Niemand-Sein«, »Namenlosigkeit« und »Unsichtbarkeit.« Dazu: Ch. Silberman, a.a.O., S. 68 ff.; E. Erikson, The Concept of Identity in Race Relations: Notes and Queries, in: The Negro American, a.a.O., S. 145–171.

jorität entgegengehalten werden, mit seiner eigenen negativen Identität zu verschmelzen.«[17]

Keine Minoritätsgruppe in den USA hat bis in die jüngste Gegenwart in gleicher Weise unter Selbsthaß und Minderwertigkeitsgefühlen gelitten wie die Neger. »Die Selbstachtung des Negers leidet nicht nur unter den Kränkungen der Diskriminierung, sondern auch unter dem Gefühl seiner Ohnmacht und seines Unvermögens, seiner Überzeugung, daß Weiße alles kontrollieren.«[18]

17 E. Erikson, a.a.O., S. 166. Vgl. auch die Bemerkung von W. E. DuBois in seinem 1903 veröffentlichten Essay-Band »The Souls of the Black Folk«: »Es ist ein eigenartiges Empfinden: dieses doppelte Bewußtsein, dieses Gefühl, sich immer selbst zu sehen, durch die Augen der anderen, die eigene Seele zu messen mit der Elle einer Welt, die mit amüsierter Verachtung und Mitleid dreinschaut. Immer bleibt diese Zweiheit – ein Amerikaner, ein Neger, zwei Seelen, zwei Gedanken, zwei Verlangen, die sich nicht miteinander in Einklang bringen lassen ...« (Zit. nach der Übersetzung in: F. Hetmann, Das schwarze Amerika, S. 22/23).

18 Ch. Silberman, a.a.O., S. 115. Vgl. A. Kardiner und L. Ovesey: The Mark of Oppression, passim. Zur psychischen Situation der Neger vgl. auch: A. Chapman (ed.), Black Voices; M. Schneider, Revolution der Sprache — Sprache der Revolution, in: Malcolm X, Schwarze Gewalt, Reden, Edition Voltaire, Bd. I, S. 7 ff.; W. M. Grier/P. M. Cobbs, Black Rage. Hier seien nur einige Beispiele genannt: Die Erziehung in segregierten Schulen hat nachweislich einen negativen Effekt auf die Motivation und das Selbstbild der Neger. Der Psychologe K. Clark stellte in Experimenten fest: Wenn Negerkinder zwischen weißen und schwarzen Puppen wählen dürfen, wählen sie meist eine weiße. Bei Zeichnungen mit Buntstiften zögern viele Negerkinder, gezeichnete Menschen braun anzumalen. Diesem Verhalten entspricht das negative Stereotyp, mit dem die weiße Majorität den Negern begegnet: Noch in den 60er Jahren meinten 85 % der Weißen, Neger lachten viel, 75 % meinten, Neger seien weniger ehrgeizig, 69 %, Neger hätten eine laxe Moral, 61 %, Neger hätten unsaubere Wohnungen, 50 %, Neger hätten eine geringere angeborene Intelligenz. Vgl. Ch. Silberman, a.a.O., S. 72.

V *Die Geschichte der Bürgerrechtsbewegung in den Vereinigten Staaten bis zum Jahre 1954*

»Diejenigen, die behaupten, für die Sache der Freiheit einzutreten, aber gleichzeitig Agitation ablehnen, sind Menschen, die ernten wollen, ohne den Boden zu pflügen ... Macht gewährt nichts, ohne daß es gefordert wird.« (Frederick Douglass, 1857)

»Es gibt kein Negerproblem in Amerika; es hat nie ein Negerproblem in Amerika gegeben – das Rassenproblem in Amerika ist ein Problem der Weißen.« (Lerone Bennett)

Als zu Beginn des 20. Jahrhunderts den Negern das System der Segregation immer rigoroser aufgezwungen wurde, brutale Gewalttaten gegen sie sich häuften und viele von ihnen der »Großen Wanderung« in die Städte des Nordens folgten, entwickelten bzw. verstärkten sich bei vielen Negern das Bewußtsein ihrer Gruppenidentität und die Bereitschaft zum Widerstand.[1] Zum erstenmal verschafften sich Negerführer in der Öffentlichkeit als Anwälte der Unterdrückten Gehör[2].

Booker T. Washington[3] (geb. 1856 in Franklin County, Virginia, gest. 1915 in Tuskegee, Alabama) forderte die Neger auf, im Rahmen des gegebenen Systems ihre wirtschaftliche Stellung durch eine intensive berufliche Ausbildung zu verbessern: »Laß deinen Eimer herunter, wo du bist.« Wenn die Neger so den Weißen ihre Nützlichkeit bewiesen,

[1] Letztere war nie völlig gebrochen worden. Die Behauptung, Neger hätten sich nie gegen die Rassendiskriminierung gewehrt, reflektiert das Wunschdenken vieler Weißer: tatsächlich gab es Hunderte von Revolten in der Geschichte der amerikanischen Neger. Doch wurden diese lokal begrenzten, verzweifelten Aufstände stets blutig niedergeschlagen. Vgl. E. Lincoln, a.a.O., S. 26 ff.

[2] Vgl. dazu: L. Bennett, Before the Mayflower, S. 274 ff.; J. H. Franklin, a.a.O., S. 433 ff.

[3] Zum Wirken B. T. Washingtons vgl.: L. Bennett, a.a.O., S. 226 ff.; V. Brandes/J. Burke, USA. Vom Rassenkampf zum Klassenkampf, S. 50 ff.; Ch. Silberman, a.a.O., S. 125 f. Bekannt wurde vor allem die These B. T. Washingtons, die er 1895 in einer Rede in Atlanta vortrug: »In allen Dingen von sozialem Belang können wir und die Weißen so getrennt sein wie die Finger einer Hand und dennoch als *eine* Hand in all jenen Dingen wirken, die wesentlich für den gemeinsamen Fortschritt sind.« (Abgedruckt in: B. Chambers [Hg.]., Chronicles of Black Protest, S. 147).

würden letztere ihnen sicher auch politische und soziale Gleichheit zugestehen.

W. E. DuBois[4] (geb. 1868 in Barrington, Mass., gest. 1963 in Accra, Ghana) erkannte, daß dieses Konzept auf eine Stabilisierung des »Southern caste system« hinauslief. Er insistierte auf der bedingungslosen Anerkennung der Menschenwürde und rechtlich-politischer Gleichstellung der Neger. Mit liberalen Weißen und Negern gründete er in New York die erste Bürgerrechtsorganisation, die 1910 den Namen *»National Association for the Advancement of Colored People«* erhielt. Die NAACP konzentrierte sich auf den Bereich der Rechtsprechung: Gerichtsentscheide zugunsten der Neger sollten durch die Finanzierung von Musterprozessen herbeigeführt, die Gesetzgebung durch Lobbies beeinflußt werden.

1910 wurde die *»Urban League«* von Philanthropen und Sozialarbeitern gegründet mit dem Ziel, ländlichen Negern aus den Südstaaten den Übergang in die Städte des Nordens zu erleichtern. Diese Organisation konzentrierte ihre Arbeit auf die wirtschaftlichen Probleme der Neger und versuchte, sie mit den Methoden karitativer Sozialarbeit zu bewältigen.

Marcus Garvey[5] (geb. 1887 auf Jamaica, gest. 1940 in London) kam 1916 in die Vereinigten Staaten und initiierte die erste Negerbewegung auf Massenbasis. Seine Gefolgschaft rekrutierte sich aus den untersten sozialen Schichten der Neger in den Großstädten. Garvey reagierte auf die psychologischen Auswirkungen des weißen Rassismus: Durch den Hinweis auf die Leistungen afrikanischer Kulturen und die Proklamation einer schwarzen Religion mit einem schwarzen Christus stärkte er das Selbstbewußtsein seiner ausgebeuteten Anhänger. Mit seiner »Zurück nach Afrika«-Bewegung scheiterte Garvey aufgrund organisatorischer Mängel und finanzieller Fehlkalkulationen. Wie DuBois wurde er von weißen Politikern ins Exil verbannt.

Der Garveyismus und ähnliche Bewegungen erlahmten in den 30er Jahren ebenso wie die während der 20er Jahre in den Gettos entstan-

4 Zum Wirken W. E. DuBois': L. Bennett, a.a.O., S. 274 ff.; J. H. Franklin, a.a.O., S. 393 ff.

5 Zu Garveys Wirken: J. H. Franklin, a.a.O., S. 489—492; L. Bennett, a.a.O., S. 295—296.

dene kulturelle Bewegung der sog. Negro Renaissance[6]. Die Weltwirtschaftskrise fixierte die Neger auf ihre unmittelbaren materiellen Bedürfnisse. Interne Differenzen zwischen Negerführern waren ein weiterer Grund für das Fehlen einer wirkungsvollen Protestbewegung[7].

»Anzeichen einer Bürgerrechts-Renaissance im Norden traten in den 40er Jahren hervor«[8]. 1941 drohte der schwarze Gewerkschaftsführer *Philip A. Randolph* mit einem Massenmarsch nach Washington, um die Gleichstellung der Neger auf dem Arbeitsmarkt durchzusetzen.[9]

Es lassen sich vor allem drei Gründe für den aktiven Kampf des sog. »New Negro« um soziale Gleichberechtigung anführen:

1. Im zweiten Weltkrieg waren Neger teilweise erfolgreich in ihrem Kampf gegen Segregation in der Armee[10]; 2. der Widerstand der nichtweißen Länder in Afrika und Asien gegen ihre Kolonialherren stärkte das Selbstbewußtsein der Schwarzen in den USA und gab ihnen Hoffnung auf eine Änderung ihres sozialen Status; 3. im ideologischen Konflikt mit dem Faschismus und bald darauf mit dem Kommunismus mußten weiße Rassisten als Feinde der Vereinigten Staaten erscheinen, die doch als »Hort der Demokratie« proklamiert wurden.

1942 gründeten Pazifisten in Chicago eine weitere Bürgerrechts-Organisation: den *»Congress of Racial Equality (CORE)«*. Ausgehend von der Überzeugung, daß die Rassentrennung mit juristischen Mitteln allein nicht aufgehoben werden könne, konzentrierte sich CORE auf direkte Aktionen (direct actions) und die Dramatisierung spezifischer Formen rassischer Segregation. Gewaltlosen Protest in direkten Aktionen wie »sit-ins«, »stand-ins« und »Freiheitsfahrten« praktizierten CORE-Mitglieder bereits in den 40er Jahren[11].

6 Dazu: L. Bennett, a.a.O., S. 297. Erstmalig fanden Negerschriftsteller, die das Leben amerikanischer Neger (bes. in New Yorks Negergetto Harlem) beschrieben, ein größeres Publikum.

7 Dazu: V. Brandes/J. Burke, a.a.O., S. 57—67.

8 K. Clark, The Civil Rights Movement: Momentum and Organization, in: The Negro American, Daedalus, Winter 1966, S. 239—240.

9 K. Clark, a.a.O., S. 240.

10 Bereits aus dem ersten Weltkrieg waren schwarze Soldaten mit einem neuen Selbstbewußtsein in die USA zurückgekehrt: in Frankreich waren sie als Menschen anerkannt worden.

11 Dazu: W. Miller, a.a.O., S. 19—21.

Bis zum Jahre 1954, als King an die Spitze des Busboykotts in Montgomery trat, beherrschten somit drei Bürgerrechts-Organisationen das Bild: die NAACP, die Urban League und CORE. Sie alle waren im Norden der USA gegründet worden. Keine dieser Organisationen besaß eine Massenbasis. Ihre Leiter waren nicht von einer nennenswerten Zahl von Negern gewählt. Die NAACP und die Urban League konnten mit ihren Methoden die Probleme der Gettobewohner nicht wirklich verringern, da sich die soziale Pathologie der Gettos weder durch Gerichtsentscheide noch durch sozialtherapeutische Maßnahmen effektiv bekämpfen läßt. Da in allen drei Organisationen Weiße entscheidend an der Leitung beteiligt waren, wurde eine militante Konfrontation mit der Machtstruktur der amerikanischen Gesellschaft bewußt vermieden. Die NAACP und die Urban League versuchten vielmehr, mit den weißen »decision-makers« in der Bundesregierung und anderen Institutionen zu verhandeln. Durch die traditionelle, sozusagen »vornehme« Verhandlungstaktik wurde an das Gewissen oder das Selbstinteresse der Weißen appelliert.[12] Die NAACP und die Urban League sind zu Recht als »nichtparteigebunden, konservativ«[13] beschrieben worden. Sie gingen davon aus, daß eine Änderung des Status der Neger innerhalb des amerikanischen demokratischen Systems erreicht werden könne.

[12] Dazu: L. Bennett, a.a.O., S. 284; K. Clark, a.a.O., S. 239 ff.
[13] K. Clark, a.a.O., S. 246.

C Die erste Phase der von King und seinen Mitarbeitern organisierten Bürgerrechts-Bewegung: Überwindung der psychischen Identitätskrise und der politischen Apathie der Neger — Spontaner Protest und gewaltlose Aktionen

I *Beginn der Bewegung: Busboykott in Montgomery (1955–56)*

1. Anlaß und Verlauf des Busboykotts in Montgomery

»Mit einem Wort: Wir wollen leben!« (Aus einer Resolution der Southern Negro Youth Conference im Mai 1938)

Martin Luther King[1] wurde 1954 als Pastor an die Dexter Avenue Baptist Church in Montgomery, Alabama, berufen[2], einer Stadt von 120 000 Einwohnern – darunter 50 000 Negern –, die repräsentativ für das »caste-class system« in den Südstaaten ist. Sanktioniert durch Gesetze und Gewohnheit, war Segregation in öffentlichen Einrichtungen und Verkehrsmitteln akzeptiertes Faktum.

Neger, die 70 % aller Passagiere der städtischen Buslinien ausmachten, mußten im hinteren Teil der Busse, hinter den für Weiße reservierten Sitzen, Platz nehmen. Die größte Demütigung der Neger aber bestand darin, daß sie ihre Plätze freimachen mußten, wenn die Sitze für Weiße nicht ausreichten. Aufgrund täglicher Erniedrigungen und einiger besonders eklatanter Fälle von Rassendiskriminierung[3] wuchs bei der Majorität die Empörung und damit eine latente Bereitschaft zum Widerstand.

[1] Martin Luther King, Jr., wurde am 15. Jan. 1929 in Atlanta geboren.

[2] Zum folgenden: s. King, Stride, S. 10–27; W. Miller, Martin Luther King, S. 30 ff.

[3] Vgl. King, Stride, S. 16.

Am Donnerstag, dem 1. Dezember 1955, wurde die über 50 Jahre alte Negerin Mrs. Rosa Parks – von Beruf Näherin – verhaftet[4], weil sie es gewagt hatte, ihren Platz einem Weißen zu verweigern. Der Vorschlag des »Women's Political Council«, am Montag einen eintägigen Busboykott durchzuführen, wurde von E. D. Nixon, dem Vorsitzenden der lokalen NAACP, und Rev. King sowie Rev. Abernathy unterstützt. Am Freitagabend fand ein Treffen führender Persönlichkeiten der »Negro community« statt. Unter den mehr als 40 Anwesenden bildeten Negerpastoren die stärkste Gruppe, doch waren sämtliche Organisationen der Neger repräsentiert. Einmütig wurde ein eintägiger Boykott beschlossen, zu dem die Negerpastoren auch von ihren Kanzeln aufriefen[5]. Diese offizielle kirchliche Unterstützung bedeutete zweifellos eine Eskalation des Konflikts.

King und andere Negerführer hatten mit einer etwa 60 %igen Befolgung des Boykotts gerechnet, da die Widerstandsbereitschaft vieler Neger gebrochen zu sein schien[6]. Überraschenderweise befolgten jedoch am 5. Dezember 1955 fast alle Neger den Boykott. King selber hat rückblickend diesen Erfolg so erklärt: »Der Busprotest ... war der Höhepunkt einer allmählichen Entwicklung. Die Verhaftung von Mrs. Rosa Parks war nicht die eigentliche Ursache, sondern nur ein beschleunigender Faktor. Die Ursache lag tiefer, sie lag bei all den vielen ähnlichen Ungerechtigkeiten, die fast jeder selbst erlebt oder mitangesehen hatte. Dann kommt einmal der Augenblick, wo die Menschen es satt haben, ständig mit Füßen getreten zu werden.«[7]

4 Dazu: King, Stride, S. 28 ff.; E. D. Nixon, How It All Started, in: Liberation, Dez. 1956, S. 10;

5 Vgl. King, Stride, S. 32 ff.

6 Vgl. King, Stride, S. 39 und S. 19–22; so hatte Kings Vorgänger an der Dexter Avenue Baptist Church mehrmals versucht, Neger zu Protestaktionen zu bewegen. Als er in einem Fall widerrechtlich gezwungen wurde, einen Bus zu verlassen, folgte ihm trotz seiner Aufforderung zur Solidarisierung kein einziger Neger. Sie meinten, »er sollte es besser wissen«. (Zit. in: W. Miller, a.a.O., S. 34.)

7 King, Stride, S. 50/51. Die Bereitschaft zum offenen Protest war gestärkt worden durch die im Jahre 1954 gefällte Entscheidung des Obersten Gerichtshofs, daß segregierte Schulen gegen den Gleichheitsgrundsatz verstießen und daher »mit wohlüberlegter Eile« zu integrieren seien.

Mrs. Parks wurde am 5. Dezember wegen Verletzung der Segregationsgesetze zu einer Geldstrafe verurteilt. Diese Provokation der Neger und der Erfolg des spontanen eintägigen Boykotts veranlaßten die lokale Negerführung zur Gründung der »Montgomery Improvement Association (MIA)«, die die Protestbewegung leiten und zukünftig notwendig erscheinende Aktionen durchführen sollte[8]. King wurde zu ihrem Präsidenten gewählt. Als erst kürzlich zugezogener, relativ unbekannter Pastor, der noch nicht mit einer der Parteien identifiziert worden war, war er »ein idealer Kompromißkandidat«[9]. K. Clark hat zu Recht behauptet: »Der Busboykott katapultierte King ... in die lokale Führungsgruppe«[10].

Erst drei Wochen zuvor hatte King das Präsidentenamt der örtlichen NAACP-Organisation abgelehnt, um sich nach dem gerade erfolgten Abschluß seiner Dissertation[11] ganz auf die Gemeindearbeit konzentrieren zu können.

Kings Gemeindearbeit folgte weithin traditionellen Bahnen: Gottesdienste, Kasualien, Frauen-, Männer- und Jugendkreise beanspruchten den Hauptteil seiner Zeit. Eine 1954 von King ausgearbeitete Liste von Empfehlungen für das Programm seiner Gemeinde spiegelt das konventionelle amerikanische Konzept einer im Konkurrenzkampf der Freikirchen »erfolgreichen« Gemeinde wider. Als die ersten 4 Programmpunkte führte King auf: 1. Gründung von 12 Klubs zur Herstellung persönlicher Kontakte zwischen den Gemeindegliedern; 2. ein vierjähriges Renovierungs- und Expansionsprogramm; 3. Gründung eines Baufinanzierungskomitees und 4. Gründung eines Komitees zur Betreuung neuer Mitglieder[12].

Andererseits versuchte King, durch die Zuteilung neuer Funktionen der Entwicklung der Kirchengemeinde zu einem auf bestimmte soziale Schichten beschränkten »sozialen Klub mit einem dünnen Anstrich von Religiosität« bzw. zu einer »Kirche der feinen Leute«[13] entgegenzuwirken. So organisierte er ein »Religious Education Committee«, ein »Cultural Committee«, ein Komitee zur Schaffung von Stipendien für Oberschüler und

[8] Vgl. King, Stride, S. 42—43.

[9] W. Miller, a.a.O., S. 38.

[10] K. Clark, a.a.O., S. 254; so auch King selber in: Why, S. 90.

[11] Thema: A Comparison of the Conceptions of God in the Thinking of Paul Tillich and Henry Nelson Wieman, Boston University, 1955 (masch. Diss.).

[12] Vgl.: King, Recommendations to the Dexter Avenue Baptist Church for the Fiscal Year of 1954—55 und: The Dexter Echo, 1956.

[13] King, Stride, S. 10.

ein »Social and Political Action Committee (SAPAC)«[14]. Die Hauptaufgaben des SAPAC bestanden darin, durch Versammlungen eine öffentliche Diskussion wichtiger sozialpolitischer Probleme herbeizuführen, Mitglieder für die NAACP in der Gemeinde zu werben, die Wählerregistrierung zu organisieren und vor allem »die Gemeinde hinreichend informiert zu halten in bezug auf die politische und wirtschaftliche Situation«[15]. Die Maxime lautete: »Jedes Mitglied der Dexter-Gemeinde muß ein registrierter Wähler sein.«[16]
Zweifellos akzentuierte King mit der Gründung des SAPAC stärker als viele schwarze Pastoren die politisch-aufklärerische Funktion der Kirchengemeinde. Insofern jenes Komitee aber nur eines unter vielen war, ist festzustellen, daß Kings Gemeindepraxis zu Beginn des Boykotts sich keineswegs wesentlich von den traditionellen Formen kirchlicher Arbeit unter den Negern unterschied.

Der im ganzen konservativen Gemeindepraxis entsprach Kings damalige Einstellung hinsichtlich der Strategie der Freiheitsbewegung: er unterstützte lediglich die von der NAACP praktizierte Strategie einer juristischen Bekämpfung der bestehenden Segregation und die gradualistischen, sich auf die Durchsetzung von Minimalforderungen beschränkenden Aktionen von Organisationen wie des »Alabama Council on Human Relations«[17].

Auch die Resolution, die King mit anderen Mitgliedern des Führungskomitees am ersten Tag des Busboykotts ausarbeitete, enthielt nur Minimalforderungen. Die MIA verlangte: 1. Höfliche Behandlung der schwarzen Buspassagiere; 2. Einnahme der Plätze gemäß der Reihenfolge der Einsteigenden, wobei Weiße den Bus von vorn, Neger den Bus vom hinteren Ende her füllen würden; 3. Einstellung schwarzer Fahrer für vorwiegend durch Negerviertel fahrende Busse[18]. Diese Forderungen waren »extrem bescheiden«[19], sie ließen das System der Rassentrennung prinzipiell unangetastet.

Am Abend des 5. Dezember fand die erste Massenversammlung (mass meeting) in einer Negerkirche statt. Ca. 5000 Neger nahmen innerhalb

14 Dazu: King, Stride, S. 10—11.
15 King, Recommendations, S. 4; vgl. Stride, S. 15.
16 King, Recommendations, S. 4.
17 Vgl. L. Bennett, What Manner of Man, S. 42.
18 Vgl. King, Stride, S. 49.
19 L. Bennett, a.a.O., S. 50.

und außerhalb der Kirche an der Versammlung teil, die mit ihrem Wechsel von Kirchenliedern, Gebeten, Abkündigungen und Ansprachen dem Schema baptistischer Gottesdienste folgte. King gelang es, eine Ansprache zu halten, die – wie er es formulierte – »militant genug war, um mein Volk zu positivem Handeln anzufeuern, und doch maßvoll genug, um die leidenschaftliche Erregung in kontrollierbaren und christlichen Grenzen zu halten«[20].

Als die Stadtverwaltung einen von den Negern eingerichteten Taxendienst für illegal erklären ließ, organisierte Rev. Abernathy ein Transportsystem, das auf privaten Personenwagen basierte. Daß das System, wie weiße Segregationisten anerkennen mußten, mit »militärischer Präzision«[21] funktionierte, trug zur Erschütterung des Stereotyps von den unfähigen und undisziplinierten »Niggern« bei.[22]

Am 7. Dezember wurde King zum Sprecher eines Verhandlungskomitees gewählt, das Kontakte mit der Busgesellschaft und einem Bürgerkomitee aufnahm, die jedoch ergebnislos blieben[23].

Die von Weißen propagierte Behauptung, nur King stehe einer endgültigen Beilegung des Konflikts im Wege, beantwortete dieser mit dem Angebot seines Rücktritts, das jedoch von den Negern abgelehnt wurde. Offensichtlich stärkte das Taktieren der städtischen Politiker die Solidarität und den Widerstand der Neger. Der weiße Bürgermeister und seine Verwaltungsbeamten versuchten es schließlich mit einer »Politik der harten Hand«[24]. Sie schlossen sich demonstrativ dem lokalen »White Citizens' Council«[25] an.

Unter den fadenscheinigsten Vorwänden wurden Neger schikaniert, zu Geldstrafen verurteilt oder verhaftet. Schließlich wurde auch King

[20] Vgl. King, Stride, S. 45–50.

[21] Vgl. King, Stride, S. 53.

[22] Vgl. G. Myrdal, An American Dilemma, zum Stichwort: »Stereotypes about Negroes«.

[23] Vgl. King, Stride, S. 89 ff.

[24] Vgl. King. Stride, S. 107.

[25] »White Citizens' Councils« sind Bürgervereinigungen negerfeindlicher Weißer. Diese behaupten, Demokraten und Christen zu sein, die die gesellschaftliche Ordnung vor dem »Chaos« der Rassenintegration bewahren. In vielen Orten der Südstaaten spielen die »White Citizens' Councils« eine wichtige Rolle, da sie alle Ansätze zu liberaler Rassenpolitik bekämpfen.

am 25. Januar 1956 wegen angeblicher Geschwindigkeitsüberschreitung im Straßenverkehr festgenommen, doch bald freigelassen, als Neger in großer Zahl zum Gefängnis strömten. Die entwürdigenden Zustände im Gefängnis, die King erstmalig kennenlernte, bestärkten ihn in dem Ziel, den Unterprivilegierten Recht zu verschaffen[26].

Als unbekannte Weiße am 30. Januar eine Bombe in Kings Veranda warfen, waren viele Neger bereit, weiße Polizisten und andere weiße Bürger tätlich anzugreifen. In einem Appell beschwor King die Neger, christliche Feindesliebe als ihre Waffe anzusehen. Es gelang ihm, die empörte Menge von Vergeltungsmaßnahmen abzuhalten[27].

Diese »Predigt auf der Veranda«[28] und sein Verhalten nach dem Bombenanschlag machten King aufgrund zahlreicher Presseberichte in der ganzen Nation bekannt. Für die Öffentlichkeit war er nun der Repräsentant des Widerstandes der Neger[9].

Ende Februar wurden über 90 Neger, darunter 24 Pastoren, aufgrund eines Anti-Boykott-Gesetzes von 1921 angeklagt. Sie meldeten sich freiwillig im Gefängnis. Der Mut der Neger in Montgomery inspirierte Schwarze und Weiße in anderen Städten zu »Märschen für die Freiheit«[30].

Entscheidend für die weitere Entwicklung und den Charakter der Protestbewegung in Montgomery wurde der Entschluß der MIA, über die erhobenen Minimalforderungen hinauszugehen und einen Angriff auf das System der Bussegregation als solches vorzutragen. Am 1. Februar 1956 strengte die MIA einen Prozeß an, der die Verfassungswidrigkeit der Bussegregation erweisen sollte. Als Anfang Juni 1956 ein Bundesgericht die Rassentrennung in den Bussen für illegal erklärte, legte die Stadt Montgomery Berufung ein, um Zeit für weitere Aktionen gegen die Protestbewegung zu gewinnen.

Nur einige Geschäftsleute in Montgomery zeigten echte Verhandlungsbereitschaft, da der Boykott spürbare ökonomische Auswirkungen

[26] Vgl. King, Stride, S. 111: »Seit jenem Abend war mein Wille, für die Freiheit zu kämpfen, stärker als je zuvor.«

[27] Auszüge aus der Rede in: King, Stride, S. 116—118.

[28] Dazu: C. Walker, The Man of Montgomery, in: Gandhi Marg, Juli 1968, S. 303.

[29] Vgl. L. Bennett, What Manner of Man, S. 54.

[30] Vgl. W. Miller, a.a.O., S. 49—50.

hatte: der Verlust der Geschäftsleute in der Innenstadt wurde nach drei Monaten auf ca. 1 Million Dollar beziffert.

Im Oktober 1956 erklärte der Oberste Gerichtshof die Bussegregationsgesetze des Staates Alabama unwiderruflich für verfassungswidrig. Die MIA beschloß daraufhin die Beendigung des Boykotts.

Die Leiter der Organisation sahen es jetzt als ihre wichtigste Aufgabe an, die Demonstranten auf das Fahren in integrierten Bussen vorzubereiten. King berichtet darüber: »In einer Massenversammlung nach der anderen betonten wir die Notwendigkeit der Gewaltlosigkeit. Unser Hauptthema war, daß wir unseren Sieg nicht als Sieg über die Weißen auffassen durften, sondern als Sieg für Gerechtigkeit und Demokratie«[31]. Im Altarraum der jeweiligen Kirche übten die Neger in soziodramatischer Form das Verhalten in integrierten Bussen ein. An alle Neger wurden Handzettel verteilt, die Vorschläge für Verhaltensweisen in möglichen Konfliktsituationen enthielten[32].

Am 20. Dezember erreichte die Anweisung zur Aufhebung der Rassentrennung in den Bussen Montgomery. Nach 382 Tagen benutzten 50 000 Neger wieder die städtischen Busse. King und ein auswärtiger weißer Pastor von der pazifistischen »Fellowship of Reconciliation« nahmen nebeneinander in einem Bus Platz. Rassistische Weiße reagierten auf die partielle Aufhebung der weißen Vorherrschaft mit Terrorakten. Kirchen und Häuser von Negern wurden bombardiert. Schließlich ebbten die Wellen der Gewalt ab[33].

Das Ende des Busboykotts bedeutete keineswegs das Ende der Emanzipationsbewegung in Montgomery. Im Gegenteil: die im politischen Widerstand gegen die Rassendiskriminierung gewonnenen Erfahrungen veranlaßten die Mitglieder der MIA, der Organisation durch ein erweitertes Programm neue Funktionen innerhalb der Freiheitsbewegung zuzuweisen[34].

[31] King, Stride, S. 143.

[32] Vgl. King, Stride, S. 143. Die weißen Pastoren lehnten es ab, eine ähnliche Erziehungsarbeit bei den Weißen zu leisten. Vgl. King, Stride, S. 146.

[33] Dazu: King, Stride, S. 151 ff.; W. Miller, a.a.O., S. 56.

[34] In dem Aufsatz »We Are Still Walking« (Liberation, Dez. 1956, S. 9) kündigte King ein 6-Punkte-Programm an. Ziele der MIA waren u. a.: Gründung einer Bank im Besitz von Negern; Wählerregistrierungsprogramme; Vertretung der in Alabama verbotenen NAACP; Institute für Gewaltlosigkeit.

2. Die Kirchengemeinden der Neger als Basis einer demokratischen »grass-roots«-Bewegung

> »I woke up this morning with my mind stayed on freedom. Hallelujah.« (»Ich erwachte heut' Morgen, und mir stand der Sinn nach Freiheit. Hallelujah.«) (Aus einem Negro Spiritual)

»In Montgomery ... hatte die ... Kampagne gegen die ungerechte Behandlung der Neger durch die Stadt ihren Rückhalt in den Kirchen der ›community‹. Im ganzen Süden war die Negerkirche schon einige Jahre vor den Ereignissen in Montgomery immer stärker im Kampf um die Bürgerrechte hervorgetreten.«[1]

Einerseits erwies sich so die historische Kontinuität der Negerkirchen in ihrer Funktion als »community center«. Andererseits wurde hier erstmalig die Protest- bzw. offensive Rolle der Negerkirchengemeinden innerhalb der Gesamtgesellschaft bewußt als vorrangig angesehen und politisch wahrgenommen. Hier wurde das latente Protestpotential der Negerkirchen öffentlich manifest.

King interpretierte in seiner ersten Ansprache in Montgomery die Hinnahme der täglichen schikanösen Ungerechtigkeiten »ohne Protest«[2] als Verstoß gegen Gottes Willen. Die Empörung der Unterdrückten, die sich in den Protestdemonstrationen manifestierte, erhielt so gleichsam göttliche Legitimation.

Um wirklich politischen Widerstand gegen ihre Diskriminierung leisten zu können, bedurften die Neger ferner eines Bewußtseins ihrer eigenen Würde. Da die kirchliche Verkündigung – in eindeutiger Frontstellung gegen die rassistische Doktrin von der Inferiorität der Neger – diese ihrer Würde als Geschöpfe Gottes versicherte[3], waren die Kirchengemeinden besonders geeignet, die Neger politisch zu mobilisieren.

[1] King, Why, S. 35.

[2] King, Stride, S. 46.

[3] S. dazu Kings Predigten in: Strength to Love; ferner S. 136 dsAr. Als in einer Massenversammlung nach dem Sieg der Protestbewegung in Montgomery der Pastor 1. Kor. 13, 11 (»Als ich ein Kind war, redete ich wie in Kind, dachte ich wie ein Kind, urteilte ich wie ein Kind; als ich ein Mann wurde, tat ich ab, was kindlich war.«) zitierte, applaudierte die Gemeinde (King, Stride, S. 141).

Daß in Montgomery der Protest nicht nur kurz aufflackerte, sondern eine Protestbewegung auslöste, hing ebenfalls mit der Funktion der Negerkirchengemeinden im Rahmen der »black community« zusammen: Durch ihre Zugehörigkeit zu einer Kirchengemeinde hatten viele Neger ein Gruppenbewußtsein entwickelt und sich in Gemeinschaftsaktionen organisatorische Fähigkeiten erworben. In Montgomery formierte sich die hinsichtlich ihrer Dauer und Teilnehmerzahl bis dahin größte Protestbewegung der Neger in den USA.

Während seines 14jährigen Engagements in der Bürgerrechts-Bewegung machte King allerdings immer wieder die Erfahrung, daß Negerkirchengemeinden und -pastoren der politischen Emanzipationsbewegung gegenüber indifferent blieben oder eine kirchliche Beteiligung daran offen als kirchenfremde Tätigkeit bekämpften. Kings Kirchenkritik schloß daher stets auch die schwarzen Kirchen ein. Zur Zeit seines Theologiestudiums konzentrierte er diese Kritik noch auf die Emotionalität und intellektuelle Anspruchslosigkeit vieler Negergottesdienste.[4] Darin offenbarte sich Kings soziale Herkunft aus der »Black Bourgeoisie«, deren Wertsystem als »Schwarzer Puritanismus« bezeichnet werden kann[5].
Während der Aktionen von Montgomery erkannte King jedoch die emanzipationsfreundliche Tendenz christlicher Traditionen in der emotionalen Religiosität vieler Neger. Kriterium seiner Kirchenkritik war jetzt die Teilnahme an der Emanzipationsbewegung der Unterprivilegierten, m. a. W. die Frage: Welche kirchliche Gruppen unterstützen die Freiheitsbewegung, welche nicht? Als einen wesentlichen Grund für die Passivität der Negerkommune vor dem Busboykott diagnostizierte King die politische Apathie vieler Negerpastoren und -laien. »Diese Indifferenz rührte ... zum größten Teil daher, daß die Geistlichen ernsthaft glaubten, sie sollten sich nicht mit so irdisch-weltlichen Dingen wie sozialen und wirtschaftlichen Verbesserungen beschäftigen. Sie hätten ›das Evangelium zu predigen‹ und dafür zu sorgen, daß die Herzen der Menschen auf ›das Himmlische‹ gerichtet blieben... Solche Religion ist so, wie sie die Marxisten zu sehen lieben — Opium des Volkes.«[6]

4 Dazu: L. Bennett, What Manner of Man, S. 21 u. S. 19.
5 Vgl. dazu: E. F. Frazier, Black Bourgeoisie, passim. Frazier hat nachgewiesen, daß viele Neger der Mittelschicht die (puritanische) Leistungsethik der weißen Mittelschicht übernommen haben. Letztlich besagt die Weltanschauung der »Black Bourgeoisie«, daß auch ein Neger »es schaffen kann« in der weißen Gesellschaft, wenn er fleißig studiert, hart arbeitet und »Scherereien vermeidet«. Emotionale, intellektuell anspruchslose Frömmigkeit steht zu dieser Leistungsethik im Widerspruch.
6 King, Stride, S. 20/21.

Noch im Jahre 1968 konstatierte er, die Negerkirchen hätten »nie all ihre Resourcen der Sache der Negerbefreiung uneingeschränkt zur Verfügung gestellt. Es gibt immer noch zu viele Negerkirchen, die ihre Mitglieder dahin bringen, sich mit den derzeitigen Übeln ›hier unten‹ abzufinden«.[7] Diese Tendenz der Kirchenkritik bestätigt, daß King in der gesellschaftsverändernden Praxis der Kirchengemeinden den entscheidenden Schritt über die traditionellen Aktivitäten der Negerkirchen hinaus sah.

In Montgomery solidarisierten sich Neger aus allen sozialen Schichten und Denominationen[8]. »Ein rühmenswerter Aspekt der ›Montgomery Bewegung‹ war die Tatsache, daß Baptisten, Methodisten, Lutheraner, Presbyterianer, Episkopale und alle anderen mit dem Willen zusammenkamen, denominationelle Grenzen zu überschreiten ... Die Massenversammlungen durchkreuzten auch die Trennungslinien zwischen den Klassen ... Männer und Frauen, die aufgrund falscher Klassenstandards voneinander getrennt gewesen waren, sangen und beteten nun zusammen in dem gemeinsamen Kampf für Freiheit und menschliche Würde.«[9] Die Negerkirchen hatten somit erstens die aktive Teilnahme vieler Neger aus der »Black Bourgeoisie« an der Freiheitsbewegung bewirkt. Zweitens hatten sie entscheidend zur Überwindung der politischen Apathie der »lower-class«-Neger beigetragen.

Die unterschiedlichen sozialen Positionen wurden durch die gemeinsamen Aktionen freilich nicht aufgehoben. Doch war die psychologische Überwindung der Statusdifferenzen in gemeinsamen politischen Aktio-

7 King, Where, S. 124.

8 Die Vergrößerung der »Negro middle-class« und die Entstehung einer schmalen »upper-class« hatten zu einer Differenzierung der denominationellen Zugehörigkeit der schwarzen Kirchenmitglieder geführt. Die von H. R. Niebuhr ausgewiesene Tendenz, daß in den weißen Kirchen die Zugehörigkeit zu einer bestimmten Denomination weithin den sozialen Status und nicht primär Bekenntnisdifferenzen reflektiert, hat eine Entsprechung in den Negerkirchen erhalten: Die »Statussucher« der schwarzen Mittelschicht verlassen oft die baptistischen oder methodistischen Kirchen, um sich den mit einem höheren Sozialprestige versehenen Presbyterianern, Congregationalisten oder Episkopalen anzuschließen. Die »Dexter Avenue Baptist Church«, Kings Gemeinde in Montgomery, galt unter den Negern als »the big folks' church« (vgl. W. Miller, Martin Luther King, S. 32). Die Majorität der Gemeindeglieder gehörte der oberen Mittelschicht an.

9 King, Stride, S. 67/68.

nen eine unabdingbare Voraussetzung für die Bildung einer demokratischen Bewegung in Montgomery und den später gewählten Aktionszentren.

Nach ihrer Funktionskrise in der ersten Hälfte des 20. Jahrhunderts waren die Negerkirchen so neu zum Kristallisationspunkt eines »community movement« geworden.

Viele Neger waren bis zum Beginn der von King geleiteten Bürgerrechtsbewegung »eher die Objekte als die Subjekte von Bürgeraktionen. Oft werden Dinge für oder an oder wegen Negern getan, aber selten werden sie von Negern selbst getan.«[10] Die in Montgomery entstandene Bürgerrechtsbewegung kann dagegen als echte »grass-roots«-Bewegung[11] bezeichnet werden. In einem Memorandum hoben Mitarbeiter der MIA drei Charakteristika des »Montgomery Movement« hervor: »1. Es war organisiert; es benutzte existierende Institutionen als Fundament, so daß alle sozialen Schichten der ›community‹ beteiligt waren ... 2. Die Aktionen der Neger gewannen ihnen den Respekt ihres Feindes. ... 3. Montgomery war darin einzigartig, daß es auf die aktive Partizipation der Leute baute, die täglich die Aufgabe hatten, zu handeln und alles einzusetzen.«[12] In den Initiativen und Entscheidungen, die von den Teilnehmern an den Protestaktionen ausgingen, wurde fundamental-demokratisch Macht »von unten« ausgeübt, wozu insbesondere die schwarzen Baptisten durch ihre demokratische Kirchenverfassung prädisponiert waren. »Viele unserer Leute haben von der Kir-

[10] J. Wilson, zit. in: Ch. Silberman, a.a.O., S. 213. Vor allem die Mittelklassenorientierung der NAACP hatte zu einem elitären Führungsstil und damit tendenziell zu einer Reproduktion des Paternalismus der Weißen geführt.

[11] Eine »Graswurzel-(grass-roots-)Bewegung ist eine fundamentaldemokratische Bewegung, in der die Bürger aktiv an der Planung, Entscheidung und Durchführung von politisch-sozialen Aktionen teilhaben. Die Autorität geht von den »grass-roots«, also »von unten«, nicht von einer hierarchisch gegliederten Spitze aus. (Die Projekte der Tennessee Valley Authority — TVA — in den 30er und 40er Jahren stellten den bekanntesten Versuch einer »democracy at the grass-roots: for the people and by the people« dar [D. Lilienthal, TVA–Democracy on the March, S. 77]. Vgl. auch: Ph. Selznick, TVA and the Grass Roots; St. Rose, The Grass Roots Church.)

[12] »Memo« ohne Datum, hrsg. von der MIA für die Mitarbeiter der Organisation (masch.).

che gelernt, daß große Dinge nur dann erreicht werden können, wenn eine große Gruppe von Menschen ihre Kräfte vereint.«[13]

Wie Kings engster Mitarbeiter, der Negerpastor R. Abernathy, bemerkt hat, war es »niemals eine Ein-Mann-Schau. Die Empörung und die Forderung der ›einfachen Leute‹ nach Aktion rissen jeden mit wie eine Flut.«[14] Ähnlich konstatierte King im Rückblick auf direkte Aktionen in Birmingham (1963): »Es war das ›Volk‹, das seine Führer vorantrieb.«[15] Die Protestbewegungen, die sich in Montgomery und anderen Städten auf der Basis der schwarzen Kirchengemeinden formierten, können deshalb als demokratische »grass-roots«-Bewegungen charakterisiert werden[16].

3. Gottesdienst als Einübung in emanzipatorische Aktion

»An' de God dat lived in Moses' time
Is jus' de same today.«
(»Und der Gott, der zu Moses Zeiten lebte,
ist genau derselbe heute.«) (Aus einem Negro Spiritual)

Wie bereits erwähnt, wurden die Massenversammlungen in Montgomery als Gottesdienste abgehalten. Während der ersten Monate des Busboykotts fanden zweimal wöchentlich, ab Herbst 1956 nur noch einmal wöchentlich, derartige Versammlungen statt[1]. »Die Abende verliefen nach einem einfachen Muster: Lieder, Gebet, Schriftlesung, ein paar einleitende Worte des Vorsitzenden, Kollekte, Berichte von verschiedenen

13 St. Clair Drake/H. Cayton, Black Metropolis, S. 422.

14 Zit. in: L. Reddick, The Bus Boycott in Montgomery, in: Dissent, Frühjahr 1956, S. 109.

15 King, Why, S. 132. Zur Differenz zwischen einer demokratischen »grass-roots«-Bewegung und »mobokratischen« Formen der »Herrschaft von unten« s. Th. Ebert, Die außerparlamentarische Opposition und die gewaltfreie Macht, in: Macht von unten, edd. Th. Ebert/H.-J. Benedict S. 79/80.

16 Die Differenz zur deutschen Situation ist evident. Die »grass-roots« bestimmen keineswegs das öffentliche Wirken der Kirchen. »Die Existenz der Religionsgemeinschaften (Kirchen) ist weitgehend unabhängig von der aktiven Beteiligung ihrer Mitglieder.« (G. Kehrer, Das religiöse Bewußtsein des Industriearbeiters, S. 193.)

1 Vgl. King, Stride, S. 67.

Komitees und ›pep talk‹[2]. Letzterer war die Hauptansprache des Abends«[3].

Zweifellos liegt dieser liturgischen Abfolge das typische Schema eines amerikanischen protestantischen Gottesdienstes zugrunde[4]. Die Eigenart der Gottesdienst-Versammlungen in Montgomery ist daher nur aus den konkreten Gottesdienst-Inhalten zu erheben.

Da die publizistischen Medien als Sprachrohr weißer Politiker, Geschäftsleute und des rassistischen »White Citizens' Council« durch unzureichende oder tendenziöse Berichterstattung zur Stützung des gesellschaftlichen Status quo beitrugen, erhielten die abendlichen Gottesdienste die Funktion der kritischen Vermittlung von Nachrichten[5]. Als die lokalen Zeitungen in Montgomery geplante Aktionen der Neger verschwiegen und Falschmeldungen von einer angeblichen Regelung des Konflikts verbreiteten, informierten Gemeindeglieder und Pastoren in Gottesdiensten die schwarzen Bürger über die Situation und über mögliche oder bereits geplante Protestaktionen[6].

Die Verbreitung von Information war ein fester Bestandteil der Versammlungen und kein »uneigentlicher« Einschub in den Gottesdienst[7]. Der »Informationsaustausch von Evangelium und Situation«[8]

[2] »pep« = »Schwung«, »Elan«, »Schmiß«. Zur Bedeutung des »pep-talk« s. S. 62 dsAr.

[3] King, Stride, S. 68/69.

[4] Formal gesehen unterschied sich das Schema der Gottesdienstversammlungen in Montgomery nur durch das Element des »pep talk«.

[5] King, Stride, S. 165: »Die MIA fährt fort, wöchentliche ›mass meetings‹ zu halten, in denen ... der Sprecher des Abends Nachrichten und Probleme von besonderem Interesse diskutiert.«

[6] Vgl. King, Stride, S. 67: »Die zweimal wöchentlich stattfindenden Versammlungen waren unverzichtbare Kommunikationskanäle, da Montgomery weder eine Radiostation hatte, die in Negerbesitz war, noch eine weitverbreitete Negerzeitung.«

[7] Die Massenversammlungen stellten faktisch eine Durchbrechung jenes in deutscher und skandinavischer Theologie verbreiteten Schemas dar, demzufolge »Verkündigung« und »Botschaft« einerseits und »Information« oder »Mitteilung« andererseits unversöhnliche Gegensätze darstellen. (Vgl. K. Loegstrup, Art. »Verkündigung«, RGG3 Bd. VI, S. 1358; s. auch G. Ebeling, Wort und Glaube, I, S. 342: »Die Grundstruktur des Wortes ist nicht Aussage, sondern Mitteilung, gewiß nicht in dem abgeblaßten Sinne von Information ...«)

diente so der Erhellung der politischen Situation und der Ideologiekritik.[9] In den Gottesdiensten der Freiheitsbewegung wurde »die christliche Weltsicht ... in der direkten Konfrontation mit typischen Konfliktereignissen der Zeit expliziert.«[10]

King insistierte auf dem Gefälle von der Verkündigung zu gesellschaftspolitischer Aktion. Über bloße Aufklärung hinausgehend, intendierten die gottesdienstlichen Versammlungen eine neue Praxis.

> Die Gottesdienste waren somit nicht Selbstzweck. Durch ihren Bezug auf gesellschaftsverändernde Aktionen unterschieden sie sich eindeutig von jenem in den USA verbreiteten Gottesdiensttyp, den der Psychologe W. Oates als Ausdruck eines »Kultus der Versicherung (cult of reassurance)« charakterisiert hat[11]. Die manifeste oder latente Funktion solcher Gottesdienste ist es, die Teilnehmer ihrer individuellen Rechtschaffenheit zu versichern und das dominante Wertsystem der weißen Gesellschaft zu bestätigen. Der »cult of reassurance« fördert so die Stabilisierung des politisch-gesellschaftlichen Status quo[12].

In den Gottesdiensten der Bürgerrechtsbewegung wurden Aktionen besonders durch folgende drei Elemente vorbereitet: den sog. »pep

P. Cornehl hat demgegenüber auf den Zusammenhang von Verkündigung und Information am Beginn der Reformation verwiesen: »Die Reformation schuf in ihren Gottesdiensten selbst so etwas wie neue Öffentlichkeit: Kommunikation durch Verkündigung.« (P. Cornehl, Öffentlicher Gottesdienst, in: P. Cornehl/H.-E. Bahr (Hg.), Gottesdienst und Öffentlichkeit, (Konkretionen Bd. 8, S. 161). Damals fungierten »Kirchen und Kanzeln als Orte, von denen aus Informationen gegeben wurden: Der Gottesdienst gewann seine Öffentlichkeit zurück ... Die Predigten bewirkten etwas. Sie änderten Bewußtsein und bereiteten Entscheidungen vor.« (Ebd. S. 161). Vgl. auch H.-E. Bahrs Kritik an der polemischen Gegenüberstellung von christlicher »Botschaft« und »Information«, in: Verkündigung als Information, S. 121. Ferner: H. D. Bastian, Verfremdung und Verkündigung, S. 28.

[8] P. Cornehl, Öffentlicher Gottesdienst, a.a.O., S. 167 (im Anschluß an eine Formulierung von H.-E. Bahr in: Verkündigung als Information, S. 19).

[9] S. King, Strength, S. VII.

[10] H.-E. Bahr, Verkündigung als Information, S. 124 (im Hinblick auf das Kansas City-Experiment).

[11] Zit. bei P. Berger, Kirche ohne Auftrag, S. 103; »reassurance« = »Beruhigung, nochmalige Versicherung«.

[12] Vgl. P. Berger, a.a.O., S. 102 ff.

talk«, den »Ruf nach Freiwilligen für die gewaltlose Armee« und die »Trainingsstunden« mit Sozio-Drama.

Primäre Intention des »pep talk« war: »den Leuten neuen Schwung und Enthusiasmus für den bevorstehenden Kampf zu geben«[13], also die Förderung der psychischen Bereitschaft zu Aktionen[14]. Eine manipulative Überfremdung christlicher Verkündigung wurde dabei bewußt vermieden: Durch die Aufnahme biblisch-demokratischer Zielvorstellungen war die Richtung der Mobilisierung festgelegt. Zudem wurde »jeder ›pep‹-Redner aufgefordert, Gewaltlosigkeit zu einem Hauptpunkt seiner Ansprache zu machen«.[15]

Zwischen Hauptansprache und liturgischem Schlußteil erging regelmäßig der »Ruf nach Freiwilligen für die ›gewaltlose Armee‹«[16]. Wer dieser Aufforderung nachkam, mußte sich einer längeren Ausbildung unterziehen, deren Ziel die Formierung von Gruppen gewaltloser Demonstranten war.

Nach gottesdienstlichen Versammlungen in Birmingham, Alabama, im Jahre 1963 stellte King rückblickend fest: »Der Einladungsteil unserer Massenversammlungen, in dem wir Freiwillige aufriefen, war jenen Einladungs-Szenen sehr ähnlich, die sich jeden Sonntag in den Negerkirchen abspielen, wenn der Pastor die Anwesenden auffordert, sich der Kirchengemeinde anzuschließen.«[17]

Durch diese »Umfunktionierung« eines liturgischen Elements wurde die vorwiegend innerkirchliche Orientierung amerikanischer Kirchengemeinden in den Gottesdiensten der Bürgerrechtler durchbrochen. Mit

13 King, Stride, S. 69.

14 Die bewußte Berücksichtigung der sozial-psychologischen Aspekte einer auf Praxis gerichteten Verkündigung stellt faktisch eine Alternative zu jenem Verständnis von Verkündigung dar, das in der europäischen Wort-Gottes-Theologie geschichtswirksam geworden ist, obwohl es auf empirisch nicht haltbaren Voraussetzungen ruht. K. Loegstrups lexikalische Definition dürfte repräsentativ für jenes Verständnis sein: »Verkündigung ist eine Form der Anrede, bei der das Verkündigte im Augenblick des Verkündigtwerdens in Kraft tritt.« (Artikel »Verkündigung«, RGG3, Bd. VI, Sp. 1358.)

15 King, Stride, S. 69.

16 Vgl.: »Typical ›Freedom Rally‹ Program«, ohne Datum, hrsg. von der SCLC (masch.).

17 King, Why, S. 62.

der Werbung von Freiwilligen für die »gewaltlose Armee« wurde die Gesamtgesellschaft zum Bezugsfeld kirchlicher Aktionen. So enthielten die »Verpflichtungskarten« der Freiwilligen das Gelöbnis, »täglich zu beten, daß Gott einen dazu benutzen möge, allen Menschen zur Freiheit zu verhelfen«[18].

Freiwillige, die sich mit Handschlag vor dem Altar für die »gewaltlose Armee« verpflichtet hatten, vereinbarten während des Gottesdienstes Trainingsstunden zur Erlernung gewaltloser Techniken[19]. Im Mittelpunkt der Ausbildung standen sozio-dramatische Übungen[20]. Mögliche Situationen während einer Demonstration wurden simuliert, um so gewaltlose Verhaltensweisen möglichst sicher einzuüben. Vor der Aufhebung der Rassentrennung in den Bussen probten die Neger das Fahren in integrierten Bussen: vor dem Altar wurden Stühle aufgestellt zur Darstellung eines Busses. Teilnehmer der Versammlung übernahmen die Rollen weißer und schwarzer Fahrgäste[21]. Die soziodramatischen Übungen konkretisierten und verstärkten die Ausrichtung der Gottesdienste auf politische Aktionen.

Die Verknüpfung von Gottesdienst und politisch-gesellschaftlicher Praxis führte in der Bürgerrechtsbewegung durchaus nicht zu einem blinden, unreflektierten Aktionismus. In den Gottesdiensten fand eine kritische Erfolgskontrolle statt, insofern einige Neger von den jeweils durchgeführten Aktionen berichteten.

Die Gottesdienste der von King geleiteten Freiheitsbewegung hatten eine praktisch-emanzipative Funktion: sie übten in politisch-gesellschaftliche Aktionen als »Gottesdienst im Alltag«[22] ein.

18 King, Why, S. 64.
19 Dazu: King, Why, S. 61–63.
20 Dazu: King, Why, S. 63.
21 Vgl. King, Stride, S. 143.
22 Vgl. dazu: E. Käsemann, Gottesdienst im Alltag der Welt, in: Exegetische Versuche und Besinnungen, Bd. II, S. 198–204.

II *Die Organisierung der Bürgerrechtsbewegung durch die »Southern Christian Leadership Conference (SCLC)«*

1. Gründung, Programm und Organisationsstruktur der »Southern Christian Leadership Conference«

> »Wir wollen unsere Sache selber vertreten. Zu lange haben andere für uns gesprochen.« (Aus einem Leitartikel des »Freedom's Journal» vom 16. 3. 1827)

Parallel zum Busboykott in Montgomery wurden in mehreren Städten Demonstrationen und Boykotts durchgeführt. Dabei zeichnete sich der Busboykott in Montgomery durch die hohe Zahl von engagierten Teilnehmern, seine lange Dauer und seine Erfolge aus. Für die Teilnehmer an den verschiedenen Bürgerrechts-Aktionen ergab sich die Frage, wie die Impulse und Erfahrungen der Montgomery-Bewegung in Zukunft überregional wirksam gemacht werden könnten[1].

King und drei weitere Negerpastoren, die in ihren Städten ebenfalls Busboykotts geleitet hatten, beriefen deshalb Anfang Januar 1957 eine Konferenz nach Atlanta, Georgia, ein, zu der 60 Teilnehmer, überwiegend Negerpastoren, aus 29 politischen Gemeinden in 10 Südstaaten kamen. Die versammelten Bürgerrechtler gründeten die »Southern Leadership Conference on Transportation and Nonviolent Integration«. Unmittelbares Ziel dieser Organisation war die Schaffung »einer Bewegung in den Südstaaten, die mit gewaltlosen Mitteln die Entscheidung des Obersten Gerichtshofes gegen die Rassentrennung in Bussen ausführen« sollte[2]. Doch war der grundsätzliche Zweck der Organisation wesentlich umfassender: »Sie entstand als ein Instrument, mit dessen Hilfe lokale Protestorganisationen im Süden ihre Aktivitäten koordinieren konnten«.[3]

Die Gründungsmitglieder der später in »Southern Christian Leader-

[1] Vgl. E. Lincoln, Martin Luther King, S. XIII: »Die SCLC war der notwendige Niederschlag der Erfahrungen von Montgomery.«

[2] King, Stride, S. 154.

[3] King, in: Address to the National Bar Association, Milwaukee, 29. 8. 1959, zit. nach Abschrift in Akte I der King Collection.

ship Conference (SCLC)« umbenannten Organisation[4] gingen von der Voraussetzung aus, daß Negerkirchengemeinden und -pastoren in den Südstaaten die primäre Basis politischer Aktionen darstellen würden. Zugleich übernahm die kirchlich orientierte SCLC die politische Stellvertretung der NAACP, da in einigen Staaten diese größte Bürgerrechtsorganisation verboten worden war.

Die Ziele der SCLC bestimmten die Gründungsmitglieder wie folgt: »1. die vollen Bürgerrechte und die völlige Integration des Negers in das Leben der USA zu erreichen; 2. gewaltlose direkte Aktionen zu initiieren, um so die Barrieren der Rassentrennung und Diskriminierung wegzuräumen; 3. die schöpferische Idee und die Methoden der Gewaltlosigkeit durch lokale und regionale Workshops auszubreiten; 4. das Wahlrecht und seine ungehinderte Ausübung sicherzustellen; 5. den kulturellen Abstand durch ein Bürgerausbildungsprogramm zu verringern.«[5]

1969 nannte ein Mitteilungsblatt der Organisation folgende Arbeitsbereiche und Programme[6]:

»1. Direkte Aktion[7]; 2. Arbeit unter Jugendlichen und Studenten; 3. ›Operation Breadbasket‹, ein Programm zur wirtschaftlichen Entwicklung der ›black community‹[8]; 4. Wählerregistrierung, politische Bildung[9]; 5. Bürgererziehung[10]; 6. Schulung von Pastoren für Führungsaufgaben[11]; 7. Wohnungsprojekte[12]. Kings Nachfolger, der Negerpastor Ralph Abernathy, stellte das Aktionsprogramm der SCLC für 1969 unter das Motto »The New Thrust«, d. i. »Der neue Vorstoß«, »Die neue Stoßrichtung«[13]. Die Aktivität der SCLC zielte jetzt primär auf die Brechung der sozio-ökonomischen Strukturen und auf verstärkten Einfluß der Unterprivilegierten in der Kommunalpolitik.

4 S. dazu: L. Reddick, The History of SCLC, in: The SCLC-Story, S. 13.
5 The SCLC-Story, S. 14.
6 Soul Force, 4. 4. 1969, S. 6—7.
7 S. S. 84 ff. dsAr.
8 S. S. 128 ff. dsAr.
9 S. S. 84 ff. dsAr.
10 S. S. 100 ff. dsAr.
11 S. S. 212 ff. dsAr.
12 S. S. 137 ff. dsAr.
13 SCLC–Affiliates and Chapters, hrsg. von der SCLC, S. 1.

Die SCLC hatte sich so, wie bereits an den Programmen ablesbar, von einer weitgehend auf spontane Protestaktionen beschränkten Organisation zu einer »multi-purpose organization« entwickelt, die mit langfristigen Projekten das politisch-wirtschaftliche System der USA zu verändern suchte[14].

Das Ziel der SCLC, durch die Förderung der spontanen Emanzipationsbewegung der Neger zur Demokratisierung der amerikanischen Gesellschaft beizutragen, mußte auch die organisatorische Struktur bestimmen. Die Grundfrage lautete deshalb für King: »Wie kann die SCLC von einer Bewegung zu einer Organisation werden und die Organisierung gleichzeitig so durchführen, daß die Organisation prinzipiell in eine Bewegung umgewandelt werden und so andere ›community‹-Organisationen verstärken kann?«[15]

Baten Gruppen, die auf lokaler Ebene Protestaktionen oder Schulungsprogramme initiiert hatten, um Unterstützung, so wurden erfahrene »community organizers« aus dem SCLC-Stab den lokalen Negerführern zur Seite gestellt. Die SCLC konnte solchen Bürgerrechtsgruppen oft auch dringend benötigte finanzielle Hilfe gewähren[16].

Die Orientierung der SCLC an den Erfordernissen der Freiheitsbewegung geht besonders aus der Rekrutierung des Mitarbeiterstabes her-

[14] Vgl. A Decade of SCLC, S. 31.

[15] Summary of Ninth Annual Convention, hrsg. von der SCLC, 1965, S. 7.

[16] Aufgrund der nationalen Prominenz Kings empfing die SCLC jährlich mehrere Hunderttausend Dollar von weißen Bürgern bzw. Organisationen.

Dagegen waren die in der Öffentlichkeit kaum beachteten lokalen Bewegungen ohne die Hilfe der SCLC von den verständlicherweise geringen Spenden der »black community« abhängig. King selber konnte der SCLC jährlich ca. 100 000 Dollar durch sein Auftreten bei Versammlungen, Wohltätigkeitsveranstaltungen etc. zuführen. – Es ist schwierig, genaue Daten über die finanzielle Situation der SCLC zu erhalten. R. Cleghorn (Crowned with Crises, in: Martin Luther King, ed. E. Lincoln, S. 122–123) hat folgende Angaben gemacht: Das Budget der SCLC stieg in den Jahren 1960–1963 von 60 000 Dollar auf 450 000 Dollar (– Davon leicht abweichende Angaben in: L. Bennett, What Manner of Man, S. 134 –). Die SCLC erhielt 1963 ca. 15 000 Dollar als Mitgliedsgebühren von ihren Ortsgruppen. Kings Vorträge etc. erbrachten ca. 100 000 Dollar. Ca. 150 000 Dollar wurden von 35 000 (meist weißen) Bürgern, die brieflich um Unterstützung gebeten worden waren, geschickt. Ca. 100 000 Dollar trug die Field Foundation der United Church of Christ bei.

vor. Dieser vereinigte von Anbeginn Neger aus unterschiedlichen sozialen Schichten und Berufen[17].

Fast alle Mitarbeiter, die nach dem Busboykott in Montgomery für eine Tätigkeit in der SCLC gewonnen wurden, hatten sich als Organisatoren in selbständig initiierten, lokal begrenzten Bürgerrechtsaktionen ausgezeichnet.

Da die SCLC nicht den Status eines Vereins mit passiven Förderern gewinnen, sondern die Freiheitsbewegung direkt unterstützen wollte, nahm sie seit ihrer Gründung nur Gruppen und Vereinigungen, aber keine Einzelpersonen als Mitglieder auf[18]. Untergruppen der SCLC können z. B. Kirchengemeinden, Bürgerrechtsgruppen, Gewerkschaftsgruppen und Clubs bilden, wenn sie die »Grundidee sozialer Reform durch gewaltlose Aktion«[19] teilen. Die weitgehende Autonomie[20] der Gliederorganisationen, m. a. W. die dezentralisierte Organisationsstruktur der SCLC sollte der Bildung bzw. Unterstützung »starker ›grass-roots‹-Organisationen in jeder County«[21] dienen.

Als Dachverband (»umbrella organization«[22]) der lokalen Gruppen mußte die SCLC daher vor allem Koordinierungsaufgaben erfüllen. Um die organisatorische Zusammenarbeit zwischen der SCLC-Führung in Atlanta und den über 270 lokalen SCLC-Gruppen zu verbessern, wurde innerhalb der SCLC ein »Büro für Tochter- und Untergruppen (Office of Affiliates and Chapters)« gegründet.

Die Zahl hauptamtlicher Mitarbeiter stieg während der »Kampagne der Armen« im Jahre 1968[23] auf ca. 200. Der SCLC gelang es jedoch danach, die Zahl der Mitarbeiter, vor allem in der Administration, ohne Beeinträchtigung der organisatorischen Effektivität wesentlich zu

17 Information von T. Offenburger, SCLC (Interview am 22. 5. 1969 in Atlanta).

18 Vgl. dazu: R. Cleghorn, Crowned with Crises, in: Martin Luther King, ed. E. Lincoln, S. 122.

19 In: What Is an SCLC Affiliate?, Informationsblatt, hrsg. von der SCLC, S. 1.

20 S. dazu: A. Meier, a.a.O., S. 152. Die Delegierten der Untergruppen wirken auch an den Entscheidungen auf den SCLC-Jahresversammlungen mit.

21 What Is an SCLC Affiliate? hrsg. von der SCLC, S. 3.

22 What Is an SCLC Affiliate? hrsg. von der SCLC, S. 3.

23 S. dazu: S. 183 ff. dsAr.

verringern[24]. Trotz aller Koordinations- und Verwaltungsaufgaben blieb die Zahl des »Field-Staff«-Personals etwa dreimal so hoch wie die des »Administrative Staff«.

Etwa seit 1966 wurde die Finanzierung der SCLC-Projekte immer schwieriger: Aufgrund der sich verschärfenden Polarisierung zwischen Weißen und Schwarzen ging die finanzielle Unterstützung der SCLC durch liberale Weiße stark zurück. Diese materielle Einbuße konnte durch Beiträge aus den vergleichsweise finanzschwachen schwarzen Kirchengemeinden nicht voll kompensiert werden[25].

Der Einsatz von SCLC-Mitarbeitern in bestimmten Projekten hing von folgendem Entscheidungsprozeß ab: »Der geschäftsführende Vorstand (Executive Board of Directors) trifft sich zweimal jährlich, um die allgemeinen langfristigen Richtlinien festzulegen. Die von Woche zu Woche reichenden Entscheidungen und Programme stehen unter der Aufsicht Dr. Kings und seiner langjährigen höchsten Mitarbeiter. ... Die Mitglieder des ausführenden Stabskomitees (Executive Staff Committee), die für die einzelnen SCLC-Programme zuständig sind, leiten die tägliche Arbeit. ... Sie sind das ›direct-action team‹ der SCLC«[26]. Die Politik des »Executive Board of Directors« wiederum orientiert sich an den Entscheidungen der Jahresversammlungsteilnehmer, die die verschiedenen lokalen »grass-roots«-Organisationen repräsentieren. Durch die SCLC-Jahresversammlungen und den hohen Anteil von Gemeindepastoren in den Leitungsgremien[27] wird strukturell ein »feed-back« von Informationen und Vorschlägen von der »Bewegung« zur Organisation ermöglicht.

Trotz dieser demokratischen Organisationsstruktur traten in der Praxis der SCLC immer wieder organisatorische Mängel auf. Ein wesentlicher Grund dafür dürfte die Neigung baptistischer SCLC-Pastoren gewesen sein, Techniken, die sich bei der Mobilisierung der Neger auf kirchlichen Versammlungen oder »Freedom Rallies« bewährt hatten, direkt auf die Leitung der vergleichsweise komplizierten Bür-

[24] So R. Abernathy in seiner Rede vor der SCLC am 15. 4. 1969 (masch.).
[25] Vgl. dazu: R. Abernathy, Rede vor der SCLC am 15. 4. 1969.
[26] »News«, hrsg. von der SCLC, 5. 2. 1968, S. 1—2.
[27] 1967 waren ca. 70 % der Vorstandsmitglieder und ca. 50 % des Executive Staff Committee Negerpastoren (vgl. dazu: A Decade of SCLC, S. 32).

gerrechtsorganisation zu übertragen. Die SCLC-Pastoren waren oft nicht imstande, exakt und langfristig im Rahmen einer Organisation mit mehreren Entscheidungsebenen zu planen. Die im Gemeindepfarramt genossene Autorität verleitete sie gelegentlich dazu, Entscheidungen zu treffen, ohne sich mit Repräsentanten der »grass-roots« bzw. anderen Stabsmitgliedern abgesprochen zu haben[28].

Ein besonderes strukturelles Problem der SCLC stellte ihr Verhältnis zu King dar. Da King nationale Prominenz erlangte als Anwalt und Sprachrohr der »grass-roots«, war die SCLC oft »eher das Instrument als die Basis seiner Macht«[29]. Die von lokalen Gruppen und von Mitarbeitern an ihn herangetragenen Erwartungen führten gelegentlich zu einer »personal leadership« Kings, bei der die für Informationsfluß, Situationsanalyse und Programmplanung notwendige Teamarbeit vernachlässigt wurde. Viele Mitarbeiter machten zudem die Erfahrung, daß King keine besonderen administrativen Fähigkeiten besaß[30].

[28] Das galt nach Aussagen von Rev. Lawson und T. Offenburger von der SCLC auch für King und seine engsten Mitarbeiter (Interviews am 24. 5. 1969 in Memphis bzw. am 22. 5. 1969 in Atlanta).

[29] L. Bennett, What Manner of Man, S. 133. Eine statistische Erhebung im Jahre 1963 ergab: »King als Individuum ist viel bekannter und geachteter als seine Organisation, die SCLC.« (L. Brink/W. Harris, a.a.O., S. 125.)

[30] Das haben J. Lewis, B. Mays, J. Lawson und andere mit der SCLC verbundene Bürgerrechtler übereinstimmend bestätigt (in Interviews mit dem Vf. im Mai 1969). Vgl.: L. Lomax, The Negro Revolt, S. 96; A. Meier, in: Martin Luther King, ed. E. Lincoln, S. 152. Man wird freilich bedenken müssen, daß die mannigfachen Verpflichtungen Kings als Redner, Prediger etc. ihn oft von der Erledigung notwendiger organisatorischer Aufgaben abhielten. Einen Eindruck von Kings Beanspruchung erhält man aus einigen Angaben in R. Cleghorns Essay »Martin Luther King, Jr., Apostle of Crisis«. Danach ist King »durchschnittlich zehn Tage pro Monat zu Hause. Öfter ist er auf Reisen. Kürzlich hatte er folgende Termine: vier Reden in Chicago am Sonntag; zur Universität von Minnesota am Montag; zurück zum SCLC-Büro in Atlanta, abends Kirchenversammlung; Mittwoch bis Freitag Treffen mit dem SCLC-Stab; Sonnabend Seelsorge in seiner Kirche und Besuche bei kranken Gemeindegliedern; Sonntagmorgen Predigt; und dann auf den Weg nach New York, Connecticut und Tennessee« (in: Martin Luther King, ed. E. Lincoln, S. 118–119). – King erhielt pro Jahr 1 Dollar als symbolische Entlohnung von der SCLC und 6000 Dollar als »co-pastor« an der Ebenezer Baptist Church in Atlanta. Vgl. dazu R. Cleghorn, a.a.O., S. 119.

Faßt man die genannten Aspekte zusammen, so stellt sich die SCLC als eine Vereinigung dar, die hinsichtlich ihrer Organisationsstruktur in etwa eine Mittelposition zwischen den aktivistischen, »radikalen« Bürgerrechtsgruppen (wie SNCC und CORE) und den älteren, »konservativen« Bürgerrechtsgruppen (wie NAACP und Urban League) einnahm[31]. Wie SNCC und CORE mobilisierte die SCLC die »grass-roots« zu direkten Aktionen, wenn auch der Kontakt der SCLC zu den »grass-roots« nicht immer so eng wie bei jenen Gruppen war[32]. Während SNCC fast völlig auf eine gegliederte organisatorische Struktur verzichtete, legte die SCLC – wie die NAACP und die Urban League – die Entscheidungsinstanzen genauer fest und vollzog so den Schritt von der Bewegung zur Organisation. Aufs Ganze gesehen entsprachen freilich Protestdemonstrationen und direkte Aktionen stärker den Zielen und Fähigkeiten der SCLC-Mitarbeiter als administrative Tätigkeiten und der für die NAACP charakteristische »Konferenzstil«[33].

2. »Pilgrimage to Nonviolence«

a) Kings Theorie der Gewaltlosigkeit

> »Die Gewalt hat eine große Bedeutung in Amerika. Die Gewalt ist ebenso amerikanisch wie der 4. Juli oder Kirschtorte.« (H. Rap Brown)

Die Mehrzahl der innerhalb und außerhalb der USA abgegebenen Stellungnahmen zur Bedeutung Martin Luther Kings und der SCLC bezieht sich auf die ethischen Grundlagen und praktischen Konsequenzen ihrer »Philosophie der Gewaltlosigkeit«[1]. Man wird nicht bestreiten können, daß das Kriterium der Gewaltlosigkeit einem wesentlichen Moment des Selbstverständnisses der SCLC gerecht wird. King in-

31 Vgl. A. Meier, in: Martin Luther King, ed. E. Lincoln, S. 151.

32 Vgl. dazu: R. Cleghorn, a.a.O., S. 121; diese Meinung vertrat auch J. Lewis, der ehemalige Vorsitzende von SNCC und Mitarbeiter Kings, in einem Interview mit dem Vf. (am 22. 5. 1969 in Atlanta).

33 Vgl. L. Lomax, The Negro Revolt, S. 104.

1 S. S. 13 ff. dsAr.

sistierte bis zu seinem Tode auf der Gewaltlosigkeit direkter Aktionen zur Änderung des politischen Systems, ohne die dabei drohende Gefahr einer »Umarmung durch das Establishment«[2] zu übersehen[3].

Wie später im einzelnen belegt wird[4], zog King mit der Planung von Aktionen massenhaften zivilen Ungehorsams schließlich so radikale Konsequenzen aus seinem Vorsatz einer gewaltlosen Veränderung der Gesellschaftsstruktur, daß liberale Weiße äußerst befremdet waren.

a 1) Entwicklung der Theorie

Zu Beginn seiner Studienzeit schätzte King die Möglichkeiten einer gewaltlosen Strategie jedoch sehr gering ein. »Ich meinte, die christliche Liebesethik gelte nur für Beziehungen zwischen Individuen. Ich konnte mir nicht vorstellen, wie sie in sozialen Konflikten funktionieren sollte.«[5] Den Hinweisen Mahatma Gandhis und Reinhold Niebuhrs auf die mögliche Effektivität gewaltloser Methoden im Freiheitskampf der amerikanischen Neger hatte er keine besondere Beachtung geschenkt[6]. Auch der Busboykott in Montgomery war von King zunächst unter-

2 B. Detwiler, King — The Establishment Embrace, in: Liberation, April 1968, S. 16.

3 Das beweist seine scharfe Kritik an den Propagandisten der Gewaltlosigkeit in der amerikanischen Regierung: »Diejenigen, die Schiffsgeschütze, Millionen Tonnen an Bomben und ... Napalm benutzen, können nicht vor Negern über Gewalt sprechen. Nur diejenigen, die für den Frieden kämpfen, haben die moralische Autorität, Vorträge über Gewaltlosigkeit zu halten.« (King, Speeches, S. 15.)

4 S. S. 183 ff. dsAr.

5 King, More Than Any Other Person in History (Artikel für die Hindustan Times, Neu Delhi, ohne Datum).

6 Mahatma Gandhi hatte 1936 gegenüber dem schwarzen Universitätsprediger der Boston University, Howard Thurman, die Vermutung geäußert: »Vielleicht werden es die Neger sein, durch welche die unverfälschte Botschaft der Gewaltlosigkeit der Welt ausgerichtet wird.« (Zit. nach: A. Roberts, Martin Luther King and Nonviolent Resistance, in: Gandhi Marg, Juli 1968, S. 293.) In seinem Buch »Moral Man and Immoral Society« schrieb R. Niebuhr 1932: »Gewaltlosigkeit ist ein besonders geeignetes strategisches Instrument für eine unterdrückte Gruppe, die hoffnungslos in der Minderzahl ist und keine Möglichkeit hat, genügend Macht zu entwickeln und ihren Unterdrückern entgegenzusetzen. Die Emanzipation der Neger in Amerika wartet vermutlich auf die

stützt worden, ohne daß er an eine bewußte Anwendung gewaltloser Methoden dachte. In seiner Darstellung des Busboykotts berichtet King: »Von Anfang an wurde die Bewegung von einer grundlegenden Idee geleitet. Dieses leitende Prinzip ist seitdem ... als gewaltloser Widerstand, Nicht-Zusammenarbeit und passiver Widerstand bezeichnet worden. Aber in den ersten Tagen des Protestes wurde keiner dieser Ausdrücke gebraucht. Das Schlagwort, das man am meisten hörte, war ›christliche Liebe‹«[7]. Eine Woche nach Beginn wurde der Boykott erstmalig mit Gandhis Freiheitskampf in Indien verglichen, überraschenderweise von einer weißen Südstaatlerin[8].

Adam Roberts, ein hervorragender Theoretiker gewaltloser Konfliktaustragung, hat den »Sitz im Leben« der »Idee der Gewaltlosigkeit« in der Bürgerrechtsbewegung zutreffend bestimmt: »Gewaltloser Widerstand wurde von der Bürgerrechtsbewegung nicht am Ende einer langen intellektuellen und strategischen Debatte angenommen, sondern weil gewaltlose Methoden sich als nützlich erwiesen hatten in der Kampagne zur Aufhebung der Rassentrennung in den Bussen von Montgomery.«[9]

King hat die theologischen und philosophischen Positionen, die sein Studium prägten, [10] als »relativ divergente intellektuelle Einflüsse, die in eine positive Sozialphilosophie mündeten«[11], bezeichnet.

adäquate Entwicklung einer solchen sozialen und politischen Strategie« S. 252).
In der Freiheitsbewegung der amerikanischen Neger wurden erstmalig zu Beginn der 40er Jahre lokal begrenzte gewaltlose Aktionen in der Form von Sit-ins von der Bürgerrechtsorganisation CORE durchgeführt. Diese praktischen Versuche scheinen vom jungen King wenig beachtet worden zu sein.

7 King, Stride, S. 66.

8 Vgl. W. Miller, a.a.O., S. 41.

9 A. Roberts, a.a.O., S. 292; vgl. King, Strength, S. 169—170 und: King, Stride, S. 83.

10 King hat eine Darstellung der entscheidenden Einflüsse seiner theologischen Ausbildung nur in dem Essay »Pilgrimage to Nonviolence« gegeben, der in mehreren Fassungen erschienen ist, zunächst in der Zeitschrift »Christian Century« (13. April 1960) und in dem Buch »Stride Toward Freedom«, dann im Anhang der Predigtsammlung »Strength to Love«.

11 King, Stride, S. 82—83. Im Hinblick auf Kings Weg zur Gewaltlosigkeit

Aus seiner Zeit am Morehouse-College in Atlanta (1944—1948) hob er in der Darstellung seiner »Pilgrimage to Nonviolence« nur die mehrfache Lektüre des Essays »On the Duty of Civil Disobedience« (1849) von H. D. Thoreau hervor[12].

Thoreau hatte sich während des mexikanischen Krieges geweigert, Steuern zu zahlen, und seinen Widerstand gegen die amerikanische Regierung als »Nicht-Zusammenarbeit mit einem üblen System« interpretiert. Dieses Verständnis von Gewaltlosigkeit hat King nachweislich beeinflußt.

Im Verlauf seines 1948 begonnenen Studiums am Crozer Theological Seminary in Chester, Penn., wurde King entscheidend angeregt von der Social-Gospel-Theologie: »Seit ich Rauschenbusch gelesen habe, bin ich überzeugt, daß jede Religion, die angeblich um die Seelen der Menschen besorgt ist, sich aber nicht um die sozialen und wirtschaftlichen Verhältnisse kümmert, die der Seele schaden, geistlich gesehen schon vom Tode gezeichnet ist... Man hat mit Recht gesagt: ›Eine Religion, die beim Individuum endet, ist am Ende‹.«[13]

Nur im Zusammenhang eines solchen theologischen Entwurfes, der christliche Theologumena wie »Liebe«, »Versöhnung« und »Sünde« als soziale Faktoren auszulegen versucht, erweist sich Kings theologisches Interesse an Gewaltlosigkeit als »einer Methode zur Abschaffung sozialer Übel«[14] als konsequent.

Zu Beginn seiner Studienzeit am Crozer Theological Seminary sah King freilich noch unüberwindbare Schwierigkeiten bei dem Versuch einer praktischen Realisierung von Liebe und Versöhnung in gesellschaftlichen Verhältnissen[15]. Eine Lösung dieses Problems hielt er erst für möglich, als er mit dem Wirken Mahatma Gandhis bekannt wurde. Als 21jähriger hatte King einen Vortrag über Mahatma Gandhi gehört und sich daraufhin ziemlich eingehend über dessen Leben und Wirken informiert. »Gandhi war wahrscheinlich der erste Mensch in der Geschichte, der Jesu Liebesethik über eine bloße Wechselwirkung zwischen einzelnen Menschen hinaus zu einer wirksamen sozialen Macht in großem Maßstab erhob... In seiner Lehre von der Liebe und Gewaltlosigkeit entdeckte ich die Methode für eine Sozialreform, nach der ich schon so viele Monate gesucht hatte.«[16]

dürfte der Terminus »pilgrimage« daher auch die Bedeutungsnuance »langer, beschwerlicher (d. i. umständlicher) Marsch« implizieren. Vgl. King, Stride, S. 79.

[12] Vgl. King, Stride, S. 36—37.

[13] King, Stride, S. 73.

[14] Vgl. King, Stride, S. 73.

[15] Vgl. King, Stride, S. 77.

[16] King, Stride, S. 78—79.

Von Gandhis Konzeption der Gewaltlosigkeit übernahm King also nur die strategischen Aspekte, nicht aber die von Gandhi vorausgesetzten hinduistischen Anschauungen[17]. »Es war mehr die Bergpredigt als die Lehre vom passiven Widerstand, die die Neger dazu inspirierte, in würdiger Form für ihre soziale Gleichberechtigung zu kämpfen ... Der Geist und die Beweggründe kamen von Christus, während die Methode von Gandhi kam.«[18] Die – in dieser Schematisierung wohl fragwürdige – Differenzierung zwischen »Geist« und »Methode« reflektiert Kings Erkenntnis, daß Gewaltlosigkeit nur dann von den Negern in den Südstaaten bejaht werden konnte, wenn sie als Konsequenz bzw. Element ihrer eigenen christlichen Tradition verstehbar wurde. »Gewaltlosigkeit wurde ihnen als schlichter Ausdruck eines ›Christentums in Aktion‹ vorgestellt.«[19] Als King im letzten Studienjahr am Crozer Theological Seminary Werke Reinhold Niebuhrs las, in denen letzterer den Pazifismus zugunsten eines »christlichen Realismus« verwarf, empfand er wieder stärker die Problematik prinzipieller Gewaltlosigkeit[20]. »Nachdem ich Niebuhr gelesen hatte, versuchte ich zu einem realistischen Pazifismus zu gelangen. M. a. W.: Ich sah die pazifistische Position zwar nicht als sündlos, aber unter den obwaltenden Umständen als das geringere Übel an.«[21]

Eine entscheidende Station des intellektuellen Weges Kings zur Gewaltlosigkeit war schließlich die Boston University, an der King von 1951 bis 1953 für seine Promotion studierte[22]. Dort geriet er durch die Professoren E. Brightman und L. H. DeWolf unter den Einfluß der philosophisch-

17 Vgl. W. Miller, Nonviolence — A Christian Interpretation, S. 18.

18 King, Stride, S. 66—67.

19 King, Stride, S. 71.

20 In »Moral Man and Immoral Society« hatte R. Niebuhr einerseits ausgeführt: »Die Vorteile gewaltloser Methoden sind sehr groß ..., es gibt kein Problem des politischen Lebens, zu dem religiöse Vorstellungen einen größeren Beitrag leisten können als zu diesem Problem der Entwicklung gewaltlosen Widerstandes« (a.a.O., S. 252 u. 254). Andererseits hatte er strikten Pazifismus angesichts des Faschismus in Deutschland und Italien als unmoralisch verurteilt (vgl. R. Niebuhr, a.a.O., S. 268; R. Niebuhr, Christianity and Power Politics, passim) und prinzipielle Gewaltlosigkeit kritisiert: »Die Unterschiede zwischen gewaltlosen und gewaltsamen Methoden des Zwanges und des Widerstandes sind nicht so absolut, daß es möglich wäre, Gewalt als moralisch nicht vertretbares Instrument sozialer Veränderung anzusehen« (R. Niebuhr, a.a.O., S. 251).

21 King, Stride, S. 81.

22 In den USA müssen einer Promotion zwei Jahre sog. »doctoral studies« vorausgehen.

theologischen Schule des sog. Bostoner Personalismus. 1958 schrieb King rückblickend: »Bis heute ist dieser personalistische Idealismus (personal idealism) meine philosophische Grundposition geblieben. Seine Behauptung, daß nur in der Person — der endlichen und der unendlichen — letzte Wirklichkeit zu finden ist, hat mich in zwei Überzeugungen bestärkt: Sie lieferte mir die metaphysische und philosophische Fundierung für den Gedanken eines persönlichen Gottes und die metaphysische Basis für die Würde und den Wert alles Menschseins.«[23]

Die Bedeutung des »Boston Personalism« für Kings Bekenntnis zur Strategie der Gewaltlosigkeit ist offensichtlich: Die Betonung der Würde eines jeden Menschen als Person und das Verständnis von »Persönlichkeit« als Ergebnis eines prozeßhaften Kampfes schlossen die endgültige Vernichtung oder Demütigung politischer Gegner aus.

Die konkrete Situation der unterprivilegierten Neger in den USA[24] war der Ort, an dem King seine Verpflichtung auf gewaltloses Handeln entfaltete. In einem Zeitschriftenartikel mit dem Titel »Nonviolence: The Only Road to Freedom« erklärte King: »Ich bin überzeugt, daß aus praktischen wie aus moralischen Gründen Gewaltlosigkeit den einzigen Weg zur Freiheit für mein Volk darstellt«[25].

Immer wieder verteidigte er Gewaltlosigkeit als »praktische Methode«[26]. Die Frage nach der Praktikabilität und damit der Effektivität politischer Aktionen ging so in seine ethische Reflexion ein. Die Bedeutung des Erfolgskriteriums[27] für die Wahl einer Strategie der Gesellschaftsreform brachte King pointiert zum Ausdruck in der Feststellung: »Heute gibt es keine Wahl mehr zwischen Gewalt und Gewaltlosigkeit. Es gibt nur noch Gewaltlosigkeit oder Nichtsein«[28].

23 King, Stride, S. 82.

24 Vgl. dazu die grundsätzlichen Überlegungen H. Assmanns in: »Die Situation der unterentwickelt gehaltenen Länder als Ort einer Theologie der Revolution«, in: Diskussion zur »Theologie der Revolution«, hrsg. von E. Feil/R. Weth, S. 218 ff., bes. S. 218—224.

25 King, ebd. S. 28.

26 King, Where, S. 27.

27 Vgl. dazu D. Bonhoeffer, Widerstand und Ergebung, S. 15 f.: »Es ist zwar nicht wahr, daß der Erfolg auch die böse Tat und die verwerflichen Mittel rechtfertigt, aber ebensowenig ist es möglich, den Erfolg als etwas ethisch völlig Neutrales zu betrachten.«

28 King, Stride, S. 201.

Daß gewaltloses Handeln nicht per se moralisch sei, konstatierte King ausdrücklich, als 1961 der Polizeichef von Albany durch gewaltloses Vorgehen gegen Demonstranten deren Öffentlichkeitswirkung auf ein Minimum zu reduzieren versuchte[29]. King beurteilte gewaltlose Aktionen deshalb erst dann als »moralisch«, wenn sie konkrete Schritte zur Errichtung einer versöhnten Gesellschaft darstellten, an deren Entscheidungen alle sozialen Gruppen partizipieren würden[30].

Kings Theorie gewaltlosen Handelns stellte somit einen Versuch dar, die extremen Positionen eines ethischen Rigorismus oder eines opportunistischen Praktizismus zu vermeiden[31].

Doch nicht immer gelang es ihm, die Dialektik von »moralischer« und »praktischer« Dimension aufrechtzuerhalten. Wenn er kategorisch erklärte: »Ich fühle mich der Gewaltlosigkeit absolut verpflichtet«[32] und Gewaltlosigkeit ganz allgemein als die einzig vertretbare Widerstandsmethode unterdrückter Völker bezeichnete[33], dann manifestierte sich darin ein gewisser ethischer Rigorismus[34]. Gegenüber einer solchen abstrakt-ungeschichtlichen Entscheidung hat H. Assmann zu Recht eingewandt: »Die personale Entscheidung für ein explizites Zeugnis im Sinne der ›Gewaltlosigkeit‹ muß, ebenso wie die Entscheidung zur gerechten Gewaltanwendung, von den konkreten Bedingungen einer konkreten Situation – also vom Standpunkt des hier und jetzt sittlich Vertretbaren, weil strategisch Geratenen – her beurteilt werden«[35].

29 Vgl. dazu: King, Why, S. 69.

30 Vgl. King, Stride, S. 84.

31 Vgl. A. Roberts, M. L. King and Nonviolent Resistance, in: Gandhi Marg, Juli 1968, S. 293: »Sein Glaube an Gewaltlosigkeit war bis zuletzt das Produkt einer komplexen Kombination pragmatischer Urteile und christlicher Moralität.«

32 King, Showdown for Nonviolence, in: Look, 16. 4. 1968, S. 25.

33 King, Stride, S. 79.

34 So auch J. Degen, Das Problem der Gewalt, S. 61.

35 H. Assmann, a.a.O., S. 243. Vgl. auch: J. Cone, Black Theology and Black Power, S. 142/143.

a 2) Prinzipien der »Philosophy of Nonviolence«

In dem mehrfach publizierten Rechenschaftsbericht »Pilgrimage to Nonviolence« explizierte King die Grundaspekte[36] seiner »Philosophie der Gewaltlosigkeit«.

1. »Gewaltloser Widerstand ist keine Methode für Feiglinge. Es wird wirklich Widerstand geleistet«[37].

Die »Nicht-Zusammenarbeit« mit dem System der Rassendiskriminierung (»non-cooperation with an evil system«) wurde von King und seinen Mitarbeitern stets als aktiver Widerstand interpretiert und praktiziert[38], wie die Übernahme des Gandhischen Prinzips: »Laßt sie nie zur Ruhe kommen!« beweist[39].

2. »Die gewaltlosen Direkt-Aktionen suchen ein so kritisches Spannungsverhältnis zu schaffen, daß eine Gemeinde, die sich hartnäckig geweigert hat, Verhandlungen zu führen, sich gezwungen sieht, den Tatsachen ins Auge zu blicken... Es gibt eine Form konstruktiver, gewaltloser Spannung, die für den Fortschritt notwendig ist«[40].

Theodor Ebert hat in dieser Abwendung Kings von einem pazifistischen Verständnis der Theorie des gewaltfreien Aufstands dessen »originellsten Beitrag«[41] zu jener Theorie gesehen. King selber verwies auf die geschichtlichen Erfahrungen der Neger zur Rechtfertigung der bewußten Herbeiführung einer Krisensituation: »Freiheit wird nie freiwillig vom Unterdrücker gewährt; sie muß vielmehr von ihm gefordert werden«[42].

3. »Gewaltlosigkeit ... sucht nicht den Gegner zu besiegen oder zu demütigen, sondern seine Freundschaft und sein Verständnis zu gewin-

[36] King, Stride, S. 83: »basic aspects«.

[37] King, Stride, S. 83. Schon Gandhi war diesem populären Mißverständnis der gewaltlosen Strategie begegnet (vgl. W. Miller, Nonviolence, S. 46).

[38] Vgl. The Philosophy of Nonviolence, Informationsblatt, ohne Datum, hrsg. von der SCLC, S. 3.

[39] King, Never Let Them Rest, in: Liberation, Okt. 1959, S. 12. Vgl. auch: King, Where, S. 20: »Freiheit wird nicht durch passives Hinnehmen von Leiden gewonnen, Freiheit wird durch Kampf *gegen* Leiden gewonnen.«

[40] King, Why, S. 79.

[41] Th. Ebert, Gewaltfreier Aufstand, S. 272.

[42] King, Why, S. 80; vgl. J. Degen, a.a.O., S. 59.

nen. ... Der Angriff richtet sich gegen die Mächte des Bösen, nicht gegen die Personen, die das Böse tun«[43].

King und seine Mitarbeiter versuchten in ihren Reden und Aktionen ständig, eine mißtrauische weiße Öffentlichkeit davon zu überzeugen, daß die von King geleitete Bürgerrechts-Bewegung keine Demütigung der Weißen intendiere. Nach dem Gerichtsentscheid gegen die Rassentrennung in den Bussen appellierte King an die Neger: »Auf die Entscheidung müssen wir antworten mit Verständnis für diejenigen, die uns unterdrückt haben, und für die neuen Anforderungen, die das Gerichtsurteil an sie stellt«[44].

Die Erkenntnis der sozialen Bedingungen des politischen Konflikts verhinderte eine Personalisierung der Gegensätze durch die SCLC. Nur weil King und seine Mitarbeiter die politischen Gegner nicht völlig mit ihren für den Konflikt relevanten sozialen Rollen identifizierten[45], konnten sie in ihrer Strategie das Ziel einer totalen Niederlage des Gegners transzendieren.

4. King insistierte stets auf den Zielvorstellungen der »neuen engen Gemeinschaft (beloved community)«, der »Versöhnung« und des »endgültigen Friedens«[46] als Legitimationsbasis gewaltloser Aktionen.

W. Miller hat in seinem Versuch einer »christlichen Interpretation«[47] der Gewaltlosigkeit darauf hingewiesen, daß derartige Zielvorstellungen die Funktion haben, »den Gegnern ein ›Wertbild (value image)‹, wie Kenneth Boulding es nennt, zu präsentieren, das umfassend genug ist, um von beiden Parteien in einem Konflikt angenommen zu werden. Martin Luther King hat dies wiederholt getan, indem er das Ziel inklusiver Gerechtigkeit betonte, statt das Gewicht einseitig auf die Erringung der Bürgerrechte für Neger zu legen«[48]. Die gewaltlo-

43 King, Stride, S. 84.

44 King, Stride, S. 84; vgl. auch: King, Stride, S. 198: »Durch Gewaltlosigkeit bemühen wir uns, der Versuchung einer Psychologie der Sieger (psychology of victors) zu entgehen.«

45 Dazu: Th. Ebert, Gewaltfreier Aufstand, S. 56—57; vgl. auch: King, Strength, S. 43: »Die böse Tat des feindlichen Nachbarn ... bringt nie all das zum Ausdruck, was er ist.«

46 So z. B. King, Stride, S. 84.

47 So der Titel seines Buches: Nonviolence — A Christian Interpretation.

48 W. Miller, Nonviolence, S. 184; vgl. King, Strength, S. 131.

sen Aktionen hatten »immer schon das zukünftige soziale System im Auge. Charakteristikum dieses sozialen Systems ist, daß es auch für die bisher Herrschenden eine akzeptable Position vorsieht«[49]. King hoffte, so den Gegner in einen politischen Lernprozeß einbeziehen zu können.

5. »Gewaltloser Widerstand vermeidet nicht nur äußere physische Gewalt, sondern auch psychische Gewalt (internal violence of spirit). Wer gewaltlos Widerstand leistet, weigert sich... auch, seinen Gegner zu hassen. Im Zentrum der Gewaltlosigkeit steht das Prinzip der Liebe.«[50]

King grenzte sein Verständnis von »Liebe« deutlich ab gegenüber dem Mißverständnis, die Strategie gewaltloser sozialer Veränderung impliziere eine emotionale Liebe der Unterdrückten für ihre Unterdrücker: »Es wäre Unsinn, Menschen aufzufordern, ihre Unterdrücker in affektiver Weise zu lieben. Liebe meint in diesem Zusammenhang Verstehen, guten Willen, der erlösende Kraft hat.«[51] Man wird die Betonung des »Prinzips der Liebe« daher auf keinen Fall als Symptom jener psychischen Bindung interpretieren können, die auch bewußtseinsmäßig nicht emanzipierte Gruppen gegenüber ihren Unterdrückern empfinden[52].

King entfaltete sein Verständnis von »Liebe« durch Rekurs auf den neutestamentlichen Agape-Begriff[53]. Seine Interpretation christlicher Agape als Ernstnehmen der materiellen und psychischen Bedürfnisse anderer Menschen[54] hatte weitreichende Konsequenzen für seine Strategie zur Beilegung des Rassenkonflikts. Wie kaum ein anderer schwarzer Bürgerrechtskämpfer berücksichtigte er die psychologische Situation der aktiven oder passiven Anhänger der »weißen Vorherrschaft (white supremacy)«. King ging davon aus, daß der Widerstand der Weißen gegen eine Änderung der bestehenden gesellschaftlichen Verhältnisse

49 Th. Ebert, Gewaltfreier Aufstand, S. 55.
50 King, Stride, S. 85.
51 King, Stride, S. 86.
52 Vgl. dazu: A Memmi, The Colonizer and the Colonized, S. 79 ff.; F. Fanon, Die Verdammten dieser Erde, passim.
53 So z. B. in: Love, Law and Civil Disobedience, in: New South, Dezember 1961, S. 6; Strength, S. 44; Stride, S. 86—88.
54 King, Stride, S. 86—87.

weithin auf der Furcht vor dem Verlust wirtschaftlicher Privilegien, der Änderung ihres sozialen Status, der Möglichkeit rassisch gemischter Ehen und der Notwendigkeit einer psychischen Anpassung an neue Formen sozialer Interaktion beruhte. Von dieser Pathogenese des Rassismus her begründete er die Notwendigkeit gewaltloser Aktionen: »Eine Massenbewegung, die Gewaltlosigkeit und Macht in disziplinierter Weise demonstriert, sollte die weißen Bürger davon überzeugen, daß sie ihre Macht... schöpferisch und nicht zur Rache nutzen würde.«[55]

J. Moltmann hat diesen Aspekt der gewaltlosen Aktionen Kings zutreffend beschrieben: »M. L. King ergriff die Partei der Schwarzen und Armen. Er organisierte Protestbewegungen und Streiks. Er tat das gegen den weißen Rassismus und die kapitalistische Gesellschaft in seinem Lande. Aber er hatte dabei stets zugleich die Unerlöstheit der Weißen in ihrem Hochmut und ihrer Angst vor Augen. Nicht zur Rache an den Weißen, sondern zur Erlösung von Schwarzen und Weißen aus ihrer gegenseitigen rassischen Entfremdung mobilisierte er den Zug der Schwarzen und der Armen.«[56]

6. »Die Mittel müssen so rein sein wie das Ziel.«[57]

Eine derartig abstrakte Bestimmung der Ziel-Mittel-Relation ist freilich problematisch, insofern sie von der jeweiligen gesellschaftlichen Situation absieht. Zu Recht hat H. Assmann bemerkt: »Auch die Mittel dürfen nicht ungeschichtlich gesehen werden, denn es gibt keine Mittel ›in se‹, sondern nur situationsbedingte Mittel.«[58] Doch ist festzuhalten, daß King mit der zitierten Definition der Ziel-Mittel-Relation der

55 King, Where, S. 60. Im Anschluß daran zitiert King aus James Baldwins Brief an seinen Neffen: »Wirklich schrecklich ist die Tatsache, daß Du sie (die weißen Amerikaner — der Vf.) akzeptieren mußt. ... Du mußt sie akzeptieren und zwar mit Liebe... Die Gefahr in der Vorstellung der meisten weißen Amerikaner ist der Verlust ihrer Identität. ... Wir werden unsere Brüder mit Liebe zwingen, sich selbst zu sehen wie sie sind, die Flucht vor der Realität zu beenden und eine Wandlung zu beginnen« (J. Baldwin, The Fire Next Time, S. 22—23).

56 J. Moltmann, Gott in der Revolution, in: Diskussion zur »Theologie der Revolution«, hrsg. von E. Feil u. R. Weth, dort S. 77.

57 King, Love, Law and Civil Disobedience, S. 4; vgl. King, Trumpet, S. 70.

58 H. Assmann, a.a.O., S. 244.

Erkenntnis Ausdruck verleihen wollte, daß eine durch gewaltsame Aktionen herbeigeführte, äußerste Polarisierung tendenziell dem Ziel einer versöhnten Gesellschaft entgegensteht. Er wollte einen »Aufstand der Mittel gegen die Ziele«[59] verhindern.

King bestand auf gewaltlosen Methoden bei der Regelung sozialer Konflikte, gerade weil er in Gewalt und Rassismus ein Charakteristikum der westlichen Zivilisation[60], besonders der amerikanischen Gesellschaft, sah. Unter den »Werten der weißen Gesellschaft« bezeichnete er Gewalt als den »negativsten, brutalsten und rohesten Wert amerikanischen Lebens«[61]. Die politische und psychische Befreiung der Neger bedeutete für ihn im besonderen eine Befreiung von dem Zwang, die »Werte der weißen Gesellschaft« zu imitieren[62]. Entsprechend schätzte er die Bedeutung der gewaltlosen Bewegung ein: »Die Zustimmung zu den gewaltlosen Aktionen ... bewies, daß die Masse der Neger den Mut hatte, mit den alten, eingewurzelten Vorstellungen unserer Gesellschaft zu brechen. Der Grundsatz: ›Auge um Auge‹, der Drang, sich zu verteidigen, wenn man angegriffen wird, waren immer als höchstes Maß amerikanischer Mannhaftigkeit betrachtet worden. Wir sind ein Volk, das die Pioniertradition verehrt, und unsere Helden sind Männer, die die Gerechtigkeit durch gewaltsames Zurückschlagen gegen Ungerechtigkeit verteidigen.«[63] Kings aktive Gewaltlosigkeit enthielt einen »expliziten Hinweis auf das Ungeheure der vorhandenen Gewaltsituation. Darum fungiert(e) sie als antithetisch-christliches Zeichen ... für die Dringlichkeit der Gewaltüberwindung«[64]. Sie resultierte also keineswegs aus einer Blindheit gegenüber der insti-

59 J. Moltmann, Gott in der Revolution, a.a.O., S. 78.
60 Vgl. King, Nonviolence: The Only Road to Freedom, a.a.O., S. 29.
61 King, Where, S. 64.
62 Vgl. King, Where, S. 64.
63 King, Why, S. 37.
64 So H. Assmann, a.a.O., S. 245, generell zu den »aktiven und sozial engagierten Bewegungen der Gewaltlosigkeit«. Vgl. Kings Bemerkung in seiner Friedensnobelpreisrede: »Gewaltlosigkeit ist die Antwort auf die entscheidende politische und moralische Frage unserer Zeit — die Notwendigkeit, Unterdrückung und Gewalt zu überwinden, ohne zu Unterdrückung und Gewalt Zuflucht zu nehmen« (zit. nach: The Negro History Bulletin, Mai 1968, S. 20).

tutionalisierten Gewalt[65], der immer schon vorhandenen, von der »white power structure« ausgeübten Gewalt[66].

In seiner Kritik gewaltsamer Aktionen übersah King keineswegs die psychologische Funktion der Gewalttaten von Unterdrückten[67]. Aufstände können, so räumte er ein, eine »emotionale Katharsis«[68] der Ausgebeuteten bewirken.

Im ganzen indes hielt er die positive psychologische Bedeutung gewaltsamen Handelns für sehr begrenzt. Er vertrat die These, daß bei den Beteiligten oft ein Gefühl der Sinnlosigkeit auf die rauschhafte Katharsis eines Aufstandes gefolgt sei[69]. »Wir haben einen besseren Reinigungsprozeß in unseren gewaltlosen Demonstrationen gesehen.«[70] Gerade das Wagnis gewaltloser Aktionen in einer gewalttätigen Gesellschaft gab den Unterdrückten, so stellte King fest, ein neues Selbstwertgefühl[71].

7. Die Bereitschaft, »Leiden ohne Vergeltung anzunehmen«,[72] verstand King als »massenhafte politische Anwendung der alten Lehre vom ›Die-andere-Backe-Darbieten‹«[73]. Immer wieder appellierte er an die Bereitschaft der Neger zu freiwilligem Leiden: »Unverdientes Leiden hat erlösende Qualität.«[74]

M. Sibley hat die emanzipative Funktion dieser religiösen Tradition der Neger in den Südstaaten aufgezeigt: »Seit den Tagen der Sklaverei hatten Neger ihr Leiden als Vorbereitung des Weges zur Freiheit angesehen, weithin so, wie die Passagen über den ›leidenden Gottesknecht‹ in Jesaja die Wunden und die Bedrängnisse Israels als wichtige Voraussetzung für die Emanzipation der Juden und der ganzen Menschheit verstehen. ... Die Tradition konnte zweifellos benutzt werden,

65 Zu diesem Begriff s. das CELAM-Dokument in: Diskussion zur »Theologie der Revolution«, hrsg. von E. Feil und R. Weth, S. 256–364.

66 S. dazu S. 145 ff. dsAr.

67 Vgl. F. Fanon, Die Verdammten dieser Erde, S. 72.

68 King, The Role of the Behavioral Scientist, a.a.O., S. 181.

69 Vgl. King, Trumpet, S. 15.

70 King, A Testament of Hope, in: Playboy, Januar 1968, S. 6.

71 Vgl. King, Testament, a.a.O., S. 6.

72 King, Stride, S. 85.

73 King, ebd.

74 King, ebd.

um eine ›Uncle Tom‹-Haltung der Unterwürfigkeit zu rechtfertigen. Aber King benutzte sie – wie auch Gandhi die Gewaltlosigkeit in Indien anwandte –, um ein Gefühl der Solidarität, des persönlichen Wertes und des Selbstvertrauens zu schaffen. Er sah, daß Leiden, das um einer Sache willen freiwillig ausgehalten wird, eine besonders starke, emanzipierende Kraft darstellen kann.«[75] Das freiwillige Leiden der Neger entsprang nicht einer masochistischen Märtyrerideologie; vielmehr sollte es »dazu dienen, die soziale Situation zu verändern«[76]. Leiden in der Christusnachfolge bedeutete für King: Leiden im Kampf um eine gerechte Sozialordnung.[77]

King übernahm von Gandhi[78] die Anschauung, daß politische Gegner, die rational nicht ansprechbar sind, durch einen Appell an ihre Emotionen zu einer Änderung ihrer Einstellung bewegt werden müßten[79]. »Leiden... hat ungeheure erzieherische und umwandelnde Kraft.«[80] King war überzeugt: Freiwilliges Leiden kann – freilich nicht automatisch[81] – bei den Opponenten ein Bewußtsein von der Diskrepanz zwischen ihrem Selbstbild und ihrer Praxis erzeugen und zu einer Verhaltensänderung führen[82].

75 M. Sibley, Martin Luther King and Nonviolent Revolution, in: Gandhi Marg, Juli 1968, S. 242.

76 King, Love, Law and Civil Disobedience, a.a.O., S. 6.

77 Vgl. dazu Kings Predigt »Transformed Nonconformist«, in: Strength, S. 10–19.

78 In: Stride, S. 85, zitiert King Äußerungen Gandhis zur Funktion des Leidens.

79 Dazu: Th. Ebert, Die außerparlamentarische Opposition und die gewaltfreie Macht, in: Macht von unten, edd. Th. Ebert/H.-J. Benedict, S. 110.

80 King, Stride, S. 85.

81 Vgl. King, Stride, S. 196: »Die gewaltlose Methode verändert die Einstellung des Unterdrückers nicht unmittelbar.« King verweist auf die anfängliche Zunahme britischer Einschüchterungsversuche nach gewaltlosen Aktionen der indischen Freiheitsbewegung (Stride, S. 195).

82 Dazu: Th. Ebert, Gewaltfreier Aufstand, S. 66–78; vgl. King, Stride, S. 193.

b) Gewaltlose Aktionen in den Jahren 1957–1965

»Um den Schädel zu schützen, Hände über dem Kopf zusammenfalten! Um Gesichtsverletzungen zu vermeiden, Ellbogen vor den Augen zusammenschließen!« (Aus Anweisungen für schwarze Collegestudenten aus den Südstaaten, 1960)

»Wir wollen nicht allmählich frei werden. Wir wollen unsere Freiheit, und zwar jetzt.« (John Lewis)

Die oben beschriebene systematische Darstellung der »Philosophie der Gewaltlosigkeit« verfaßte King nach den Ereignissen von Montgomery im Jahre 1956. Sie reflektierte also sowohl die intellektuellen Anregungen aus dem Theologiestudium wie auch die ersten Erfahrungen der politischen Praxis. Die politische Relevanz der Theorie gewaltloser sozialer Veränderung mußte sich in den weiteren Aktionen der von King geleiteten Bürgerrechts-Bewegung erweisen.

b 1) Wählerregistrierungskampagnen in den Südstaaten

Nach dem Busboykott konzentrierten die beiden Organisationen MIA und SCLC ihre Arbeit auf die Registrierung und politische Ausbildung schwarzer Wähler. In Versammlungen und Kursen wurden Neger über die Eintragung in Wählerlisten und den Wahlvorgang unterrichtet. Die SCLC organisierte einen »Kreuzzug für Bürgerrechte«. Hauptziel dieser Aktion war es, die Zahl der registrierten Neger zu verdoppeln. Aufgrund organisatorischer Mängel und brutaler Terrorakte weißer Südstaatler gegen registrierwillige Neger hatten die Wählerregistrierungskampagnen der SCLC bis in die Mitte der 60er Jahre jedoch nur geringe Erfolge. Die Bürgerrechtsorganisationen blieben hinter ihrem Ziel, 5 Millionen neue Wähler zu registrieren, weit zurück[1].

1 Vgl. D. Lewis, a.a.O., S. 107. 1965 war etwa ein Drittel aller potentiellen schwarzen Wähler registriert.

b 2) Sit-ins

Am 1. Februar 1960 fand ein erstes spontanes »Sit-in« statt, dem viele weitere folgen sollten: Schwarze Studenten verlangten in einer Imbißstube in Greensboro (North Carolina), in der gewöhnlich nur Weiße als Kunden akzeptiert wurden, bedient zu werden. Als dies verweigert wurde, blieben sie an der Theke sitzen. Nach zwei Wochen hatte sich die Sit-in-Bewegung auf mehrere Südstaaten ausgebreitet.

Obwohl die Sit-ins spontan von Negerstudenten ausgingen, waren sie nicht unbeeinflußt vom Wirken Kings[2]. In einer Studie konstatierten die Psychologen F. Solomon und J. Fishman: »Junge Leute im ganzen Süden waren äußerst beeindruckt vom Busboykott in Montgomery. Sie empfanden ihn als eine Lektion über die praktischen und emotionalen Vorteile direkter Aktion, welche die berechtigte Unzufriedenheit der Neger zum Ausdruck brachte. Martin Luther King wurde zum Bild eines selbstbewußten Mannes, der sich die Freiheit nimmt, in Würde zu handeln, und respektvolle Anerkennung durch eine erfolgreiche Auseinandersetzung mit der weißen ›community‹ gewinnt. ... In dieser Rolle wurde er als ein Teil ihres Ich-Ideals verinnerlicht.«[3]

Die SCLC gewann nicht nur neue Stabsmitglieder aus den Reihen der Demonstranten, sie organisierte auch Sit-ins durch die Ortsgruppen in Nashville, Tallahassee und Montgomery.

Als King in Atlanta an einem studentischen Sit-in teilnahm, wurde er verhaftet[4]. Doch war dies direkte Engagement Kings eine Ausnahme, da er die meiste Zeit auf Vorträge und Konferenzen verwendete[5]. Der wichtigste Beitrag Kings und seiner Mitarbeiter war die organisatorische Hilfe, mit der sie die weitere Existenz der studentischen Bürger-

2 S. dazu: J. Jones, Issues in the Sit-Ins, in: Motive, Mai 1960, S. 10–15; und: J. Lawson, From a Lunch-Counter Stool, ebd., S. 16–18.

3 Zit. in: L. Bennett, What Manner of Man, S. 85–86.

4 Vgl. dazu: C. E. Lincoln, The Strategy of a Sit-In, in: The Quiet Battle, hrsg. von M. Sibley, S. 291–299.

5 Nach dem Busboykott in Montgomery erreichten King unzählige Einladungen zu Ansprachen im Bereich der USA. 1957 beispielsweise hielt King mehr als 200 Reden vor weißen und schwarzen Hörern. Diese Reden hatten die Funktion, die Zuhörer über die Ziele der Bürgerrechts-Bewegung zu informieren und sie zu aktiver Teilnahme zu bewegen.

rechtsbewegung sicherstellen wollten. Im April 1960 berief die SCLC eine Konferenz der studentischen Sit-in-Anführer nach Raleigh, N. C., ein. Einen Monat später gründeten die Studenten eine der SCLC nahestehende, aber von ihr unabhängige Organisation, das »Student Nonviolent Coordinating Committee (SNCC)«. Ziel von SNCC war die Errichtung einer »Demokratie ohne Rassentrennung« mittels gewaltloser Aktionen.

b 3) »Freiheitsfahrten«

1961 organisierten Mitglieder von CORE sogenannte Freiheitsfahrten (»Freedom Rides«)[6]. Rassisch integrierte Gruppen von geschulten Anhängern gewaltloser Aktion unternahmen Busfahrten durch mehrere Südstaaten, um die Einhaltung der Gesetze gegen die Rassentrennung im öffentlichen, zwischenstaatlichen Verkehrswesen zu testen. »Kings Rolle bei den Freiheitsfahrten war – wie so viele seiner Handlungen in jener Periode – peripher und passiv.«[7] Jedoch übernahm King in seinen Reden die Rolle des moralischen Anwalts der »Freiheitsfahrer«[8]. Eine vom Attorney General Robert Kennedy im Mai 1961 vorgeschlagene »Abkühlungsperiode«, m. a. W. die Reduzierung direkter Aktionen, lehnte die SCLC ab[9]. King betrachtete nämlich die »Freiheitsfahrten« als »psychologischen Wendepunkt« im Kampf der Bürgerrechts-Bewegung[10]. »Die Leute selbst haben gesagt: Wir ertragen es nicht mehr länger. Wenn wir durch diese Periode hindurchkommen, dann haben wir, glaube ich, dem massiven Widerstand und der Diskriminierung das Rückgrat gebrochen.«[11]

Da die Sit-ins und »Freiheitsfahrten« den Bürgerrechtsorganisationen im Süden viele neue Mitarbeiter zugeführt hatten, fühlte sich die SCLC – fünf Jahre nach dem Busboykott – wieder in der Lage, eine größere Aktion durchzuführen.

[6] Ausführliche Angaben dazu in: J. Peck, Freedom Ride.
[7] L. Bennett, What Manner of Man, S. 95.
[8] L. Bennett, a.a.O., S. 98. Außerdem finanzierte die SCLC »Freiheitsfahrten« (vgl. D. Lewis, S. 138).
[9] Dazu: D. Lewis, a.a.O., S. 135–136.
[10] Zit. in: L. Bennett, What Manner of Man, S. 98.
[11] S. Anm. 10.

b 4) Die »Freiheitsbewegung von Albany«

Anfang Dezember 1961 gingen King und seine Mitarbeiter nach Albany (Georgia), einer Stadt von 56 000 Einwohnern (– davon etwa ein Drittel Neger –), um die dortige Bürgerrechtsbewegung zu unterstützen. Die Forderungen, die das »Albany Movement«[12] an die städtischen Behörden richtete, waren sehr bescheiden: Aufhebung der Rassentrennung in Bahnhöfen, Bildung eines permanenten Komitees aus schwarzen und weißen Bürgern, Rücknahme aller Klagen gegen Teilnehmer an früheren Demonstrationen.

Mittels eines Einkaufs- und Busboykotts versuchten die Neger, die weißen Segregationisten zu Zugeständnissen zu bewegen. Der dadurch herbeigeführte Bankrott der Busgesellschaft verstieß allerdings gegen den Grundsatz gewaltlosen Handelns, die Existenzgrundlage des Gegners nicht zu zerstören, sondern ihm die Anpassung an ein neues soziales System zu ermöglichen. Der Einkaufsboykott erwies sich als Fehlschlag, da der Marktanteil der Neger zu gering war und die Ladenbesitzer innerhalb der Stadt kaum politisches Gewicht hatten[13].

Im Februar 1962 wurden King und Abernathy wegen ihrer Teilnahme an einer Demonstration im Dezember 1961 zu 45 Tagen Zwangsarbeit, ersatzweise einer Geldstrafe, verurteilt. Sie beschlossen, die psychologische Wirkung ihres Protestes gegen die Rassendiskriminierung dadurch zu erhöhen, daß sie bewußt auf Zahlung der Geldstrafe verzichteten und im Juli ihre Gefängnisstrafe antraten. Das harte Urteil gegen ihre Führer förderte in der Tat die Widerstandsbereitschaft der Neger. Die Protestdemonstrationen rissen nicht mehr ab. Um diese Wirkung der Verhaftungen aufzuheben, wurde King von den Behörden vorzeitig entlassen. Der örtliche Polizeichef behauptete freilich, ein »nichtidentifizierter, gutgekleideter Neger« habe Kings Strafe bezahlt[14].

Nach vielen Verhaftungen und brutalen Ausschreitungen der Polizei

12 Dem »Albany Movement (= [Freiheits-]Bewegung von Albany)« gehörten verschiedene lokale Bürgerrechtsgruppen einschließlich der NAACP sowie Mitarbeiter der Organisationen SCLC und SNCC an.

13 Dazu: D. Lewis, a.a.O., S. 155.

14 Vgl. W. Miller, a.a.O., S. 118.

bewarfen am 24. Juli ca. 2000 jugendliche Neger 170 gegen sie eingesetzte Polizisten mit Flaschen und Steinen. King erklärte daraufhin den 25. Juli zum »Tag der Reue«. Direkte Aktionen wurden in der gleichen Woche auf »Gebetswachen (prayer vigils)« beschränkt. King und seine Mitarbeiter suchten Gaststätten, Bars, Spielhallen etc. auf, um die dort anwesenden Neger von der Eigenart und Notwendigkeit gewaltlosen Verhaltens zu überzeugen[15].

Schon bei der ersten Gebetswache wurde King verhaftet. Er mußte bis zur 14 Tage später stattfindenden Gerichtsverhandlung im Gefängnis bleiben.

Ende August kamen über 80 Rabbiner, katholische und protestantische Geistliche und Laien aus den Nordstaaten zur Unterstützung des Freiheitskampfes nach Albany. Sie versammelten sich vor dem Rathaus, ein Rabbiner verlas Psalm 114[16]. Auch sie wurden ohne Ausnahme verhaftet. Viele von ihnen fasteten im Gefängnis. »Mit der Rückkehr der prominenten Geistlichen zu ihren Gemeinden in den Nordstaaten verlor der Widerstand in Albany seinen Elan und verebbte.«[17] Die Demonstration dieser kirchlichen Gruppe hatte keinerlei nachweisbaren Effekt auf die Haltung der weißen Bevölkerung[18].

Während eines seiner Gefängnisaufenthalte in Albany hatte King notiert: »Warum Albany? Weil Albany die Bastionen der Rassentrennung symbolisiert, die von den vereinigten Streitkräften der Moral und der Gerechtigkeit angegriffen werden.«[19] Rückblickend beschrieb er das Ergebnis und die vorherrschende Interpretation dieser Konfrontation folgendermaßen: »Als 1962 in Albany, Georgia, monatelange Demonstrationen und Verhaftungen unsere Bewegung nicht zum Ziel brachten, erklärten Berichte in der Presse und anderswo den gewaltlosen Widerstand für eine erledigte Sache.«[20]

King und der Planungsstab der SCLC führten daraufhin Ende 1962 eine Analyse des Albany Movement durch: »Wir kamen zu der Über-

15 Dazu: W. Miller, a.a.O., S. 119.
16 Ps. 114: »Als Israel aus Ägypten zog ...«
17 Th. Ebert, Gewaltfreier Aufstand, S. 338.
18 Vgl. W. Miller, a.a.O., S. 123.
19 Zit. in: W. Miller, a.a.O., S. 120.
20 King, Why, S. 43.

zeugung, daß einer unserer Hauptfehler ... darin bestand, daß wir unsere Bemühungen auf zu viele Punkte gerichtet hatten.«[21] Als einen weiteren Grund für das Ausbleiben greifbarer Erfolge erkannte King die Taktik des Polizeichefs Pritchett, die Segregationsgesetze möglichst »gewaltlos« anzuwenden[22]. Auch die Gandhische Methode der Überfüllung der Gefängnisse wurde vom Polizeichef unwirksam gemacht, indem er »überzählige« Gefangene in benachbarte Gefängnisse einliefern ließ[23]. Howard Zinn, ein weißer Historiker und Bürgerrechtler, hob in seiner Analyse des Albany Movement folgenden taktischen Fehler der Bürgerrechtler hervor: Direkte Aktionen wurden nicht rechtzeitig durch Vorstöße gegen die Rassendiskriminierung bei den Gerichten unterstützt[24].

Zusammenfassend ist festzustellen, daß die Aktionen in Albany keinen überzeugenden Beweis für die Effektivität gewaltloser Methoden lieferten. Das freiwillige Leiden vieler Neger und symbolische Aktionen wie Gebetswachen veranlaßten weder die weiße Bevölkerung noch die Regierung zu einer Unterstützung der Freiheitsbewegung.

b 5) »Projekt C« in Birmingham

Wie wertvoll die von King und seinen Mitarbeitern durchgeführte Erfolgskontrolle war[25], erwies sich bei der Vorbereitung und Durchführung des nächsten größeren Projektes der SCLC, der Aktionen in Birmingham, Alabama. Für die Wahl Birminghams hatte die SCLC zwei Gründe: 1. »Wir glaubten, im Falle eines Erfolges der Segregation im ganzen Land das Rückgrat zu brechen. Diese Stadt war das sichtbarste Symbol rassischer Intoleranz.«[26] 2. Unter der Führung des Neger-

21 King, Why, S. 54.
22 King, Why, S. 69.
23 Th. Ebert, a.a.O., S. 339.
24 Howard Zinn, Albany, hrsg. vom Southern Regional Council, Atlanta 1962, S. 18—19; so auch V. Harding/S. Lynd, Albany, in: The Crisis, Februar 1963, S. 74—75.
25 Vgl. King, Why, S. 43: »Als wir Monate später unsere Strategie für Birmingham planten, verbrachten wir Stunden damit, die Ereignisse in Albany auszuwerten und von den Fehlern zu lernen.«
26 King, Why, S. 54. Seit dem Busboykott in Montgomery waren 17 Neger-

pastors Fred Shuttlesworth hatte sich dort bereits 1956 das aktive »Alabama Christian Movement for Human Rights« gebildet.

Die strategische Konzeption der Kampagne in Birmingham wurde 1962 in einer dreitägigen Sitzung des SCLC-Stabes ausgearbeitet. Die geplanten Aktionen wurden »Projekt C« genannt: »Das ›C‹ steht für die Konfrontation (engl. = confrontation) Birminghams mit dem Kampf um gerechte und moralische Rassenbeziehungen.«[27]

Unter Berücksichtigung der Analyse des Albany Movement wurde beschlossen, »den Kampf in Birmingham auf die Geschäftswelt zu konzentrieren«[28]. Man wußte, daß die »Negro community« genügend Kaufkraft besaß, um durch Boykottmaßnahmen vielen Geschäften empfindliche Verluste beizufügen.

Das strategische Ziel bestand also darin, mit einem Angriff auf die labilste Gruppe eine schnelle Beseitigung der Rassendiskriminierung bei der Beschäftigung und Bedienung von Negern in den Läden herbeizuführen. »B (= Birmingham) Day« sollte der 3. April sein, so daß der Geschäftsboykott seinen Höhepunkt in der Einkaufszeit vor Ostern erreichen würde[29].

> Pastor Wyatt T. Walker bereitete den geplanten Geschäftsboykott bis in Einzelheiten vor. »Er organisierte das Transport- und Versorgungswesen ... Er beriet sich mit Anwälten über die in dieser Stadt maßgeblichen Bestimmungen für die Aufstellung von Streikposten und die Abhaltung von Demonstrationen ... und bereitete sich auf eine einstweilige gerichtliche Verfügung vor ... Außerdem wurden Arbeitsgemeinschaften und Seminare angesetzt, um unsere Mitarbeiter mit der Theorie und Praxis von Gewaltlosigkeit und direkten Aktionen vertraut zu machen; Wyatt informierte sich selbst über die örtlichen Gegebenheiten ..., wobei er nicht nur Hauptstraßen und ›Angriffspunkte‹ fixierte, sondern sich auch genau über die Imbißecken und deren Eingänge orientierte und die möglichen Zu- und Abgangswege exakt festlegte. Walker versäumte es tatsächlich nicht, von jedem Restaurant und Laden die Zahl der Tische und Sitzgelegenheiten aufzuzeichnen und für jedes Geschäft die Zahl der Demonstranten festzulegen. Seine Studie über die Innenstadt schloß auch ›Ersatz-Angriffspunk-

kirchen in Birmingham von Weißen bombardiert worden (vgl. D. Lewis, a.a.O., S. 172).

[27] King, Why, S. 54.

[28] King, Why, S. 54.

[29] Vgl. King, Why, S. 55.

te‹ ein, für den Fall, daß wir unsere ursprünglich vorgesehenen Ziele nicht erreichen konnten.«[30]

Am 3. April wurde Projekt C mit der Veröffentlichung eines Manifestes eingeleitet, in dem die »black community« ihre Beschwerden und Intentionen darlegte.

Darin hieß es u. a.: »Die Geschichte Birminghams offenbart, daß der demokratische Prozeß das Leben der Neger kaum berührt. Wir sind rassisch getrennt, wirtschaftlich ausgebeutet und politisch unterdrückt worden... Wir glauben an den ›Amerikanischen Traum‹ von Demokratie. ...Heute handeln wir in voller Übereinstimmung mit unserer jüdisch-christlichen Tradition, den Erfordernissen der Moral und der Verfassung unserer Nation.«[31]

Schon die Publikation des Manifestes enthielt Elemente gewaltloser Aktion: die Offenheit der Auseinandersetzung und die Berufung auf gemeinsame Visionen.

Am zweiten Tag wurde zur Mobilisierung der Negerkommune eine Massenversammlung abgehalten, der 64 weitere in verschiedenen Negerkirchen folgten.

King sprach stets zum Thema Gewaltlosigkeit. Neger aus Birmingham gaben anschauliche Berichte von den täglichen Erniedrigungen. Am Ende jeder Versammlung erging wie in Montgomery die Einladung an die Teilnehmer, sich als Freiwillige für die »gewaltlose Armee« ausbilden zu lassen. Die Freiwilligen gaben alle Waffen ab, die sie bei sich hatten[32]. Sie mußten eine »Verpflichtungskarte (commitment card)« unterschreiben, die u. a. folgende »Gebote (commandments)« enthielt:
»1. Denke täglich über die Lehren und das Leben Jesu nach. 2. Denke immer daran, daß die gewaltlose Bewegung in Birmingham Gerechtigkeit und Versöhnung sucht, nicht den Sieg. 3. Geh und sprich im Geist der Liebe, denn Gott ist die Liebe. 4. Bete täglich zu Gott, daß er dich dazu benutzen möge, allen Menschen zur Freiheit zu verhelfen.«[33] Im Mittelpunkt der damit verbundenen Trainingssitzungen standen soziodramatische Übungen, in denen die Teilnehmer gewaltloses Verhalten angesichts übler Beschimpfungen und brutaler Behandlung einübten.

30 King, Why, S. 56.
31 Abgedruckt in: Freedomways, Winter 1964, S. 20–21.
32 Dazu: King, Why, S. 60–63.
33 King, Why, S. 63–64.

Anfänglich unterstützte die Negerkommune die Protestaktionen keineswegs solidarisch. Viele Neger waren so indoktriniert von dem rassistischen Postulat des »Keep the place!«, daß sie eine massive Konfrontation mit der »white power structure« ablehnten[34]. Sie hielten den Zeitpunkt der Kampagne für schlecht gewählt und folgten darin einer Kritik, die die weiße Presse ebenso äußerte wie Justizminister Robert Kennedy und Evangelist Billy Graham[35]. Einige Neger übernahmen das von weißen Rassisten gern benutzte Argument, King sei ein »outsider«[36].

Aufgrund dieses Widerstandes gegen »Projekt C« veranstalteten Mitglieder des SCLC-Stabes während der ersten Wochen mehrere Aussprachen mit den betreffenden Negern. »Den Pastoren gegenüber betonte ich«, so berichtet King, »daß neben das Evangelium von der persönlichen Rettung ein soziales Evangelium treten müsse. ... Ich plädierte für eine starke Führungsrolle der Negerpastoren, indem ich darauf hinwies, daß sie freier und unabhängiger als alle anderen in der Negerkommune sind.«[37]

Während das Ergebnis der Aussprachen sehr unterschiedlich ausfiel, war der Geschäftsboykott sehr effektiv. Die Zahl der Freiwilligen wuchs, so daß auch »Kneel-ins« in Kirchen und »Sit-ins« in der Städtischen Bücherei durchgeführt werden konnten. Als eine gerichtliche Verfügung weitere Demonstrationen verbot, beschlossen King und seine Mitarbeiter, den Gerichtsbeschluß zu ignorieren und die Kampagne bis zur Stufe des zivilen Ungehorsams zu eskalieren.

King berichtet darüber in seinem Buch »Why We Can't Wait«: »Ich wollte als einer der ersten ein Beispiel zivilen Ungehorsams geben. Ralph Abernathy und ich wollten am Karfreitag wegen der symbolischen Bedeutung des Tages unsere Körper als Zeugen in diesem Kreuz-

34 Dazu: King, Why, S. 65. »Keep the place!« = »Bleib' an deinem Platz!«.

35 Letzterer bat seinen »persönlichen Freund, ... etwas zu bremsen« (zit. in: W. Miller, a.a.O., S. 138). Realiter bestand diese »Freundschaft« nicht, denn sie hätte keinen sachlichen Grund in den Zielen Grahams und Kings gehabt. Die Anrede reflektiert die Manier vieler Südstaatler, Neger als ihre »Freunde« zu bezeichnen, um ihnen dann paternalistische Ratschläge zu geben.

36 Vgl. King, Why, S. 76—77.

37 King, Why, S. 67.

zug darbieten.«[38] Nachdem er seit Gründonnerstag gefastet hatte, stand King im Morgengrauen des Karfreitags (12. April) auf. Die Pastoren Shuttlesworth, Abernathy und King führten eine Gruppe von 50 Negern, die Kirchenlieder sangen, aus einer Baptistenkirche in Richtung Rathaus. Sie alle wurden sofort verhaftet.

Ostersonntag suchten kleine Gruppen von Negern Zugang zu sechs weißen Kirchen. In drei Kirchen wurde ihnen der Zutritt verwehrt. Am gleichen Tage führte Kings Bruder, Rev. A. D. King, im Talar und mit einer Bibel unter dem Arm, eine Gruppe von 28 Negern an, die für Martin Luther King und die anderen inhaftierten Demonstranten vor dem Stadtgefängnis beten wollten. Sie wurden unterwegs verhaftet. Einige unter den ca. 2000 zuschauenden Negern begannen mit Steinen auf Polizisten zu werfen; daraufhin kam es zu brutalen Ausschreitungen der Polizei.
Nach den Zwischenfällen während der Demonstration veröffentlichten acht protestantische und katholische Bischöfe, Pfarrer und Rabbiner, die im Januar einen »Appeal for Law and Order and Common Sense (Aufruf zu Gesetz und Ordnung und zur Vernunft)« herausgegeben hatten, eine weitere Erklärung. Sie forderten die Neger auf, die Demonstrationen nicht mehr zu unterstützen, lobten die Polizei für ihr Verhalten und kritisierten die Anwesenheit von »Außenseitern«[39].
King antwortete ihnen in einem ausführlichen »Brief aus dem Gefängnis in Birmingham«[40], der ganz im Geiste seiner »Philosophie der Gewaltlosigkeit« verfaßt war. Es hieß darin u. a.: »Sie beklagen die Demonstrationen, die in Birmingham stattfinden. Ich bedaure sagen zu müssen, daß Ihre Erklärung die gleiche Besorgtheit hinsichtlich der Bedingungen vermissen läßt, die zu den Demonstrationen geführt haben. ... Wir haben über 340 Jahre auf unsere verfassungsmäßigen und von Gott gewährten Rechte gewartet. ... Es gibt eine moralische Verpflichtung, ungerechten Gesetzen den Gehorsam zu verweigern. ... War nicht Jesus ein Extremist der Liebe? ... Ich kann mich Ihrem Lob für die Polizei in Birmingham nicht anschließen ...«[41]

Durch die Verhaftung Kings und Abernathys am Karfreitag erhielt

[38] King, Why, S. 71.
[39] Vgl. W. Miller, a.a.O., S. 138.
[40] Abgedruckt in: King, Why, S. 76–95.
[41] King, Why, S. 76 ff. Eine Inhaltsanalyse des »Letter from Birmingham Jail« enthält der Essay von H. Bosmajian: »Rhetoric of Martin Luther King's Letter from Birmingham Jail« (in: Midwest Quarterly, Januar 1967, S. 127–143; wiederabgedruckt in: Martin Luther King, ed. E. Lincoln, S. 128–143).

die Auseinandersetzung in Birmingham endlich eine größere Publizität auf nationaler Ebene[42]. Die Geschäftsleute Birminghams waren jedoch noch nicht zu Zugeständnissen bereit. Die SCLC beschloß daraufhin, die einzige bisher nicht genutzte »Kraftreserve«, die schwarzen Schüler, für die nächste Eskalationsstufe einzusetzen. Über eine Woche lang unterrichteten SCLC-Stabsmitglieder Jugendliche in Klassenräumen und Schulbüchereien in gewaltlosen Techniken. Anfang Mai waren ca. 6000 Schüler organisiert und bereit zu demonstrieren. An dem von Pastor Bevel vorgeschlagenen »D-Day« (2. Mai) versammelten King und andere Stabsmitglieder etwa 300 Negerkinder in einer Kirche, teilten sie in Gruppen von etwa 40 Kindern auf, sangen mit ihnen die Marseillaise der Bürgerrechts-Bewegung »We shall overcome« und entsandten sie zu ihren Demonstrationsmärschen.

Bereits beim ersten Protestmarsch wurden 959 Kinder verhaftet; auf dem Höhepunkt der Kampagne befanden sich 2500 meist jugendliche Demonstranten im Gefängnis. Vor ihrer Verhaftung knieten viele Kinder nieder und beteten oder sangen. Zum erstenmal in der Geschichte der Bürgerrechts-Bewegung gelang es, das Gandhische Prinzip »Füllt die Gefängnisse!« zu realisieren[43].

Am Sonntag, dem 5. Mai, wurde Negern der Zutritt in 17 von 21 weißen Kirchen verwehrt. Für den gleichen Tag war eine Massenversammlung in eine baptistische Negerkirche einberufen worden. Pastor Billups wollte mit den anwesenden ca. 1000 Negern eine Gebetsversammlung in der Nähe des Stadtgefängnisses abhalten. Als sie die Kirche verließen, standen ihnen 50 Polizisten mit einem Wasserwerfer gegenüber. Die Neger knieten nieder, Pfarrer Billups betete laut: »Laßt sie das Wasser andrehen. Laßt sie ihre Hunde einsetzen. Wir weichen nicht. Vergib ihnen, Herr.«[44] Nach dem Bericht von King war die psychologische Wirkung dieser Geste so groß, daß die Polizisten die Demonstranten in die Nähe des städtischen Gefängnisses marschieren ließen[45].

42 Eine größere Zahl liberaler Politiker begann die Forderungen der Neger in Birmingham öffentlich zu unterstützen (vgl. D. Lewis, a.a.O., S. 186).

43 King, Why, S. 98.

44 Zit. in: W. Miller, Martin Luther King, S. 142.

45 King, Why, S. 101.

Während der nächsten Tage attackierten Polizisten die Demonstranten mit Wasserwerfern und Polizeihunden. Bilder, die die nackte Brutalität der Polizei dokumentierten, gingen durch die nationale und internationale Presse. Am 6. und 7. Mai 1963 erreichten die Gewalttätigkeiten der Polizei ihren Höhepunkt.

Die angespannte Situation zwang jetzt die Kennedy-Regierung, ihre stets geübte Neutralität aufzugeben. Beauftragte des Justizministers Robert Kennedy verhandelten mit einflußreichen Geschäftsleuten in Birmingham, und letztere kamen aufgrund der Massendemonstrationen zu der Einsicht, daß die Protestbewegung höchstens durch ein Blutbad aufzuhalten war[46]. Einige Industrielle aus den Nordstaaten machten ebenfalls ihren Einfluß für eine Beendigung des Konflikts geltend.

So konnte King am 10. Mai eine Übereinkunft in vier Punkten bekanntgeben: 1. Aufhebung der Rassentrennung in Erfrischungsräumen, Toiletten, Anproberäumen und an Trinkfontänen innerhalb von 90 Tagen. 2. Beförderung bzw. Einstellung von Negern ohne Diskriminierung innerhalb von 60 Tagen. 3. Freilassung aller inhaftierten Demonstranten. (Das war bei Abschluß der Verhandlungen bereits geschehen). 4. Herstellung öffentlicher Kommunikation zwischen Weißen und Schwarzen durch das »Senior Citizens Committee« oder die Handelskammer[47].

King nannte dieses Ergebnis den »bedeutendsten Sieg der Gerechtigkeit, den wir im tiefen Süden je erlebt haben«.[48] Im Juni waren die Abmachungen erfüllt.

Die Ursachen für den Erfolg der Bürgerrechts-Bewegung in Birmingham wird man vor allem in der sorgfältig durchgeführten Situationsanalyse und der flexiblen Anwendung gewaltloser Taktiken sehen müssen. Die von April bis Mai 1963 andauernde Kampagne war in zweifacher Hinsicht ein »Durchbruch«: Erstens war die Zahl der Demonstranten ungewöhnlich hoch[49], zweitens ging »von den demonstrieren-

46 Vgl. King, Why, S. 104. In Birmingham befanden sich über 1500 Polizisten und »State Troopers«, deren Rassenvorurteile und Brutalität bekannt waren.

47 S. King, Why, S. 105—106.

48 Zit. in: W. Miller, Nonviolence, S. 337.

49 Erstmals in der Geschichte der Bürgerrechts-Bewegung waren über 3000 Neger arretiert worden.

den Kindern der heilsame Schock aus, der die erwachsene Negerbürgerschaft Birminghams in eine geschlossene Front fügte«[50]. Der Erfolg der Bürgerrechts-Bewegung war in hohem Maße mitbedingt durch das brutale Verhalten des Polizeichefs. Die systematische Eskalation der gewaltlosen Aktionen mußte eine Krise herbeiführen, deren Beilegung amerikanische Politiker aus außenpolitischen Motiven[51] und die Geschäftsleute Birminghams aus finanziellen Gründen anstrebten[52]. Zweifellos waren es, wie B. Rustin betont hat, in erster Linie die Auswirkungen des Geschäftsboykotts, die das soziale Gleichgewicht so erschütterten, daß die Bürgerrechts-Bewegung sich gegenüber den rechtsextremen Kräften durchsetzen konnte[53]. Ein weiterer Grund für den schließlichen Erfolg der Bürgerrechts-Bewegung war die wirkungsvolle Kombination von Konversions- und Pressionselementen in den gewaltfreien Aktionen[54]: King und seine Mitarbeiter führten nebeneinander Gebetswachen und einen konsequenten Geschäftsboykott durch.

In Birmingham war tatsächlich der von King erhoffte »Durchbruch« gelungen, insofern »Projekt C« multiplikatorische Wirkung hatte. Vor allem aber waren die Ereignisse in Birmingham neben dem »Marsch auf Washington« (1963) der wichtigste Anstoß dafür, daß Präsident Kennedy dem amerikanischen Kongreß eine »Civil Rights Bill« vorlegte, die 1964 unter Präsident Johnson verabschiedet wurde[55].

Nach dem Abschluß der Vier-Punkte-Übereinkunft verübten weiße Extremisten mehrere Bombenanschläge auf Kirchen und Wohnungen prominenter Negerführer.

Am 14. September warfen sie eine Bombe in eine baptistische Negerkirche, die vier Kinder einer Sonntagsschulklasse tötete[56]. Am Grab

[50] Th. Ebert, Gewaltfreier Aufstand, S. 344.

[51] Dazu: L. Bennett, What Manner, S. 116—117.

[52] Vgl. dazu L. Bennett, What Manner, S. 109.

[53] Vgl. B. Rustin, The Meaning of Birmingham, in: Liberation, Juni 1963, S. 8—9.

[54] Dazu: Th. Ebert, Gewaltfreier Aufstand, S. 83—85; vgl. auch A. Meier, a.a.O., S. 154.

[55] Vgl. D. Lewis, a.a.O., S. 208.

[56] In ihrer Autobiographie »Erwachen in Mississippi« hat die schwarze Amerikanerin A. Moody eindrucksvoll geschildert, wie bei vielen jungen Bürgerrechtlern die Ermordung der vier Kinder zu einer Wende in ihrem Verhältnis

der vier Kinder erklärte der schwarze Schriftsteller John O. Killens: »Als Taktik war Gewaltlosigkeit erfolgreich, aber als grundsätzliche Anschauung müssen wir sie loswerden.«[57] In einer Bemerkung des schwarzen Publizisten Louis Lomax bei der Beerdigung deutete sich die zukünftige Kontroverse um die Strategie der Bürgerrechts-Bewegung an: »Es kommt die Zeit, da der Neger sich bewaffnen muß, um sein Haus zu verteidigen.«[58]

Die Ereignisse nach dem Abschluß von »Projekt C« bewiesen, daß es den Demonstranten nicht gelungen war, das Gewissen des Gegners zu treffen und ihn zu einer Verhaltensänderung zu bewegen[59]. Eines der erklärten Ziele der gewaltlosen Strategie war also nicht erreicht worden.

b 6) Der »Marsch auf Washington«

Nach der Kampagne in Birmingham (1963) fanden innerhalb von zehn Wochen über 750 Bürgerrechtsdemonstrationen in 186 Orten der USA statt. Eine Woche nach der Ermordung des Bürgerrechtlers Medgar Evers im Juni 1963 legte Präsident Kennedy dem Kongreß einen neuen Bürgerrechts-Gesetzentwurf vor. Um eine schnelle Verabschiedung der Bürgerrechtsakte herbeizuführen[60], schlug der schwarze Gewerkschaftler Philip Randolph – wie schon 1941 – eine Massendemonstration in der Regierungshauptstadt, einen »Marsch auf Washington (March on Washington)«, vor[61].

zur gewaltlosen Strategie führte. Die Abwendung von der »Nigger-Religion« und die Abwendung von dem Prinzip der Gewaltlosigkeit fielen bei A. Moody zusammen: »Mit der Gewaltlosigkeit ist es aus. Ich glaube, daß auch Martin Luther King mit dir (= Gott – der Vf.) spricht. Sag ihm, daß die Gewaltlosigkeit ausgedient hat. ... Ich bin fertig mit dir. Wenn Martin Luther King wirklich glaubt, daß mit Gewaltlosigkeit für den Süden erreicht wird, was für Indien erreicht worden ist, dann ist er nicht bei Verstand« (a.a.O., S. 314 u. S. 315).

57 Zit. in: W. Miller, Nonviolence, S. 342.

58 Zit. in: W. Miller, a.a.O., S. 342.

59 Mit A. Meier (a.a.O, S. 146) gegen D. Dellinger (in: Liberation, Nr. 5–6, 1963, S. 21) und Th. Ebert (in: Gewaltfreier Aufstand, S. 344).

60 Vgl. King, Why, S. 122 ff.

61 Vgl. L. Bennett, Confrontation: Black and White, S. 243.

Die Leiter der Bürgerrechts-Organisationen SCLC, CORE, SNCC, NAACP und Urban League erarbeiteten mit vier weißen Liberalen, und zwar mit dem Gewerkschaftsführer W. Reuther und je einem Repräsentanten der protestantischen, der katholischen und der jüdischen Religionsgemeinschaft, ein Programm für den geplanten Marsch[62]. Das Organisationskomitee folgte dem Rat Kings, in den Reden und Erklärungen während des »Marsches auf Washington« nicht nur gegen die Arbeitslosigkeit vieler Neger zu protestieren, sondern gleichzeitig eine schnelle Verabschiedung der Bürgerrechtsgesetze und die Aufhebung der Rassentrennung in den öffentlichen Schulen bis zum Ende des Jahres 1963 zu fordern[63].

Am 28. August 1963 versammelten sich ca. 250 000 Menschen vor dem Lincoln Memorial in Washington, D. C. An der bis dahin größten Massenversammlung in der Geschichte der USA nahmen ca. 60 000 weiße Amerikaner teil. »Die meisten Marschteilnehmer waren Kirchenmitglieder, zumeist liberale Protestanten aus dem Osten und dem Mittelwesten.«[64] King beschrieb die Rolle kirchlicher Gruppen wie folgt: »Bedeutungsvoll bei dem ›Marsch auf Washington‹ war die Teilnahme der weißen Kirchen, die sich bis dahin noch nie so weitgehend, so begeistert und so direkt an einer Demonstration beteiligt hatten. Von einem Journalisten wurde vermerkt, daß der Marsch ›die drei führenden Glaubensgemeinschaften des Landes einander näher gebracht hat als irgendeine andere Frage der Geschichte unseres Landes in Friedenszeiten‹.«[65] Während viele kirchliche Institutionen den Marsch offiziell unterstützten, lehnte die Leitung der größten amerikanischen Gewerkschaft, die AFL-CIO, eine positive Stellungnahme ab[66].

Da der »Marsch auf Washington« sehr diszipliniert verlief, hatte er eine außerordentliche psychologische Wirkung auf Millionen weißer

62 Hauptorganisator wurde der Neger Bayard Rustin, ein pazifistischer Experte in der Strategie gewaltloser Aktion. Die finanziellen Kosten des Marsches wurden von liberalen weißen Geschäftsleuten getragen (Vgl. L. Bennett, Confrontation, S. 242).

63 Vgl. D. H. Smith, Martin Luther King–Rhetorician of Revolt, S. 187.

64 W. Miller, Martin Luther King, S. 168.

65 King, Why, S. 123.

66 Vgl. King, Why, S. 124.

Amerikaner, die durch die Massenmedien über die Demonstration informiert wurden. »Das Stereotyp des Negers erlitt einen heftigen Schlag. Das war offensichtlich in manchem Kommentar, der die Überraschung über die Würde, die Organisationsfähigkeit und selbst die Kleidung und den freundlichen Geist der Teilnehmer widerspiegelte.«[67] Der Marsch hatte aber auch »eine dramatische Wirkung auf die Moral der Neger aus der Mittelschicht. Für viele Neger im Norden bedeutete die Teilnahme am Marsch die erstmalige Entscheidung, das Risiko des Handelns einzugehen«[68].

Aufgrund der großen Teilnehmerzahl und der ungewöhnlichen Publizität des Marsches bezeichnete King den gewaltlosen »Marsch auf Washington« im Jahre 1963 als »die größte Demonstration für Freiheit in der Geschichte unserer Nation«[69]. Dagegen charakterisierte der Negerführer Malcolm X den »March on Washington« später als »Farce on Washington«, als »Ausverkauf«[70]: »Der ursprünglich ›zornige‹ Marsch wurde völlig verändert.«[71] Malcolm X konnte darauf verweisen, daß John Lewis (SNCC) den ursprünglichen Text seiner die Kennedy-Regierung anklagenden Rede »entschärfen« mußte, nachdem der katholische Repräsentant unter den zehn Schirmherren der Veranstaltung, der (weiße) Erzbischof von Washington, mit seinem Rücktritt vom Leitungsgremium gedroht hatte[72].

Daß die Kritik, die Malcolm X äußerte, teilweise berechtigt war, zeigten auch die Reden der vier weißen religiösen Führer: »Die Aura der weißen Liberalen umgab sie.«[73] So wies der Präsident des American Jewish Congress, Rabbi Joachim Prinz, auf seine Erfahrungen mit

67 King, Why, S. 124. Vgl. auch D. H. Smith, a.a.O., S. 198: »Für diejenigen schwarzen und weißen Amerikaner, die über die Veranstaltung durch das Fernsehen oder andere Massenmedien informiert wurden, signalisierte der Tag den Tod des sanften, unterwürfigen Negers, der gelehrt worden war, sich an die Unterdrückung anzupassen.«

68 K. Clark, Dark Ghetto, S. 202.

69 King, I Have a Dream, S. 1 (masch.).

70 Malcolm X, Autobiography, S. 278.

71 Malcolm X, a.a.O., S. 279.

72 Dazu: W. Miller, a.a.O., S. 162. Der ursprüngliche Text der Rede ist abgedruckt in F. Hetmann, Das Schwarze Amerika, S. 284–286.

73 W. Miller, a.a.O., S. 163.

dem Nationalsozialismus, besonders auf das Schweigen der Majorität der Bürger, hin. Dennoch »fehlte eine aggressive Anwendung auf die gegenwärtige Situation völlig«.[74] Von den vier religiösen Führern hatte nur Eugene Carson Blake im Gefängnis gesessen – und zwar einmal – und so einen minimalen Eindruck von den Erfahrungen eines John Lewis bekommen, der 22mal verhaftet und Dutzende Male geschlagen worden war. Waren sie auch Männer ohne Vorurteil, so fehlten ihnen doch die Erfahrungseinsichten selbst der gemäßigtsten ihrer schwarzen Brüder.«[75]

Daß der »Marsch auf Washington« zwar als Klimax vorausgegangener Bürgerrechtsaktionen geplant war, sich aber im wesentlichen auf einen Demonstrationszug und eine Massenversammlung beschränkte, erwies sich als strategischer Mangel: »Der Marsch war nicht als ein Ereignis innerhalb eines zusammenhängenden Aktionsplanes entworfen worden.«[76]

Dennoch hatte der gewaltlose »Marsch auf Washington« ein wichtiges Ergebnis auf nationaler Ebene: Er trug neben der Kampagne in Birmingham wesentlich zur Verabschiedung der Bürgerrechtsgesetze von 1964 bei[77].

b 7) Wählerregistrierung in Selma – Der Marsch von Selma nach Montgomery

Die nächste größere Kampagne der SCLC fand 1965 statt. Damals beschloß die SCLC, die Methoden von Birmingham auf ein bereits begonnenes Wählerregistrierungsprojekt in Selma[78] (Alabama), einer Stadt von ca. 30 000 Einwohnern, zu übertragen.

[74] W. Miller, a.a.O., S. 163—164.
[75] W. Miller, a.a.O., S. 164.
[76] L. Bennett, Confrontation, S. 243.
[77] In den Wochen, die auf den Marsch folgten, waren es vor allem kirchliche Gruppen, die für eine neue Bürgerrechtsakte eintraten. Durch öffentliche Stellungnahmen und Kontakte zu Kongreßabgeordneten wurden Mitglieder kirchlicher Leitungsorgane, Pastoren, Priester, Rabbiner und Delegierte einzelner Kirchengemeinden zur wirkungsvollsten Lobby für die Bürgerrechtsgesetzgebung.
[78] Nur 1 % (!) der Neger von Selma war in den Wählerlisten registriert

Am 2. Januar 1965 proklamierte King in einer Massenversammlung in einer Negerkirche einen »Marsch zu den Wahlurnen zu Tausenden«[79]. Am 1. Februar leiteten King und Abernathy einen Protestmarsch zum Städtischen Gericht, einer der Registrierungsstellen. Alle Demonstranten wurden von Sheriff Jim Clark und seinen Beamten verhaftet[80]. Mehrere gewaltlose Demonstrationen vermochten den Widerstand der weißen Politiker gegen die Registrierung schwarzer Wähler nicht zu brechen.

Am 6. März kam der weiße Pastor einer lutherischen Negergemeinde aus Birmingham, Rev. Joseph Ellwanger, mit 72 Weißen nach Selma und leitete eine Prozession zum städtischen Gericht, wo er eine Erklärung verlas, in der er die brutale Behandlung der Neger und die mangelnde Unterstützung der Wählerregistrierung durch die Bundesregierung kritisierte. Ein Polizist verlas daraufhin ein an den Sheriff von Selma gerichtetes Telegramm des Distriktpräsidenten der lutherischen Missouri-Synode, in dem dieser sich von der Aktion des Pastors distanzierte[81].

Nach der Erschießung eines 26jährigen Negers während einer Bürgerrechtsdemonstration in der Nähe Selmas beschlossen King und die anderen Leiter der Kampagne, am Sonntag, dem 7. März, einen Protestmarsch zum State Capitol in Montgomery durchzuführen, um Gouverneur George Wallace die Beschwerden und Forderungen der schwarzen Bürger vorzutragen.

(D. Lewis, a.a.O., S. 264). Zwischen 1947 und 1964 war die Zahl der registrierten Wähler in Alabama von 6000 (!) auf 110 000 gestiegen, doch waren 370 000 Neger noch immer nicht registriert (vgl. D. Lewis, a.a.O., S. 266).

79 Zit. in: W. Miller, Martin Luther King, S. 206.

80 Am 3. Februar, achtzehn Tage vor seiner Ermordung, kam Malcolm X auf Wunsch von SNCC-Mitgliedern nach Selma. Er galt in der amerikanischen Öffentlichkeit als der radikale Gegenspieler Kings, da er Gewalt als notwendiges Mittel im Befreiungskampf ansah. Er äußerte jedoch zu Mrs. Coretta King, ihr Mann solle wissen, daß er nicht gekommen sei, »seine Arbeit zu erschweren. Ich kam wirklich, weil ich es ihm leichter zu machen glaube. Wenn die Weißen erkennen, worin die Alternative besteht, vielleicht sind sie dann eher bereit, auf Dr. King zu hören« (zit. in: Coretta King, My Life with Martin Luther King, S. 256).

81 Vgl. W. Miller, a.a.O., S. 208.

Der als rassistisch bekannte Gouverneur verbot den geplanten Marsch und gab seinen Beamten Anweisung, ihn mit allen Mitteln zu verhindern. Als die Demonstranten dennoch nach Montgomery aufbrachen, wurden sie von Polizisten und State Troopers brutal attackiert. Über 60 Neger wurden z. T. schwer verletzt.

King kündigte daraufhin einen neuen Protestmarsch an. Er appellierte an die religiösen Führer aus allen Teilen des Landes, sich anzuschließen. Über 440 Nonnen, Priester, Pastoren und Rabbiner, überwiegend Weiße, folgten Kings Aufruf. »In der Geschichte der Vereinigten Staaten hatte die organisierte Religion noch nie in solchem Ausmaß an einem Problem sozialer Gerechtigkeit mitgearbeitet. Die Geistlichen mahnten nicht nur – sie gingen voran.«[82]

Ungewöhnlich war vor allem der hohe Anteil katholischer Priester und Nonnen. Wohl hatten katholische Bischöfe oft stärker als protestantische Kirchenführer den Rassismus in Stellungnahmen kritisiert, doch hatten viele Bischöfe die ihnen unterstellten Priester und Nonnen davor gewarnt, sich »zu sehr zu engagieren«[83]. Der Erzbischof von Washington, D. C., Patrick O'Boyle, gestattete Nonnen und Priestern die Teilnahme an dem geplanten Marsch, wenn sie sich von Reportern und den als »zu radikal« kritisierten Mitgliedern des SNCC fernhalten würden[84].

Während Anhänger der Bürgerrechts-Bewegung nach Selma strömten, erließ ein bundesstaatliches Gericht eine einstweilige Verfügung gegen den geplanten Marsch von Selma nach Montgomery. Präsident Johnson betonte nachdrücklich die Verbindlichkeit der Anordnung. Zur selben Zeit stand King unter psychologischem Druck von seiten junger Bürgerrechtler, die seine Abwesenheit bei der vorherigen Demonstra-

82 W. Hinckle/D. Welsh, The Five Battles of Selma, in: Ramparts, Juni 1965, S. 36.

83 W. Hinckle/D. Welsh, a.a.O., S. 36.

84 Sein Assistent, Bischof John Spence, versuchte, den Abflug der Katholiken zu verhindern, da der für Selma zuständige Bischof Bedenken gegen ein derartiges politisches Engagement geäußert hatte. Auxiliary Bishop Philip Hannon bedankte sich bei einem Universitätsdozenten für die »Information«, daß SNCC von der kommunistischen Partei kontrolliert werde (vgl. dazu W. Hinckle/D. Welsh, a.a.O., S. 37).

tion als Feigheit interpretierten. Er weigerte sich schließlich, den Anweisungen der Bundesregierung Folge zu leisten: »Es ist besser, auf der Landstraße zu sterben als eine Schlachtbank aus meinem Gewissen zu machen.«[85] Allerdings einigte King sich dann mit einem Beamten der Bundesregierung und Selmas Polizeichef Clark, daß die Demonstranten nicht von der Polizei verfolgt würden, wenn sie an einer bestimmten Stelle dem Befehl zur Umkehr Folge leisteten[86].

Trotz des Interesses an der Unversehrtheit der Demonstranten war diese Entscheidung Kings äußerst fragwürdig, da er die Demonstranten nicht über seine Taktik unterrichtete, sondern vielmehr in einer Massenversammlung am Dienstag vor 900 Zuhörern erklärte: »Wir sind zu weit gegangen, um jetzt umzukehren. Wir müssen sie wissen lassen, daß uns nichts aufhalten kann – nicht einmal der Tod selbst.«[87] Nach der Versammlung brachen 1500 Demonstranten auf, darunter 450 Nonnen, Priester, Pastoren und Rabbiner. Sie überquerten die Edmund-Pettus-Bridge und stießen nach ca. 2 km auf bewaffnete State Troopers. Sie knieten nieder, beteten und kehrten dann zurück. Kings Kompromiß wurde offenkundig, als der Kommandeur der State Troopers den Weg nach Montgomery in eben dem Moment freigab, in dem King mit den Demonstranten umkehrte.

Jugendliche Neger, besonders die Anhänger von SNCC, bezeichneten Kings Verhalten als Verrat und Kollaboration mit dem Feind. Der Vorfall am 9. März war »ein entscheidender Wendepunkt in seinen (Kings – der Vf.) Beziehungen zu den militanten Negern.«[88] Die Entfremdung zwischen SCLC und SNCC wuchs, von schwarzen Jugendlichen wurde King immer häufiger ironisch »De Lawd«[89] genannt. Die Spannung zwischen SCLC und SNCC in Selma war Sym-

[85] Zit. in. W. Miller, a.a.O., S. 211.

[86] D. Lewis hat nachgewiesen, daß Kings Bestreitung einer vorherigen Abmachung durch andere Äußerungen Kings selber widerlegt wird. Zu dem Kompromiß war King wohl durch (der SCLC nahestehende) Mitglieder des Community Relations Service (CRS) – einer Abteilung des Justice Department – gedrängt worden. Vgl. dazu: D. Lewis, a.a.O., S. 278–282.

[87] S. Anm. 85.

[88] D. Lewis, a.a.O., S. 281.

[89] In der Umgangssprache der einfachen Neger für »The Lord«.

ptom der generellen Differenz in ihrer politischen Strategie. SNCC lehnte im Gegensatz zur SCLC grundsätzlich jeden Kompromiß mit den etablierten politischen Kräften ab und plante deshalb in Alabama die Bildung einer unabhängigen dritten Partei.

Es bedurfte eines spektakulären Zwischenfalls, um die verschiedenen Bürgerrechtsgruppen wieder zu einen. Am Donnerstag, dem 11. März, erlag der weiße Pastor James Reeb aus Boston seinen Verletzungen, die ihm nach der Demonstration am Dienstag zugefügt worden waren. Mit zwei anderen weißen unitarischen Pastoren war er aus einem Negerrestaurant gekommen und von vier Mitgliedern des Ku Klux Klan zusammengeschlagen worden, die brüllten: »Weiße Nigger! Wo habt ihr Hammer und Sichel?«[90]

Der Tod von Pastor Reeb führte zu einer Radikalisierung der Kirchenführer, der sogenannten »Bible Brigade«. Am Freitag beschlossen sie, trotz des Verbots zum Gericht zu marschieren. Die Kirchenführer versuchten, durch plötzliches Ausweichen auf Nebenstraßen die Polizisten und Soldaten auszumanövrieren, doch wurden sie schließlich umzingelt. Sie improvisierten einen Gedächtnisgottesdienst für Pastor Reeb. Als der Polizeichef ihren Sprecher, Pastor Vivian, verhaften wollte, hakten sich alle Demonstranten ein und riefen: »Verhaftet uns alle!« Nach mehreren Stunden mußten sie sich jedoch zur Brown's Chapel zurückziehen[91].

Presseberichte und Fernsehaufzeichnungen der Zwischenfälle in Selma führten zu Sympathiekundgebungen in der ganzen Nation. Am Freitag nach der Ermordung Pastor Reebs versammelten sich mehr als 4000 Repräsentanten amerikanischer Kirchen vor dem Weißen Haus in Washington, um ihrer Forderung nach neuen Wahlrechtsgesetzen Ausdruck zu verleihen[92].

Ein Bundesgericht hob schließlich das Demonstrationsverbot in der Stadt Selma auf. King führte am 15. März 2000 Menschen in einem

90 Zit. in: W. Miller, a.a.O., S. 212.

91 Dazu: W. Hinckle/D. Welsh, a.a.O., S. 37–40.

92 Dazu W. Miller, Martin Luther King, S. 213. Bischof Spence von Washington riet ihm unterstellten Nonnen allerdings, nicht an einem Gedächtnisgottesdienst für Pastor Reeb teilzunehmen (dazu: W. Hinckle/D. Welsh, a.a.O., S. 37).

Gedächtnismarsch für Reverend Reeb an und hielt eine Rede auf den Stufen des Gerichtsgebäudes[93]. Präsident Johnson erklärte in einer Fernsehrede am gleichen Tag, er werde das neue Wahlrechtsgesetz sofort dem Kongreß vorlegen.

Als Gouverneur Wallace den geplanten Marsch von Selma nach Montgomery verbot, unterstellte Präsident Johnson die Alabama National Guard dem Befehl der Bundesregierung. Am 21. März 1965, zwei Wochen nach den brutalen Ausschreitungen der Polizei, folgten unter dem Schutz der Soldaten über 10 000 Menschen King über die Edmund-Pettus-Bridge am Stadtrand von Selma. 300 Demonstranten durften weiter nach Montgomery marschieren, wo sich ihnen am 25. März ca. 25 000 Menschen anschlossen. King beendete seine Ansprache in Montgomery mit den Worten: »Our God is marching on!«[94]

Die Bürgerrechtskampagne in Selma war im Hinblick auf das kurzfristig zu erreichende Ziel einer Steigerung der Anzahl registrierter Neger zweifellos ein Fehlschlag: »Nach zwei Morden, zahllosen Verletzungen und 3800 Verhaftungen waren nur ca. 50 Neger registriert worden. Die meisten von denen, die sich erfolgreich beworben hatten, fielen bei den komplizierten Qualifikationstests durch.«[95]

Im Hinblick auf das längerfristige Ziel einer Verabschiedung von neuen Wahlrechtsgesetzen waren die Aktionen dagegen ein spektakulärer Erfolg. Wenige Tage nach dem letzten Marsch von Selma nach Montgomery legte Präsident Johnson dem Kongreß die weitreichendsten Wahlrechtsgesetze seit der Rekonstruktionsepoche vor, die mit ungewöhnlicher Schnelligkeit verabschiedet wurden[96]. Bis zum Ende des Jahres 1965 wurden 250 000 Neger neu registriert.

Kennzeichnend für die Aktionen in Selma war somit eine auffallende Differenz zwischen den Ergebnissen auf lokaler Ebene und auf nationaler Ebene[97].

93 Am Sitz des Sheriffs Jim Clark legte King einen Kranz nieder (D. Lewis, a.a.O., S. 285).

94 Etwa: »Die Sache unseres Gottes geht unaufhaltsam voran!« Vgl.: W. Miller, a.a.O., S. 220.

95 W. Miller, a.a.O., S. 216—217.

96 Dazu: J. H. Franklin, a.a.O., S. 639.

97 Die Behauptung des Historikers A. Meier, das »Schema lokalen Scheiterns

Die relativ unbedeutenden Resultate der Kampagne auf der lokalen Ebene, also in Selma selbst, waren vor allem darauf zurückzuführen, daß Märsche und Gebetsversammlungen, die an das Gewissen der Opponenten appellierten, nicht genügend durch wirtschaftliche Druckmaßnahmen wie Boykotts unterstützt wurden.

Dagegen konnte die moralische Dimension der gewaltlosen Strategie auf der nationalen Ebene durchaus Erfolge zeitigen. Durch die Einbeziehung von Geistlichen und Kirchenführern[98] sowie der nationalen Presse erzwang King eine moralische Konfrontation mit der amerikanischen Öffentlichkeit und der Bundesregierung. King behaftete seine Landsleute bei ihrem persönlichen Selbstverständnis als Christen und bei dem offiziellen Selbstbild der USA als Hort der Demokratie, wodurch eine Parteinahme und Identifizierung in dem Konflikt zwischen gewaltlosen, betenden schwarzen und weißen Demonstranten einerseits und rücksichtslosen Polizisten und Soldaten andererseits provoziert wurde[99].

b 8) Erfolge und Grenzen der gewaltlosen Aktionen

In seinem Buch »Where Do We Go from Here?« zog King selber eine Bilanz der gewaltlosen Kampagnen: »Ich übersehe nicht die Grenzen der Gewaltlosigkeit und den langen Weg, den wir noch vor uns haben, wenn ich auf die beachtliche Liste der Errungenschaften hinweise, die schon jetzt durch gewaltlose Aktion erreicht worden sind. Durch die Sit-ins von 1960 wurde erreicht, daß in mehr als 150 Städten innerhalb eines Jahres die Imbißstuben integriert wurden. Die ›Freiheitsfahrten‹ von 1961 machten der Rassentrennung im zwischenstaatlichen

und nationalen Sieges« sei charakteristisch für die von King geleitete Bürgerrechtsbewegung (A. Meier, a.a.O., S. 146), stellt jedoch eine unzutreffende Verallgemeinerung dar.

98 Nach den Erfahrungen von Selma kritisierten viele Geistliche erstmalig von ihren Kanzeln aus Präsident Johnson und die Bundesregierung wegen ihrer Inaktivität. Zwei Pastorendelegationen suchten den Präsidenten auf und verlangten die Entsendung von Truppen nach Alabama, ja sie stellten öffentlich die Bereitschaft der Regierung in Frage, die strikte Einhaltung der neuen Gesetze zu überwachen. (S. W. Hinckle/D. Welsh, a.a.O., S. 47–48.)

99 Vgl. dazu: Th. Ebert, Gewaltfreier Aufstand, S. 69.

Reiseverkehr ein Ende. Der Omnibusboykott von 1956 in Montgomery in Alabama beendete die Rassentrennung ... in praktisch jeder Stadt des Südens. Die Birmingham-Bewegung von 1963 und der ›Marsch auf Washington‹ als Höhepunkt ... führten zur Annahme der weitreichendsten Bürgerrechtsgesetze seit hundert Jahren.«[100]

King hatte zweifellos recht mit der These, die fühlbarsten Gewinne[101] der Bürgerrechts-Bewegung seien durch gewaltlose Aktionen errungen worden[102]. Doch wurde in vielen Städten nach Bürgerrechtsdemonstrationen graduell der politische Status quo ante wiederhergestellt[103].

King erkannte, daß gewaltlose direkte Aktionen auch im Falle geringer politischer Ergebnisse oft wichtige psychologische Konsequenzen hatten: »Die Neger sind jetzt eher bereit, ihre wahre Haltung gegenüber der Rassentrennung zu offenbaren.«[104] In gewaltlosen Aktionen überwanden Tausende von Negern ihre politische Apathie bzw. Resignation. »Gewaltlosigkeit ... diente seinem (i. e. des Negers – der Vf.) Bedürfnis, selbst etwas für seine Befreiung zu unternehmen.«[105]

Gleichermaßen wichtig war der Effekt bei den weißen Südstaatlern: Die der Rationalisierung der Rassendiskriminierung dienende These, die Neger seien im Grunde mit ihrer Position innerhalb der Gesellschaft einverstanden, erwies sich angesichts der Demonstrationen als nicht länger mehr vertretbar.[106] Schließlich wird man es auch als Erfolg der gewaltlosen Aktionen ansehen dürfen, daß durch sie die Brutalität der weißen Südstaatler gegenüber Negern ins öffentliche Bewußtsein drang[107].

100 King, Where, S. 58. King verwies auch auf die verhältnismäßig geringe Anzahl von Todesopfern: Bei Aufständen in Watts, dem Negergetto von Los Angeles, wurden in einer Nacht mehr Menschen getötet als in zehn Jahren gewaltloser Kampagnen. Vgl. King, Where, S. 58.

101 Vgl. P. Good, The Meredith March, in: New South, Sommer 1966, S. 13.

102 Oft gaben freilich Interventionen der Bundesregierung den Ausschlag bei der Durchsetzung politischer Ziele.

103 Vgl. Ch. Silberman, a.a.O., S. 141–144.

104 King, We Are Still Walking, in: Liberation, Dez. 1956, S. 9.

105 King, Why, S. 38.

106 Vgl. Ch. Silberman, a.a.O., S. 142.

107 Vgl. Malcolm X, Autobiography, S. 377.

Die Herausgeber der Zeitschrift »Liberation« faßten die optimale Wirkung der gewaltlosen Aktionen Kings nach dessen Tod zutreffend zusammen: »Eine gewaltlose Bewegung mit dem Ziel einer sozialen Revolution hat die Möglichkeit, die Ausgebeuteten zu mobilisieren und zu stärken (ohne sie ihrerseits zu Tyrannen zu machen), das Establishment zu schwächen und zu demoralisieren (indem sie es seiner scheinmoralischen Rechtfertigungen beraubt) und die ambivalente Mitte zu gewinnen oder zu neutralisieren (die im Fall von Gewalt dazu tendiert, sich auf die Seite der etablierten Ordnung zu stellen)«[108].

Bereits in Montgomery mußte King allerdings feststellen: »Eine realistische Sicht der Lage zwingt mich zuzugeben, daß es vielen Negern schwerfallen wird, den Weg der Gewaltlosigkeit zu gehen.«[109] 1965 urteilte er: »Es darf auf keinen Fall als selbstverständlich angenommen werden, daß die Neger sich unter allen Umständen an die Gewaltlosigkeit halten werden ... Gewaltlosigkeit stellt eine machtvolle Forderung nach Vernunft und Gerechtigkeit dar. Wenn diese Forderung grob zurückgewiesen wird, wird nicht Resignation und Passivität die Reaktion sein.«[110]

Bis zum Jahre 1965 hatte King letztlich jedoch wenig Zweifel an der Effektivität der gewaltlosen Strategie. Die SCLC hatte bis dahin kaum das Verhältnis der Bürgerrechts-Bewegung zur bestehenden wirtschaftlichen Ordnung reflektiert[111]. In der Reaktion auf jene systembedingten Strukturen, die sich in den Gettos manifestieren, mußte sich auch entscheiden, ob die von King geleitete Bürgerrechts-Bewegung an jenem Dilemma partizipierte, in das gewaltlose gesellschaftskritische Gruppen leicht geraten können: »Wer nicht den Übergang zu irrationaler und roher Gewalt mitvollzieht, sieht in die Nachbarschaft jenes Reformismus sich gedrängt, der seinerseits mitschuldig ist am Fortbestand des schlechten Ganzen.«[112]

108 Editorial, in: Liberation, April 1968, S. 4.
109 King, Stride, S. 194.
110 King, Next Stop: The North, in: Saturday Review, 3. 4. 1965, S. 35.
111 So auch: Editorial, Liberation, April 1968, S. 7.
112 Th. Adorno, Stichworte, S. 179.

III *Kings Zielvorstellungen und das Selbstverständnis der amerikanischen Nation – Anknüpfung und Widerspruch*

1. Kings »Traum«

»Ja, ich bin ein praktischer Träumer. Meine Träume sind keine nichtigen Luftgebilde. Ich will meine Träume in die Realität umsetzen, soweit es geht.« (Mohandas K. Gandhi)

Um politische Erfolge zu erringen, mußte die Bürgerrechtsbewegung ihre Zielvorstellungen überzeugend formulieren und legitimieren. Die Rede, die King 1963 im Rahmen des »March on Washington« hielt, ist ein eindrucksvolles Beispiel für die hervorragende Rolle gesellschaftspolitischer Visionen bei dem Bemühen, eine Kommunikation zwischen politischen Gegnern herzustellen. Diese Rede endete ebenso wie Kings Weihnachtspredigt im Jahre 1967 mit dem klimaktisch wiederholten Motiv: »Ich habe einen Traum (I have a dream)«. In seinen Gemeindepredigten, in seinen Reden vor einer größeren Öffentlichkeit wie in seinen Büchern hat King die Zielvorstellungen, die sein Handeln leiteten, als seinen »Traum« bezeichnet. Johannes Hoekendijk hat in einem Gedenkwort King daher zu Recht als »einen Mann mit einem Traum«[1] charakterisiert. Die SCLC stellte der ersten Publikation nach Kings Ermordung das folgende Zitat aus der Josephsnovelle voran: »Seht, da kommt der Träumer her! Wohlan, wir wollen ihn töten ... Wir werden sehen, was aus seinen Träumen wird« (Gen. 37,19-20)[2].

In seiner »I Have a Dream«-Rede ging King von einem politischen Dokument, der Emanzipationsproklamation, aus[3], um dann die amerikanische Verfassung wie die Unabhängigkeitserklärung folgendermaßen zu exegesieren: »Als die Architekten unserer Republik die großartigen Worte der Verfassung und der Unabhängigkeitserklärung schrieben, unterzeichneten sie einen Schuldschein, zu dessen Einlösung

1 J. C. Hoekendijk, a.a.O., S. 85.

2 Soul Force, Vol. 1, no. 2, 1. Mai 1968.

3 Vgl. King, I Have a Dream (masch.), S. 1: »Vor 100 Jahren unterzeichnete ein großer Amerikaner, in dessen Schatten wir heute stehen, die Emanzipationsproklamation ... Doch hundert Jahre später ist der Neger noch nicht frei.«

alle Amerikaner berechtigt sein sollten. Dieser Schein enthielt das Versprechen, daß allen Menschen – ja, schwarzen Menschen ebenso wie weißen Menschen – die unveräußerlichen Rechte auf Leben, Freiheit und das Streben nach Glück garantiert werden würden. ... Deshalb sind wir gekommen, diesen Scheck einzulösen, einen Scheck, der uns auf Verlangen die Reichtümer der Freiheit und die Sicherheit der Gerechtigkeit geben wird. ... Jetzt ist es Zeit, die Versprechungen der Demokratie zu verwirklichen ... Jetzt ist es Zeit, unsere Nation aus dem Flugsand rassischer Ungerechtigkeit zu dem festen Felsen der Bruderschaft emporzuheben.«[4]

Die zitierten Sätze gehörten zu dem vorbereiteten Text, den King in Washington verlas. Tausende von Negern respondierten zu Kings Ausführungen wie in ihren Gottesdiensten: »amen«, »yes«, »talk«, »my Lord«, »hallelujah«[5]. Als King bemerkte, wie stark sie sich mit seiner Artikulation ihrer Probleme und Hoffnungen identifizierten, ging er improvisierend über seinen schriftlichen Text hinaus[6] und beschrieb in großen Bildern seinen »Traum«: »Heute sage ich zu euch, meine Freunde, trotz der Schwierigkeiten von heute und morgen habe ich einen Traum. Es ist ein Traum, der tief verwurzelt ist im Amerikanischen Traum. Ich habe einen Traum, daß eines Tages diese Nation sich erheben wird und der wahren Bedeutung ihres Bekenntnisses gemäß leben wird: ›Wir halten diese Wahrheit für selbstverständlich: daß alle Menschen als gleich geschaffen sind.‹ Ich habe einen Traum, daß eines Tages auf den roten Hügeln von Georgia die Söhne früherer Sklaven und die Söhne früherer Sklavenhalter miteinander am Tisch der Brüderlichkeit sitzen können.«[7] »Ich habe einen Traum, daß eines Tages in Alabama, mit seinen bösartigen Rassisten, mit seinem Gouverneur, von dessen Lippen Worte der Intervention und der Annullierung triefen[8], ... daß eines Tages genau dort in Alabama kleine schwarze Jungen und Mädchen die Hände schütteln mit kleinen weißen Jungen und

4 King, I Have a Dream, S. 1–2.
5 Vgl. D. H. Smith, a.a.O., S. 223.
6 Vgl. L. Bennett, Before the Mayflower, S. 347.
7 King, I Have a Dream, S. 5.
8 Gemeint sind die Versuche des Gouverneurs, die bundesgerichtlich verordnete Aufhebung der Rassentrennung in den Schulen zu verhindern.

Mädchen als Schwestern und Brüder.«[9] Ähnlich lauteten Kings Ausführungen in seiner letzten Weihnachtspredigt: »Ich habe heute noch immer einen Traum, daß eines Tages die stillgelegten Industrien des Appalachia-Gebiets neu belebt werden und die leeren Mägen in Mississippi gefüllt werden und Bruderschaft mehr sein wird als ein paar Worte am Ende eines Gebets, vielmehr erster Punkt in der Agende jedes Gesetzgebers.«[10]

Die, wie E. Bloch es einmal formuliert hat, »formal irreführende Allgemeinheit«[11] der amerikanischen politischen Visionen, die ihrer formelhaften Zitierung inhärente Tendenz, überzugehen zur »Abstraktheit und Statik ..., zur Religion aus toten Schlagworten«[12], wurde von King überwunden durch die Bezugnahme auf konkrete gesellschaftliche Verhältnisse.

King hat stets auf der Realisierbarkeit von Zielvorstellungen wie Brüderlichkeit, Freiheit, Gerechtigkeit und Demokratie insistiert. Mit dem »Traum« verband er die feste Hoffnung, daß die amerikanischen Verfassungsnormen auch zur Verfassungswirklichkeit werden könnten. So verstand er die Aktionen der Bürgerrechts-Bewegung als »Reise zu den Zielen, die in der Präambel zur Verfassung, der Verfassung selbst, der Bill of Rights und den Zusatzartikeln 13–15 ihren Niederschlag gefunden haben.«[13]

In seiner bilder- und visionsreichen Sprache überwand King den Bann der schlechten Gegenwart und verwies auf die unabgegoltenen Verheißungen, die in den politischen Grunddokumenten der USA enthalten sind. Von King verwendete Bilder wie die von dem »Tisch der Brüderlichkeit« oder der »Oase der Freiheit und der Gerechtigkeit«[14] hatten mobilisierende, emanzipatorische Kraft, da ihnen im Gegensatz zu nüchternen Analysen und präzisen Beschreibungen die »Wärme konkreter Antizipation«[15] innewohnte.

9 King, I Have a Dream, S. 5.
10 King, Trumpet, S. 77.
11 E. Bloch, Das Prinzip Hoffnung, S. 196.
12 E. Bloch, a.a.O., S. 195.
13 King, Why, S. 25.
14 King, I Have a Dream, S. 5.
15 E. Bloch, a.a.O., S. 240.

Die bilderreichen Reden Kings waren geprägt von einer »vision language«, deren Bedeutung für gesellschaftsverändernde Praxis jüngst der englische Theologe A. E. Hills betont hat: »›Goal language‹ ist charakterisiert durch ihre ... präzise Formulierung von Problemen, während ›vision language‹ vager und weniger treffend, aber nichtsdestoweniger notwendig ist«.[16] »›Goal language‹ bedarf um ihrer vollen Perspektive willen der ›vision language‹.«[17]

In »integrativen Bildern«[18] wollte King seinen Zuhörern eine neue Vision gesellschaftlichen Zusammenlebens vermitteln. Der »begeisternd-prospektive«[19] Charakter der integrativen Bilder, in denen er die gemeinsamen Hoffnungen und Sehnsüchte seiner Zuhörer zusammenfaßte, bewirkte, daß Ohnmachtsgefühle angesichts der gegebenen politisch-sozialen Situation abgebaut und die Demonstranten zu gemeinsamen politischen Aktionen angeregt wurden. Die Visionen und Bilder, die King in seiner Washingtoner Ansprache im Jahre 1963 verwendete, sollten die Zuhörer gerade nicht »einlullen«, wie der Negerführer Malcolm X behauptete[20], sondern zu einem verstärkten Einsatz in der Emanzipationsbewegung mobilisieren. Kings Traum war ein »Traum nach vorwärts«[21].

2. Kings Kritik der demokratischen Ideologie in den Vereinigten Staaten

> »Der 4. Juli gehört Ihnen, nicht mir. Sie mögen jubeln, ich muß trauern.« (Frederick Douglass, der schwarze Kämpfer gegen die Sklaverei, zu weißen Hörern in einer Rede zum Unabhängigkeitstag 1852)

> »Ich fürchte für mein Land, wenn ich daran denke, daß Gott gerecht ist und daß sein Urteilsspruch einmal kommen muß.« (Thomas Jefferson, 1776)

[16] A. E. Hills, Goal Language and Vision Language in Theology, in: Sociology, Theology and Conflict, edd. D. E. H. Whiteley and R. Martin, S. 140.
[17] A. E. Hills, a.a.O., S. 142.
[18] Dazu s. A. E. Hills, a.a.O., S. 141.
[19] Vgl. E. Bloch, a.a.O., S. 240.
[20] Malcolm X, Autobiography, S. 281.
[21] Vgl. E. Bloch, a.a.O., S. 1616.

Wie die zitierten Passagen aus Kings »I Have a Dream«-Rede belegen, knüpfte er in seinen Zielvorstellungen von der zukünftigen Gestalt der amerikanischen Gesellschaft an grundlegende sozio-politische Dokumente der amerikanischen Geschichte an.[22] Er vermied so in seiner Verkündigung einen Einsatz bei isolierten individuellen Erfahrungen, die nicht mit dem die Gesamtgesellschaft prägenden Bewußtsein vermittelt werden konnten.[23] Durch die Inanspruchnahme traditioneller Symbole amerikanischen Demokratieverständnisses bestritten die Neger ihre von weißen Rassisten behauptete »Normunwürdigkeit«.[24] Insofern hat M. Kempton den kommunikatorischen Aspekt des »March on Washington« zutreffend beschrieben: »Wenn der Marsch bedeutsam war, dann weil er die Akzeptierung der Negerrevolte als Bestandteil des amerikanischen Mythos bedeutete.«[25]

Kings Anknüpfung an das amerikanische Demokratieverständnis blieb jedoch stets eine kritische. Eine demokratisch funktionierende Gesellschaft war für ihn ein Ziel und keinesfalls politische Wirklichkeit. »Die Realität der Rassentrennung ... stand immer den Idealen der Demokratie und des Christentums gegenüber.«[26] So beurteilte er die Stärke des Weltkommunismus als »Urteil über unser Versagen, die Demokratie zur Realität zu machen und die Revolutionen, die wir eingeleitet haben, weiter zu verfolgen.«[27] Im Zusammenhang des Bus-

22 So stellte D. H. Smith 1964 fest, daß King in der Mehrzahl seiner Reden aus der Verfassung oder der Unabhängigkeitserklärung zitierte bzw. auf sie anspielte. Vgl. D. H. Smith, a.a.O., S. 265.

23 G. Myrdal hat darauf hingewiesen, daß auch die Majorität der Neger in den USA die Wertvorstellungen des amerikanischen »Credo« teilt, ungeachtet ihrer noch ausstehenden Realisierung für unterprivilegierte soziale Gruppen. (Vgl. dazu G. Myrdal, a.a.O., S. 4.) In der Geschichte der amerikanischen Nation waren »vereinigende Symbole« von besonderer Bedeutung: Da in den Vereinigten Staaten verschiedene ethnische Gruppen ansässig waren und ständig neue Einwanderergruppen nachströmten, deren sozio-ökonomischer Status sehr unterschiedlich war, ergab sich die Notwendigkeit einer symbolischen Integration aller Amerikaner.

24 Dazu: A. Mitscherlich, Die Unfähigkeit zu trauern, S. 268.

25 M. Kempton, Marching on Washington, in: Freedom Now, ed. A. Westin, S. 272.

26 King, Stride, S. 167.

27 King, Where, S. 190.

boykotts erklärte er: »Die Geschichte hat unserer Generation ein unbeschreiblich wichtiges Ziel aufgegeben: die Vollendung des Prozesses der Demokratisierung.«[28]

Diese Urteile implizieren eine kritische Absetzung Kings und seiner Mitarbeiter von den tiefgreifenden Wirkungen pervertierten demokratischen Bewußtseins in den USA, vom »demokratischen Glauben (democratic faith)«.[29]

Neben jenem Demokratieverständnis, das A. Lincoln und die Bürgerrechtler und Vietnamkriegsgegner verbindet,[30] deren politisches Ziel eine nicht national begrenzte »participatory democracy« (d. h. die Teilnahme aller Bürger an den politischen Entscheidungsprozessen) ist, gibt es eine andere, vor allem außenpolitisch bedeutsame Erscheinungsform der demokratischen Tradition: Der demokratische Sendungsglaube der ersten Siedlergenerationen[31] ist hier in einen »moralischen Imperialismus«[32] umgeschlagen, der sich auch militärisch manifestiert. Entsprechend gelten amerikanische Bürger, die die weltpolitische Sendung der Vereinigten Staaten anzweifeln, als »unamerikanisch«.[33]

King hat in seinen Analysen der amerikanischen Gesellschaft und ihrer Politik die weitverbreitete Überzeugung von deren unzweifelhaft demokratischer Struktur ideologiekritisch zu zerstören versucht. »Seit der Unterzeichnung der Unabhängigkeitserklärung zeigte Amerika auf dem Gebiet der Rassenfrage stets eine schizophrene Haltung. Es war zwischen zwei Ichs hin- und hergerissen – mit dem einen Ich bekannte es sich stolz zur Demokratie und mit dem anderen Ich praktizierte es schmählich das Gegenteil von Demokratie.«[34]

»In den kalvinistischen Ländern blieb«, wie E. Bloch betont hat,

[28] King, Stride, S. 173.

[29] Vgl. dazu: W. Herberg, Protestant, Catholic, Jew, S. 78 und S. 81; K. Krakau, Missionsbewußtsein und Völkerrechtsdoktrin in den Vereinigten Staaten von Amerika, S. 83 ff.; dort weitere Hinweise auf die reiche Literatur zu diesem Thema.

[30] Dazu: H.-E. Bahr, Religiöse Motive amerikanischer Machtpolitik, in: edd. H.-J. Benedict/H.-E. Bahr (Hg.), Kirchen als Träger der Revolution, S. 41.

[31] Dazu: K. D. Bracher, Deutschland zwischen Demokratie und Diktatur, S. 313–336.

[32] W. Williams, zit. nach H.-E. Bahr, a.a.O., S. 17.

[33] Vgl. P. Berger, Kirche ohne Auftrag, S. 68.

[34] King, Stride, S. 167; wörtlich wiederholt in: King, Where, S. 68. Neben

»das Ideal wenigstens ein verbaler, ja formaldemokratischer Richtpunkt für bald aufgegebene Handlungsweisen«.[35] Deshalb konnte King die formale Demokratie beim Wort nehmen, um so auf die noch ausstehende Verwirklichung einer materialen Demokratie hinzuweisen. »Alles, was wir zu Amerika sagen, ist dies: ›Stehe zu dem, was du schriftlich versprochen hast‹.«[36] Die in den politischen Dokumenten genannten Grundrechte fungierten als kritische Antithesen zur Tradition herrschender Vorurteile.[37]

Die anwachsende soziale Bewegung der Unterprivilegierten in den USA deutete King als Kritik an der amerikanischen Formaldemokratie: »Die Idee der Demokratie wird auf eine tiefere Bedeutung verlagert – von der formalen Ausübung des Wahlrechts, die in einem großen Teil der USA für viele Neger noch immer ein Problem ist, zu wirksamer Beteiligung an wichtigen Entscheidungen«.[38]

Offensichtlich ging King von der Erkenntnis aus, daß eine »participatory democracy«, d. h. die aktive Teilnahme aller Bürger an den politischen Entscheidungsprozessen, nur auf der Basis sozialer und ökonomischer Gleichstellung zu realisieren ist.[39] Entsprechend kritisierte er jenes in den USA verbreitete Demokratieverständnis, das auf der These von der Interessenharmonie innerhalb der Gesellschaft beruht und tiefgreifende politisch-ökonomische Konflikte und Interessengegensätze, wie sie die amerikanischen Rassenbeziehungen kennzeichnen, ausblendet[40]. »Die Mehrheit der weißen Amerikaner meint ehrlich

seinen Erfahrungen als Neger in den USA dürften King wohl auch die Analysen R. Niebuhrs zur Kritik des »demokratischen Glaubens (democratic faith)« motiviert haben. In seinen Schriften »The Irony of American History« und »Moral Man and Immoral Society« destruierte Niebuhr politisch-theologisch jenen Traditionsstrang amerikanischer Geschichte, der durch naiv-arrogante Erwählungsgewißheit charakterisiert ist und noch die missionarisch-imperialistische Außenpolitik der USA nach dem 2. Weltkrieg geprägt hat.

35 E. Bloch, Das Prinzip Hoffnung, S. 196.

36 King, I've Been to the Mountain-Top, S. 6.

37 Dazu: A. Mitscherlich, a.a.O., S. 292.

38 King, Where, S. 200. Vgl. King, Trumpet, S. 44; Where, S. 54.

39 Vgl. King, Where, S. 138.

40 Dazu: K. Krakau, Missionsbewußtsein und Völkerrechtsdoktrin in den Vereinigten Staaten, S. 86 und S. 89 ff.

engagiert zu sein für eine gerechte Behandlung der Neger. Sie glaubt, daß die amerikanische Gesellschaft grundsätzlich zur Fairneß und zu einem Utopia des Mittelstandes einschließlich harmonischer Rassenbeziehungen bereit sei. Aber unglücklicherweise ist das ein Phantasiegebilde der Selbsttäuschung und Selbstgefälligkeit.«[41]

Im Rückgriff auf ein Symbol amerikanischer Demokratie verdeutlichte King, daß aufgrund der sozio-ökonomischen Struktur der amerikanischen Gesellschaft die liberale Demokratie zu einer sozialen weiterentwickelt werden müsse: »Aus den verschiedensten Richtungen strömen die Tendenzen zu einer zeitgemäßen sozialen und wirtschaftlichen Bill of Rights als Ergänzung der politischen Bill of Rights der Verfassung zusammen.«[42]

Resumierend kann gesagt werden, daß King demokratische Visionen kritisch rezipierte. M. a. W.: Es handelte sich nicht um traditionalistische Rückbeziehungen, ohne Berücksichtigung der veränderten gesellschaftlichen Verhältnisse. Indem King die demokratischen Visionen auf die konkrete Situation der unterprivilegierten Neger bezog, deren Bedürfnisse in der Ideologie des »demokratischen Glaubens« ausgeblendet waren, gewannen Zielvorstellungen wie »Freiheit«, »Gleichheit«, »Gerechtigkeit« und »Versöhnung« eine neue Qualität.

3. Kings Erneuerung des demokratischen Ethos von christlichen Motiven her

> »Wir halten diese Wahrheiten für selbsteinsichtig, daß alle Menschen gleich geschaffen und von ihrem Schöpfer mit gewissen unveräußerlichen Rechten ausgestattet sind, darunter das Recht auf Leben, Freiheit und das Verlangen nach Glück.« (Aus der Einleitung der amerikanischen Unabhängigkeitserklärung)

King nahm in seinen Zielvorstellungen neben Motiven der amerikanischen demokratischen Tradition auch Visionen aus dem biblisch-christlichen Traditionsbereich, wie die des »Verheißenen Landes«, auf. Dabei handelte es sich nicht um ein additives Nebeneinander biblischer

[41] King, Where, S. 4—5.
[42] King, Where, S. 199—200.

und demokratischer Motive, vielmehr nahm King einen positiven sachlichen Zusammenhang der demokratischen Zielvorstellungen mit biblischen Motiven bzw. christlichen credenda an: »Wir werden unsere Freiheit gewinnen, weil sowohl das heilige Erbe unserer Nation als auch der ewige Wille des allmächtigen Gottes in unseren wiederholten Forderungen verkörpert sind.«[43] Segregationisten bezeichnete King als »Brüder, (die) den wahren Sinn von Demokratie und Christentum vergessen haben«.[44]

Indem King seine Zielvorstellungen in erster Linie aus politisch-rechtlichen Traditionen, nicht aber direkt aus biblischen bzw. kirchlich-dogmatischen Traditionen ableitete und dabei das, »was das Beste im amerikanischen Traum« ist, zugleich als sachgemäße Auslegung der »heiligsten Werte unseres jüdisch-christlichen Erbes«[45] ansah, maß er dem Phänomen der Christentumsgeschichte theologische Relevanz für seine Verkündigung bei; einer Christentumsgeschichte, die grundsätzlich nicht auf den engeren Bereich einer traditionell verstandenen Kirchengeschichte beschränkt ist. King ging davon aus, daß in der amerikanischen Gesellschaft christliche Motive und Impulse in Gestalt politischer Visionen und Verfassungsnormen vermittelt sind. Den Zusammenhang zwischen demokratischen Zielvorstellungen und biblisch-christlichen Motiven verstand er teils als direkten geschichtlichen Wirkungszusammenhang, teils als strukturelle Richtungsgleichheit[46] demo-

43 King, The Role of the Behavioral Scientist, in: American Psychologist, März 1968, S. 185; vgl. King, Why, S. 93 und S. 94.

44 King, Strength, S. 160.

45 King, Why, S. 94. Auf den historischen Zusammenhang von christlichen Motiven und demokratischem Ethos in den USA kann im Rahmen dieser Arbeit nicht näher eingegangen werden.

46 Vgl. hierzu die Überlegungen T. Rendtorffs in bezug auf die inhaltlich verwandten Menschenrechte: »Die Frage, ob das Wesen der Menschenrechte theologisch-dogmatisch herleitbar ist oder nicht, ist abgelöst durch die andere, ob die Struktur der Menschenrechte christlicher Einsicht entspricht. Anders ausgedrückt: Statt die Legitimitätsfrage zu stellen, die insbesondere in lutherischer Tradition häufig zuungunsten der Menschenrechte entschieden wurde, ist es heute nur sinnvoll, auf solche Zensierung der Menschenrechte zu verzichten und in ihnen vielmehr das zu entdecken, worin sie mit christlichem Denken richtungsgleich sind.« (in: Freiheit und Recht des Menschen – Theo-

kratischer Vorstellungen mit christlichen Einsichten. Wenn King demokratische Zielvorstellungen als Elemente der christlichen Wirkungsgeschichte rezipierte, so hatte die Berufung auf diesen Zusammenhang bei ihm polemische Funktion. Die Kritik des »demokratischen Glaubens« vollzog er nicht nur durch den Verweis auf die Ursprünge der amerikanischen Demokratie oder die faktischen Verhältnisse in den USA. Häufig führte er demokratische Vorstellungen auf ihre biblischen Ursprünge zurück oder interpretierte sie von richtungsgleichen biblischen Einsichten her, um ihnen so eine neue Dynamik zu verleihen. Er bestritt damit den politischen Gegnern der Freiheitsbewegung das Recht ihrer (ideologischen) Reklamation demokratischer Traditionen.

Die Zahl biblischer Motive und Vorstellungen, auf die King seine demokratischen Zielvorstellungen ausdrücklich zurückführte, war begrenzt. Drei hob er besonders hervor: 1. die Lehre von der Gottesebenbildlichkeit des Menschen; 2. »die Lehre von der Vaterschaft Gottes und der Bruderschaft der Menschen«[47]; 3. die alttestamentliche Exodustradition.

Mit dem Dogma der Gottesebenbildlichkeit legitimierte King die Zielvorstellung der »(Menschen-)Würde«, aber auch die der »Gleichheit«. »Tief verwurzelt in unserem religiösen Erbe ist die Überzeugung, daß jeder Mensch Erbe eines Vermächtnisses von Würde und Wert ist. Unsere jüdisch-christliche Tradition bezeichnet diese dem Menschen inhärente Würde mit dem biblischen Begriff des ›Ebenbildes Gottes‹«.[48]

Die primär politischen Visionen der »Gleichheit«, »Gerechtigkeit«, »Freiheit« und »Brüderlichkeit« verstand er als neuzeitliche Bestätigungen der »Lehre von der Vaterschaft Gottes und der Bruderschaft der Menschen«.[49] »Die großen religiösen Führer ... lehren, daß alle Menschen, gleich welcher Rasse oder Hautfarbe, Kinder eines Vaters und deshalb untereinander Brüder sind.«[50]

logische Überlegungen zur Menschenrechtserklärung, in: Lutherische Rundschau, 1968, S. 217.)

47 King, Stride, S. 187.

48 King, Where, S. 97; vgl. auch S. 180.

49 King, Stride, S. 187; vgl. Strength, S. 162.

50 King, We Are Still Walking, a.a.O., S. 8.

Daneben war es vor allem die paulinische Vorstellung von der Einheit in Christus, mit der King jene Zielvorstellungen begründete.[51] Die Rassentrennung in den USA interpretierte er nicht nur als eklatante Verletzung demokratischer Prinzipien, sondern auch als »Leugnung der Einheit, die wir alle in Christus haben.«[52] Die Parallelität der Formulierungen: »der weitreichende Universalismus im Zentrum des Evangeliums«[53] und: »der Universalismus im Zentrum der Unabhängigkeitserklärung«[54] ist ein deutlicher Beweis dafür, daß King demokratische Zielvorstellungen als mit christlichen Einsichten richtungsgleiche Traditionen rezipierte.

Von besonderer Bedeutung für Kings Interpretation des demokratischen Freiheitsbegriffs war die alttestamentliche Exodustradition.

In erster Linie bezog sich King auf den Exodus als ein historisches Ereignis, als einen aufschlußreichen Ausschnitt aus der weiterlaufenden Geschichte der politischen Emanzipation unterdrückter Gruppen: »Die Bibel erzählt uns die aufregende Geschichte, wie Moses vor Jahrhunderten im Hofe des Pharao stand und rief: ›Laß mein Volk ziehen!‹ Das war das erste Kapitel in einer weitergehenden Geschichte. Der augenblickliche Kampf in den Vereinigten Staaten ist ein späteres Kapitel derselben Geschichte.«[55]

Die Motive des alttestamentlichen Exodus waren für King also Ausdruck gleichsam archetypischer Erfahrung[56]. In der Weise der Figuraldeutung[57] — doch unter Berücksichtigung geschichtlicher Entwicklungen und Unterschiede[58] — interpretierte er den Befreiungskampf der amerikanischen Neger und der kolonialisierten Völker als Kampf gegen die Unterdrückung durch die Pharaonen der Neuzeit, die den

51 Vgl. King, Trumpet, S. 72. Vgl. Gal 3, 28; 1. Kor 12, 13; Kol 3, 11.

52 King, Facing the Challenge of a New Age, in: Fellowship, Februar 1957, S. 91; vgl. King, Strength, S. 160.

53 King, Stride, S. 182.

54 King, Strength, S. 21.

55 King, Where, S. 170.

56 Vgl. J. H. Smylie, On Jesus, Pharaohs, and the Chosen People — Martin Luther King as Biblical Interpreter and Humanist, in: Interpretation, Januar 1970, S. 81.

57 Vgl. E. Auerbach, Mimesis, bes. S. 74 ff.

58 Vgl. King, Where, S. 58—59 und S. 169—170.

Exodus aus dem »Ägypten des Kolonialismus und Imperialismus«[59] durch partielle Zugeständnisse oder Gewalt zu verhindern suchen[60]. King setzte also die Situation der Unterdrückten in den USA in Parallele zu den Erfahrungen und Hoffnungen jüdisch-frühchristlicher Gruppen.[61]

Auch die Geschichte Jesu und seiner Gemeinde interpretierte er unter dem Aspekt der Befreiung unterdrückter Gruppen: »Der Glaube, daß Gott auf der Seite von Wahrheit und Gerechtigkeit ist, ist auf uns gekommen aus der langen Tradition des christlichen Glaubens. Etwas im Zentrum unseres Glaubens erinnert uns daran, daß die Sorgen von Karfreitag uns einen Tag begleiten mögen, aber schließlich dem Triumph von Ostern weichen müssen.«[62] Den Schluß seiner Rede bei der »Prayer Pilgrimage« im Jahre 1957 leitete er mit den Worten ein: »Laßt uns erkennen, daß wir bei unserem Kampf für Gerechtigkeit und Freiheit kosmischen Beistand haben. Das geht aus dem langbewährten Glauben der jüdisch-christlichen Tradition hervor.«[63]

Beim Rückbezug seiner Zielvorstellungen auf biblische Traditionen stützte sich King auch auf eine begrenzte Zahl von Prophetenworten.[64]

Am häufigsten zitierte er Am. 5,24: »Es ströme wie Wasser das Recht und die Gerechtigkeit wie ein unversieglicher Bach!«[65] Mit diesem Wort faßte er seine Zielvorstellungen für die Völker Lateinamerikas, Afrikas und Asiens zusammen[66], in seiner letzten Rede schloß er dies

59 King, Facing the Challenge of a New Age, a.a.O., S. 26.

60 So nannte King z. B. die City Commissioners von Montgomery »Pharaonen des Südens« (Strength, S. 73). Eine Zusammenstellung ähnlicher Zitate findet sich bei J. H. Smylie, a.a.O., S. 81 ff.

61 Vgl. dazu J. H. Smylie, a.a.O., S. 82.

62 King, Facing the Challenge of a New Age, a.a.O., S. 8.

63 King, Prayer Pilgrimage Speech (masch.), S. 4; vgl. King, Trumpet, S. 75.

64 Das entsprach auch Kings Selbstverständnis: »So, wie die Propheten des 8. Jahrhunderts vor Christi Geburt ihre Dörfer verließen, ... stehe ich unter dem Zwang, das Evangelium der Freiheit über die Grenzen meiner Heimatstadt hinauszutragen.« (King, Why, S. 77.) Der Begriff »Evangelium« hat hier offensichtlich eine politisch-soziale Dimension.

65 Zit. z. B. in: Strength, S. 96; I Have a Dream, S. 4; A Challenge to the Churches and Synagogues, o. S.

66 King, Honoring Dr. DuBois, in: Freedomways, Frühjahr 1968, S. 110 bis 111.

Wort an eine Aufzählung der in der Verfassung garantierten Grundrechte an[67].

Die Vision von Jes. 40, 4.5[68] bezog er auf die Änderung des politischen und sozialen Status quo und einen weltweiten Kampf gegen Armut, Rassismus und Militarismus[69]. Mit den Visionen von Micha 4, 3–4[70] und Jes. 11,6–8 und 65, 25[71] illustrierte er seine Zielvorstellungen des Friedens und der »beloved community«[72].

An den vorangegangenen Zitaten – so läßt sich zusammenfassend sagen – wird deutlich, daß biblisch-christliche Visionen und Motive im Rahmen der Zielvorstellungen Kings den Charakter einer »gefährlichen Erinnerung«[73] hatten: Da King bei ihrer Rezeption auf die berechtigten Interessen der Unterdrückten, auf die Lebensrechte der zu Feinden der Nation deklarierten Gruppen hinwies[74], standen sie in Konflikt mit den Ansprüchen und Ideologien emanzipationsfeindlicher gesellschaftlicher Gruppen. Indem er der Öffentlichkeit bewußt machte, daß die uneingeschränkte Realisierung jener christlichen Visionen in den politisch-sozialen Verhältnissen noch ausstehe, legte er die emanzipationsfreundliche Dimension christlicher Motive wie »Gottebenbildlichkeit«, »Bruderschaft« und »Versöhnung« frei. Deren Funktion läßt sich daher – mit Worten von J. B. Metz – wie folgt beschreiben: »Jene gefährliche Erinnerung ... durchbricht den Zauberkreis des

67 King, I Have Been to the Mountain-Top (masch.), S. 6/7.

68 »Jedes Tal soll sich heben, und jeder Berg und Hügel soll sich senken ..., daß die Herrlichkeit des Herrn sich offenbare ...«

69 Vgl. King, Speeches, S. 12; I Have a Dream, S. 6; Trumpet, S. 77.

70 »Und sie werden ihre Schwerter zu Pflugscharen schmieden ... Sie werden ein jeder unter seinem Weinstock und unter seinem Feigenbaum sitzen ...«

71 »Da wird der Wolf zu Gast sein bei dem Lamme und der Panther bei dem Böcklein lagern ...«; »Wolf und Lamm werden einträchtig weiden, und der Löwe wird Stroh fressen wie das Rind ...«

72 Vgl. dazu: King, Trumpet, S. 33 und S. 77 (King zitiert häufig ungenau).

73 J. B. Metz, »Politische Theologie« in der Diskussion, in: Diskussion zur »Politischen Theologie«, hrsg. von H. Peukert, S. 287.

74 In der »I Have a Dream«-Rede wie in dem »Christmas Sermon on Peace« wechseln entsprechend Beschreibungen der ungerechten Sozialverhältnisse und biblische Verheißungen einander ab.

herrschenden Bewußtseins. Sie reklamiert unausgestandene verdrängte Konflikte und unabgegoltene Hoffnungen.«[75]

In dem 1968 verfaßten sogenannten »Testament of Hope« hat King diese »gefährliche Erinnerung« in eindrucksvoller Weise beschrieben: »Vor 2000 Jahren sagte eine Stimme aus Bethlehem, daß alle Menschen gleich sind. Sie sagte, Recht werde triumphieren. Jesus von Nazareth schrieb keine Bücher; er besaß kein Eigentum, das ihm Einfluß verlieh. Er hatte keine Freunde an den Höfen der Mächtigen. Aber er änderte den Kurs der Menschheit mit den Armen und Verachteten allein. Mögen wir auch naiv und unbedarft sein, die Armen und Verachteten des 20. Jahrhunderts werden diese Ära revolutionieren. In ›unserer Arroganz, Gesetzlosigkeit und Undankbarkeit‹ werden wir für menschliche Gerechtigkeit, Brüderlichkeit, sicheren Frieden und Fülle für alle kämpfen. Wenn wir diese Ziele erreicht haben – im Geist unerschütterlicher Gewaltlosigkeit – dann, in leuchtendem Glanz, wird die christliche Ära wahrlich beginnen.«[76]

75 J. B. Metz, a.a.O., S. 287. Metz hat den kritisch-befreienden Charakter biblischer Verheißungen in der Entfaltung seiner »memoria«-These darzustellen versucht. Vgl. dazu neben dem genannten Aufsatz auch: J. B. Metz, Kirchliche Autorität im Anspruch der Freiheitsgeschichte, in: Metz/Moltmann/Oelmüller, Kirche im Prozeß der Aufklärung; dort bes. S. 71–73.

76 King, A Testament of Hope, a.a.O., S. 8.

D Die zweite Phase der von King und seinen Mitarbeitern organisierten Bürgerrechts-Bewegung: Weiterentwicklung zu einer sozialen Bewegung aller Unterprivilegierten – Vom spontanen Protest zu gewaltlosen Aktionen massenhaften zivilen Ungehorsams

I *Erfolgskontrolle der bis 1965 durchgeführten Aktionen*

Lord, we ain't what we oughta be,
We ain't what we wanna be,
We ain't what we gonna be,
But thank God, we ain't what we was.

(Herr, wir sind nicht, was wir sein sollten,
wir sind nicht, was wir sein wollen,
wir sind nicht, was wir sein werden,
aber – Gott sei Dank! – sind wir nicht, was wir waren.)
(Worte eines Negerpredigers)

What happens to a dream deferred?
Does it dry up like a raisin in the sun?
Or does it explode?
(Was geschieht mit einem Traum, dessen Erfüllung hinausgezögert wird?
Schrumpft er wie eine Rosine in der Sonne?
Oder explodiert er?) (Langston Hughes)

1962 erklärte der amerikanische Soziologe Arnold Rose: »Ich wage die Voraussage des Endes aller formellen Rassentrennung und Diskriminierung innerhalb eines Jahrzehnts und der Abnahme informeller Rassentrennung und Diskriminierung, so daß in zwei Jahrzehnten nur noch ein Schatten von ihnen übrig sein wird.«[1] In schroffem Gegen-

[1] In der Einleitung zu: G. Myrdal, An American Dilemma, 1964, S. XIII.

satz dazu behaupteten wenig später Lewis Killian und Charles Grigg: »Die Krise in den Rassenbeziehungen steht in ihrem Ernst nur der Bedrohung durch einen Atomkrieg nach.«[2]

King schloß sich 1963 eindeutig den optimistischen Prognosen über die zukünftigen Rassenbeziehungen in den USA an; er erwartete die Aufhebung der Rassentrennung innerhalb der nächsten fünf Jahre[3]. Aber bereits im November des Jahres 1965 beurteilte er die politische Situation wesentlich skeptischer: »Im Norden ... änderte sich das abstoßende Leben der Neger in den Slums nicht zum Guten, sondern zum Schlechten. Die Unterdrückung in den Gettos hat an Intensität zugenommen. ... Während meiner Reisen durch den Norden wurde ich zunehmend desillusioniert hinsichtlich der dortigen Machtstrukturen.«[4]

Zwischen diesen so divergierenden Urteilen Kings lagen die Unruhen von Watts, dem Negergetto von Los Angeles. Jene Unruhen von 1965 waren die schwersten seit Ende des zweiten Weltkrieges; 34 Menschen, überwiegend Neger, wurden getötet, der Sachschaden betrug ca. 35 Millionen Dollar[5].

Obwohl King und die SCLC ihre Arbeit auf die Südstaaten konzentriert hatten, nahmen sie die Ereignisse im städtischen Westen der USA zum Anlaß einer selbstkritischen Erfolgskontrolle ihrer bisherigen Praxis: »Die Flammen von Watts ... warfen ein Licht auf die Unzulänglichkeiten der Bürgerrechtsbewegung.«[6]

King sah zu diesem Zeitpunkt auf das Jahrzehnt, das mit dem Busboykott in Montgomery begann, als erste Phase der Bürgerrechts-Bewegung zurück, die durch eine zweite Phase mit neu definierten Zielen abgelöst werden müsse. »Mit Selma und dem Wahlrechtsgesetz endete ein Stadium der Entwicklung der Bürgerrechtsrevolution. ... Für die große Mehrheit der weißen Amerikaner war das letzte Jahrzehnt – die erste Phase – ein Kampf darum gewesen, daß der Neger einigermaßen anständig, nicht als Gleicher, behandelt wurde.«[7]

2 L. Killian/Ch. Grigg, Racial Crisis in America, S. 143.
3 So King in: New York Times Magazine, 25. 8. 1963, S. 60.
4 King, Next Stop: The North, in: Saturday Review, 13. 11. 1965, S. 33.
5 Dazu: Riot Commission Report, S. 38.
6 King, Next Stop: The North, a.a.O., S. 33.
7 King, Where, S. 3–4.

Als positive Ergebnisse der ersten Phase der Bürgerrechts-Bewegung stellte King vor allem folgende Fakten heraus: die öffentliche Dramatisierung des Rassenproblems, die Erschütterung des Systems der Segregation und die Entstehung eines neuen Selbstbewußtseins bei vielen Negern in den Südstaaten[8]. »Ich meine, vermutlich ist dies der größte Sieg, daß der Neger ein neues Gefühl der Würde, ein neues Bewußtsein seiner eigenen Bestimmung und ein neues Gefühl der Selbstachtung besitzt.«[9] »Er erlangte Manneswürde in einer Gesellschaft, die ihn immer ›boy‹ genannt hatte.«[10]

Selbstkritisch registrierten King und seine Mitarbeiter aber auch die negativen Aspekte der ersten Phase der Bürgerrechtsbewegung: »Das Jahrzehnt von 1955 bis 1965, mit seinen konstruktiven Elementen, führte uns in die Irre. Alle, Aktivisten und Sozialwissenschaftler, unterschätzten das Ausmaß der Gewalt und des Zorns, das die Neger unterdrückten, und das Ausmaß der Heuchelei, das die Mehrheit der Weißen zu verhehlen suchte.«[11] King erkannte die wachsende Bedeutung des »white backlash«, der gegen die Bürgerrechts-Bewegung gerichteten weißen Reaktion, die er noch 1965 als marginales Phänomen der amerikanischen Gesellschaft angesehen hatte.[12]

Als »entscheidenden Irrtum« der Bürgerrechtsbewegung bezeichnete er »die Erwartung eines Stillstandes in den Gettos.«[13] »Führende Bürgerrechtler hatten lange gemeint, der Norden würde indirekt von

8 Vgl. Kings Äußerung in der New York Times vom 2. 4. 1967, S. 76: »Wir haben das Problem öffentlich gemacht, so daß ... keiner sagen kann, es gebe kein Rassenproblem.«

9 King, in: New York Times, 2. 4. 1967, S. 76.

10 King, Where, S. 16.

11 A. Young, in: J. McGraw, An Interview with A. Young, in: Christianity and Crisis, 22. 1. 1968, S. 324—325.

12 Vgl. King, Trumpet, S. 6. In: Where, S. 12, spricht King von einer Phase der »Konterrevolution«. Vgl. King, Trumpet, S. 6: »Als die Neger sich nachdrücklich anschickten, die zweite Sprosse der Leiter zu ersteigen, erwuchs aus der ›white community‹ zäher Widerstand. Dieser Widerstand kennzeichnet die zweite Phase, die wir gegenwärtig erleben.« Ferner: King, Where, S. 4: »Es zeigte sich, daß der weiße Rassist und der gewöhnliche weiße Bürger mehr miteinander gemeinsam hatten als mit den Negern.«

13 King, Next Stop: The North, a.a.O., S. 34.

der Auseinandersetzung im Süden profitieren.«[14] »Watts ... traf uns völlig unvorbereitet. ... Watts warf die ökonomische Frage auf, bevor wir bereit waren, uns ihr zu stellen.«[15]

Tatsächlich hatte sich in den 60er Jahren die wirtschaftliche Lage der Neger ständig verschlechtert.[16] Die Zahl un- und unterbeschäftigter Neger war 1965 höher als 1954, während im gleichen Zeitraum das durchschnittliche Einkommen der Neger von 57 % auf 54 % des entsprechenden Verdienstes von Weißen gefallen war.[17] 1965 waren prozentual weniger Schulen desegregiert als 1954.[18] Die Soziologen Lee Rainwater und William Yancey urteilten deshalb über den damaligen Stand der Bürgerrechtsbewegung: »Das Jahr 1965 könnte in der Geschichte bekannt werden als die Zeit, in der die Bürgerrechtsbewegung entdeckte — im Sinne einer expliziten Bewußtwerdung —, daß die Beseitigung des gesetzlich gestützten Rassismus keineswegs zur Gleichstellung der Neger führen würde.«[19]

Kings Mitarbeiter Bayard Rustin charakterisierte daher den Unterschied zwischen der ersten und der zweiten Phase der Bürgerrechts-Bewegung folgendermaßen: »Von 1955 bis 1965 bestanden die Ziele der Bewegung hauptsächlich darin, das Wahlrecht der Neger zu sichern und öffentliche Einrichtungen zu integrieren ... In der gegenwärtigen Periode sehen wir uns konfrontiert mit den komplexen Problemen der Wohnungsverhältnisse, der Arbeitsplätze und der Ausbildung, die nicht nur Neger, sondern auch Weiße betreffen.«[20]

Als eine weitere grundsätzliche Schwäche der ersten Phase sah King die unzureichende Selbstorganisation der Neger an: sie erschwerte die Erringung einer wirtschaftlichen und politischen Machtposition. »Ob-

[14] King, ebd., S. 33.

[15] King, The Role of the Behavioral Scientist, a.a.O., S. 181.

[16] Vgl. King, Testament, S. 5.

[17] Vgl. B. Rustin, From Protest to Politics, in: The Civil Rights Reader, hrsg. von L. Friedman, S. 333—335.

[18] Umfassendes Zahlenmaterial sowie Literaturhinweise zu diesem Problem enthält: F. Sleeper, Black Power and Christian Responsibility, S. 34 ff.

[19] L. Rainwater/W. Yancey, The Moynihan Report and the Politics of Controversy, S. 11.

[20] B. Rustin, The Lessons of the Long Hot Summer, in: Commentary, Oktober 1967, S. 43; deutsche Übersetzung in: Weltfrieden und Revolution, hrsg. von H.-E. Bahr, S. 167—184.

gleich unsere Aktionen kühn und von Erfolg gekrönt waren, waren sie im wesentlichen spontan und improvisiert.«[21]
King beschrieb deshalb die erste Dekade der Bürgerrechts-Bewegung als »frühe, jetzt unzulängliche Protestphase.«[22] Er erkannte, daß die sozioökonomischen Strukturen durch Aktionen wie Demonstrationsmärsche und Gebetswachen nicht verändert werden konnten.[23]

Das Ergebnis und die generelle strategische Konsequenz der von der SCLC durchgeführten Erfolgskontrolle faßt ein Votum Bayard Rustins aus dem Jahre 1965 zutreffend zusammen: »Welchen Wert hat es, Zugang zu öffentlichen Einrichtungen zu gewinnen, für die, die kein Geld haben, sie zu benutzen? ... Techniken direkter Aktion müssen einer Strategie untergeordnet werden, die danach verlangt, ›community‹-Institutionen oder Machtbasen zu errichten. ... Was als Protestbewegung begann, muß jetzt in eine politische Bewegung umgewandelt werden.«[24]

II *Versuch einer Erschütterung der sozioökonomischen Getto-Strukturen*

»Was die weißen Amerikaner nie ganz verstanden – während es der Neger nie vergessen kann – ist, daß die weiße Gesellschaft zutiefst in die Existenz der Gettos verwickelt ist. Weiße Institutionen schufen sie, weiße Institutionen erhalten sie aufrecht, und die weiße Gesellschaft ist immer bereit, zu entschuldigen, daß es diese Gettos gibt.« (Aus dem Bericht der von der USA-Regierung eingesetzten Kerner-Kommission, 1968)

»Das weiße Amerika hat den Markt in der schwarzen ›community‹ erkannt; das schwarze Amerika muß die Möglichkeiten dieses Marktes erkennen.« (Stokely Carmichael)

[21] King, Where, S. 137.
[22] King, Trumpet, S. 48.
[23] Vgl. King, Let Justice Roll Down, in: The Nation, 15. 3. 1965, S. 272: »Straßendemonstrationen im Süden offenbaren den brutalen Faschismus, der der dortigen sozialen Ordnung zugrundeliegt. Zu einem solchen Ergebnis führt ein ähnlicher Versuch im Norden nicht.«
[24] B. Rustin, From Protest to Politics, a.a.O., S. 334.

Mit der Parole: »Die nächste Station: Der Norden! (Next Stop: The North)«[1] löste sich King 1965 von dem seit einem Jahrzehnt eingeschlagenen Kurs. Er und seine Mitarbeiter dachten bei dem Stichwort »Norden« an jene sozio-ökonomischen Bedingungen, die zur Entstehung und ständigen Vergrößerung der Negergettos in vielen Großstädten der USA geführt hatten[2]. Die Ausdehnung des Aktionsradius der SCLC bedeutete daher zugleich die Hinwendung zu einem neuen Problembereich: der strukturell bedingten wirtschaftlichen Unterprivilegierung der Gettobewohner.

Zunächst wurden zwei Projekte zur Änderung der Getto-Strukturen entworfen: die »Operation Brotkorb (Operation Breadbasket)« in Chicago und die sog. »Freiheitsbewegung von Chicago (Chicago Freedom Movement)«.

1. »Operation Breadbasket«: Der Kampf um einen gerechten Arbeitsmarkt

Die Anfänge der »Operation Brotkorb«, die 1966 zum wichtigsten Programm der SCLC wurde, reichen in das Jahr 1962 zurück. Mit Unterstützung der SCLC versammelte sich damals in Atlanta eine Gruppe von Negerpastoren, die nach Möglichkeiten einer Veränderung der ökonomischen Bedingungen in den Gettos suchten. Ihr konkretes Ziel war der Abbau der Rassendiskriminierung auf dem Arbeitsmarkt, die sich in drei Formen manifestiert: in Arbeitslosigkeit, in Unterbeschäftigung und in verminderten beruflichen Aufstiegschancen für Neger.

Um neue Arbeitsplätze für Neger zu gewinnen, entwickelten die Initiatoren der »Operation Brotkorb« ein 5-Stufen-Programm:

1. Eine Gruppe von Pastoren holt von Firmen Informationen über die Zahl, die Positionen und die Einkünfte der angestellten Neger ein[3].

[1] So der Titel eines Aufsatzes von M. L. King in: Saturday Review, 13. 11. 1965, S. 33.

[2] Vgl.: King, Next Stop: The North, a.a.O., S. 33 ff. Die überwiegende Zahl der Negergettos befindet sich in den Nordstaaten, während es in den Südstaaten mit ihrer primär ländlichen bzw. kleinstädtischen Sozialstruktur bisher kaum zu Gettobildungen ähnlichen Ausmaßes kam.

[3] Vgl. King, Where, S. 144. A. Pitcher u. a. haben darauf hingewiesen, daß

2. Die gesammelten Daten werden analysiert. Ein Komitee arbeitet Empfehlungen bezüglich der Zahl und der Art neuer Arbeitsstellen in der untersuchten Firma aus. Dabei stellt gewöhnlich der Anteil der Neger an der Gesamtbevölkerung der Stadt die Berechnungsbasis dar.

3. Als nächster Schritt folgen dann Verhandlungen mit der jeweiligen Firma[4]. Die Verhandlungsweise der Breadbasket-Pastoren hat eine pädagogisch-aufklärerische Funktion: Sie »versuchen, bei der Geschäftsführung ein Bewußtsein von der katastrophalen Gettosituation herzustellen und auf die Verantwortungslosigkeit der Firmen hinzuweisen, die durch Negerkunden Profite erzielen und sie gleichzeitig von der Einstellung ausschließen.«[5]

Nach Kings eigenen Angaben endete die Mehrzahl der Auseinandersetzungen meist schon auf der dritten Stufe, also während der ersten Verhandlung, mit einer befriedigenden Lösung[6].

4. Scheitern die Verhandlungen, so ruft »Operation Brotkorb« zu einem Boykott der Waren der betreffenden Firma auf. Derartige Aufrufe werden systematisch multipliziert: Negerpastoren benutzen dazu ihre Kanzeln und ihnen zugängliche Massenmedien. Von Pastoren geleitete Gruppen dramatisieren die Boykottsituation durch Protestkundgebungen vor Läden, in denen Produkte der diskriminierenden Firma verkauft werden. Die Konsumentenstreiks sollen die Firma von der Bedeutung des Gettos als Absatzmarkt überzeugen und sie aus wirtschaftlichem Selbstinteresse zu Zugeständnissen bei der Beschäftigung von Negern veranlassen. Der Boykott wird so lange fortgesetzt, bis die Firma zu neuen Verhandlungen und zur Erfüllung der entscheidenden Forderungen bereit ist[7].

5. Der erfolgreiche Abschluß der Verhandlungen ist nach dem Ver-

Neger nicht einmal in ihrer eigenen ›community‹ bei der Vergabe selbst niedriger Arbeiten berücksichtigt werden. »Es stellte sich heraus, daß weiße Straßenkehrer allen Dreck im Getto sammelten, weiße Arbeiter alle Ratten im Getto töteten, weiße Baufirmen alle Läden im Getto errichteten.« (A. Pitcher et. al., The Breadbasket Story, in: Church in Metropolis, Frühjahr 1968, S. 5.)

4 Dazu: King, Where, S. 144; A. Pitcher et. al., The Breadbasket Story, a.a.O., S. 4.

5 King, Where, S. 9.

6 King, Where, S. 136.

7 Vgl. A. Pitcher et al., a.a.O., S. 4.

ständnis der Breadbasket-Mitarbeiter eine elementare Voraussetzung für die Versöhnung, die die fünfte Stufe der Auseinandersetzung kennzeichnet. »Versöhnung ist jetzt möglich. Die Pastoren können jetzt ehrlichen Respekt von den Firmenleitungen erwarten. Neue Erfahrungen sind möglich, wenn die Firma und ›Operation Brotkorb‹ als gleichwertige, sich respektierende Partner (›whole‹ powers) zusammenkommen«[8]. »Versöhnung« ist für die Breadbasket-Pastoren nicht denkbar ohne Realgrund in den wirtschaftlichen Beziehungen zwischen den Parteien.

Die Konzeption der »Operation Brotkorb« war mehr der Initiative von Negerpastoren als einer »grass-roots«-Bewegung zu verdanken[9]. Auch bei der Durchführung der Aktionen erwiesen sich folgende Aspekte der Rolle des Negerpfarrers als nützlich: die Position eines von Weißen nicht oder kaum kontrollierten Informationsträgers und die eines »community leader«. Als »kommunale Katalysatoren«[10] waren die Pfarrer besonders geeignet, ihre Gemeindemitglieder zu politischen Aktionen zu mobilisieren.[11] Effektiv konnten die Breadbasket-Pastoren freilich nur sein, weil sie sich bei den oft langwierigen Boykotts auf die schwarzen Kirchengemeinden, auf deren kumulierte Macht als Konsumenten stützen konnten. »Die selektiven Boykotts ... werden prinzipiell durch die eigenen Kirchengemeinden der Gettos organisiert«[12]

[8] A. Pitcher et. al., a.a.O., S. 4; dieses Verständnis von »Ganzheit« kommt dem alttestamentlichen Verständnis des Begriffs »tām« sehr nahe. Vgl. dazu: G. von Rad, Theologie des Alten Testaments, Bd. I, S. 369 ff. Vgl. auch: King, Where, S. 144: »Das Losungswort der ›Operation Brotkorb‹ ist ›Respekt‹ (respect); das bedeutet im wesentlichen: ›Wenn du meine Dollars respektierst, mußt du mich als Person respektieren. Wenn du meine quantitative Unterstützung respektierst, mußt du die Qualität meiner Stellung und meine elementaren materiellen Bedürfnisse respektieren!«

[9] Vgl. King, Where, S. 144: »Operation Brotkorb wird hauptsächlich von Pastoren durchgeführt«.

[10] Dazu: R. Reitz, Die Rolle des Pfarrers in der Bürgerrechtsbewegung, in: Macht von unten, hrsg. von Th. Ebert und H.-J. Benedict, S. 51 ff.

[11] Vgl. Kings Äußerung, zit. in: W. Miller, a.a.O., S. 25: »Wir wissen, daß effektive Aktionen, die auf soziale Änderungen zielen, Organisation verlangen. Deshalb haben wir uns um Pastoren gruppiert, die die natürlichen Leiter der ›Negro community‹ sind.«

[12] M. Murray, White Churches and Black Power, in: Church in Metropolis, Frühjahr 1968, S. 2.

Der erste Angriffspunkt der »Operation Brotkorb« in Atlanta war die Brotindustrie, da der Konsumentenanteil der Neger gerade bei billigen Grundnahrungsmitteln ihren Arbeitsplatzanteil in den entsprechenden Branchen weit übersteigt. Alle Firmen außer einer stellten innerhalb von 14 Tagen eine größere Zahl von Negern ein[13]. Auch in Philadelphia erzielte die »Operation Brotkorb« ähnliche Erfolge.

Die Erfahrungen lehrten allerdings, daß eine wirtschaftliche Machtposition für die Neger durch die Einrichtung neuer Arbeitsstellen allein nicht zu erringen war. Wirtschaftliche Unternehmungen der Neger machten keine echten Fortschritte, weil Produkte von Firmen, die Negern gehörten, in den Ladenketten großer Lebensmittelkonzerne nicht zum Verkauf angeboten wurden. Die wenigen Banken aber, die sich im Besitz von Negern befanden, waren nicht finanzstark genug, um die Gründung von selbständigen Unternehmen und Kooperativen der Neger durch Kredite zu fördern[14].

Ab 1966 trug die »Operation Brotkorb« dieser Lage in ihren Verhandlungen Rechnung: »Verbunden mit der Forderung nach neuen Arbeitsmöglichkeiten verlangen wir jetzt, daß Geschäftsunternehmen mit Läden im Getto ihre dort erzielten Gewinne in Negerbanken deponieren und daß Produkte aus Negerfirmen in all ihren Läden angeboten werden«[15].

Um zu gewährleisten, daß die Produkte von Negerfirmen nicht nur angeboten, sondern auch wirklich gekauft wurden, bildete »Operation Brotkorb« Konsumentenvereinigungen (Consumer Clubs). Jeder Klub hatte die Aufgabe nachzuprüfen, ob der ihm zugewiesene Laden die Abmachungen mit der »Operation Brotkorb« einhielt. Darüber hinaus führten die Konsumentenklubs Warenprüfungen durch. So wurde z. B. 1967 eine »Kampagne gegen schlechtes Fleisch (Bad Meat Campaign)« durchgeführt: Breadbasket-Mitglieder kontrollierten die Qualität und die Preise von Fleischwaren, da viele weiße Firmen in den Gettos für Fleisch minderer Qualität erhöhte Preise verlangten.

13 Nach fünfwöchigem Boykott mußte die Widerstand leistende Firma sogar Konkurs anmelden (Mitteilung von Rev. Dorsey in einem Gespräch mit dem Vf. am 21. 5. 1969 in Atlanta).

14 Vgl. A. Pitcher et. al., a.a.O., S. 4/6.

15 A. Pitcher et. al., a.a.O., S. 10.

Verhandlungen mit der »Atlantic and Pacific Tea Company«, die 40 Läden in den Negergettos von Chicago besitzt, führten zu über 700 neuen Arbeitsplätzen für Neger. Darüber hinaus erklärte sich die Firma bereit, die Produkte schwarzer Firmen anzubieten, Geld in Negerbanken zu deponieren, Neger im Dienstleistungsbereich einzustellen und neue Läden im Getto von Negerfirmen bauen zu lassen[16]. Die Zeitschrift »Business Week« veranschlagte die Bedeutung dieses Verhandlungsergebnisses sehr hoch: »Die Kampagne in Chicago stellt den bedeutendsten Sieg der ›Operation Brotkorb‹ dar; denn es handelt sich um die weitreichendste Übereinkunft mit einer Ladenkette in einer einzigen Stadt; außerdem ist die Kampagne ein Präzedenzfall für Verhandlungen mit anderen Lebensmittelladenketten im ganzen Land«[17].

1964 wurden in 27 Firmen in Atlanta und Philadelphia neue bzw. bessere Arbeitsplätze für Neger gewonnen[18]. Bis zum Beginn des Jahres 1968 hatten die Verhandlungen mit Firmen aus verschiedenen Branchen den Negern in Chicago 2600 neue Arbeitsplätze eröffnet. Der finanzielle Zuwachs, der dem Getto zugute kam, betrug 16 Millionen Dollar[19]. Ein Jahr später war die Zahl neuer Arbeitsplätze auf 5000 angestiegen[20]. Bis zum August 1967 hatten zwei Banken ihre Einlagen bereits verdoppelt[21].

Die Auswirkungen der »Operation Brotkorb« reichten sogar über die Gettos hinaus. So setzten die Organisatoren der »Operation Brotkorb« durch, daß 1500 im »Southwest Alabama Farmers' Cooperative« zusammengeschlossene schwarze Farmer ihre Produkte in den Läden großstädtischer Gettos verkaufen konnten, nachdem weiße Politiker in Alabama die Verabschiedung eines Wahlrechtsgesetzes mit wirtschaftlichen Repressalien beantwortet hatten[22].

[16] Dazu: J. Jackson-Interview in: Playboy, Nov. 1969, S. 85.
[17] Zit. in: Playboy, Nov. 1969, S. 85.
[18] Aufgrund der dort erzielten Erfolge wurde 1967 die Ausweitung der »Operation Brotkorb« zu einem Programm auf nationaler Ebene beschlossen. Pastor Jesse Jackson aus Chicago wurde zum Programmdirektor gewählt. (Vgl. D. Lewis, a.a.O., S. 366.)
[19] Vgl. A. Pitcher et al., ferner: A. Schuchter, a.a.O., S. 72.
[20] Vgl. W. Miller, a.a.O., S. 181.
[21] Vgl. Annual Report of the President M. L. King, Jr., 1967, S. 4.
[22] Dazu: Jackson-Interview, a.a.O., S. 110.

Aus den Breadbasket-Aktionen gewannen die Organisatoren des Projekts die Erkenntnis, daß die Arbeitslosigkeit der Neger nur Teilaspekt eines größeren, system-bedingten wirtschaftlichen Problems war. Dieses charakterisierten sie als »ökonomischen Kolonialismus, die systematische Ausbeutung schwarzer Menschen durch weiße Menschen«[23]. King erklärte 1967: »Das Problem, dem wir uns gegenübersehen, besteht darin, daß das Getto eine ›Binnenkolonie‹ ist, die ständig ausgelaugt wird.«[24]

Entsprechend faßte die SCLC die Ziele der »Operation Brotkorb« nun wesentlich weiter: »Es ist das hauptsächliche Ziel der ›Operation Brotkorb‹, daß Schwarze die wichtigsten Resourcen ihrer ›community‹ kontrollieren. Wir wollen die Banken kontrollieren, den Handel, das Baugewerbe und die Ausbildung unserer Kinder«[25]. »Wir entwickeln Formen der Gewinnverteilung. Wir versuchen, die Firma ebenso zu unserer zu machen wie zu der des Eigentümers. ... Wir unterstützen eine Demokratie, in der alle Teilhaber sind (participatory democracy)«[26].

Ziel des Projekts war also erstens »Black Power« im Sinne einer wirtschaftlichen Machtposition[27]. Zweitens versuchte die SCLC, die demokratische Teilnahme der Unterprivilegierten am Wirtschaftsgeschehen im Getto zu fördern.

Wenngleich die Organisatoren der »Operation Brotkorb« keine systematische Kritik des kapitalistischen Systems entwickelten, so implizierten doch ihre Aktionen und Programme eine praktische Kritik des amerikanischen Kapitalismus[28]. Indem sie eine genossenschaftliche

23 A. Pitcher et al., a.a.O., S. 3.

24 King in: Annual Report 1967, S. 6.

25 J. Jackson, Interview, a.a.O., S. 96.

26 J. Jackson, Interview, a.a.O., S. 110.

27 Vgl. dazu: North and South, 1967, S. 6. Vgl. auch: A. Pitcher et al., a.a.O., S. 10. »Die ›Operation Brotkorb‹ könnte auch ›Operation wirtschaftliche Unabhängigkeit der Schwarzen‹ (Operation Black Economic Independence) genannt werden.«

28 Vgl. Jackson-Interview, S. 96: »Unsere Programme werden uns von der ›private enterprise‹-Wirtschaft vorgeschrieben, in der wir uns befinden. Im Grunde weiß ich jedoch, daß das ganze System eine Verfälschung ist: meiner Meinung nach gehört die Erde jedem. Es ist einfach ein sehr erfolgreiches Gerücht, welches Weiße verbreiten, daß die Erde ihnen gehöre. Die Erde ist des Herrn.«

Struktur schwarzer Wirtschaftsunternehmen anstrebten, verwarfen sie faktisch das Konzept eines dem »weißen Kapitalismus« entsprechenden »schwarzen Kapitalismus«[29]. Pastor Jackson erklärte ausdrücklich: »Das Ziel der ›Operation Brotkorb‹ besteht nicht darin, ein Kontingent schwarzer Kapitalisten zu bilden, die ihr Leben nach dem Geldbetrag definieren, den sie ihr eigen nennen können, sondern eine ›black community‹ aufzubauen, deren Mitglieder sich selbst achten und den wirtschaftlichen Unterhalt besitzen, um ihre Zukunft zu planen«[30]. »Auch die Profite der Industrie gehören dem Volk«[31].

Das zur Rechtfertigung des Kapitalismus gern gebrauchte Argument, jeder könne sich gemäß seiner Neigung und seinem Leistungsvermögen frei entwickeln, sah Pastor Jackson ebenso wie King durch die Praxis der hohen Subventionen und Steuervergünstigungen für bestimmte Gruppen mit einflußreichen Lobbies widerlegt. »Die Wahrheit ... ist, daß dasselbe Amerika, in dem Sozialismus ein so schmutziges Wort ist, bereits auf einem hochentwickelten Sozialismus für die Reichen basiert, während die Armen in einem Zustand des rohen, klassischen Kapitalismus leben«[32]. »Statt die Armen zu beschimpfen, muß diese Nation verstehen, daß der Wohlfahrtsempfänger ein Produkt des ›Erfolges‹ unserer Wirtschaft ist«[33].

Wie begründeten die Organisatoren der »Operation Brotkorb« ihre Kritik an der systembedingten Unterprivilegierung der Neger? Sie beriefen sich nicht explizit auf marxistische Analysen. In diesem Zusammenhang ist die indirekte Antwort aufschlußreich, die Pastor Jackson auf die Frage gab: »Betrachten Sie sich selbst als Sozialist?« Er antwortete: »Ich halte mich an die Ideale meiner Religion – daß die Erde des Herrn ist und daß die auf ihr wachsende Nahrung für alle

[29] Dieses Konzept ist in jüngster Zeit besonders von der Nixon-Regierung propagiert worden. Vgl. dazu: V. Brandes/J. Burke, a.a.O., S. 162–169.

[30] J. Jackson, Black Power and White Churches, in: Church in Metropolis, Frühjahr 1968, S. 9. Die Organisatoren der »Operation Brotkorb« trafen mit schwarzen Firmen, die sie an ihren Projekten beteiligten, genaue Vereinbarungen, um eine unkontrollierte Vergrößerung der Profite einzelner schwarzer Unternehmer zu verhindern.

[31] J. Jackson, Interview, a.a.O., S. 96.

[32] J. Jackson, Interview, a.a.O., S. 112.

[33] J. Jackson, Interview, a.a.O., S. 112.

Menschen bestimmt ist. Der Trend der Welt heute – wie z. B. in Schweden, Guinea und Großbritannien – geht auf eine Art demokratischen Sozialismus, wo Menschen essen, weil der Boden fruchtbar ist. Amerika befindet sich in Konflikt mit diesem Trend, indem es wenigen Menschen erlaubt, die Nahrungsmittel zu kontrollieren und zu verteilen, statt Menschen essen zu lassen, weil sie leben«[34].

Die Befürwortung eines demokratisch-sozialistischen Systems in der angedeuteten Kritik des amerikanischen Kapitalismus war also für die Verantwortlichen der »Operation Brotkorb« »nur« die aktuelle Konsequenz aus der alttestamentlichen Anschauung von der Erde als dem Besitz Gottes, der seinerseits die ganze Menschheit und nicht eine kleine Gruppe zum Verwalter seiner Schöpfung gemacht hat[35]. Sie beriefen sich auf derartige alttestamentliche Aussagen, um den kapitalistischen Besitzindividualismus und die Privilegierung einzelner Gruppen in Frage zu stellen.

Das Breadbasket-Team berief sich zur Legitimierung seines Aktionsprogrammes auch auf das Wirken des historischen Jesus. »Wenn Du tiefe Liebe besitzt, wirst Du die Güter der Erde, die der Vater bereitgestellt hat, so verteilen, daß Menschen Nahrung und Wohnung haben. Das ist der Jesus, mit dem ich mich identifiziere. Sein Programm zielte darauf, die Hungrigen zu sättigen, die Nackten zu kleiden und den Einsamen Gesellschaft zu leisten.«[36] Das politisch-wirtschaftliche Ziel der »Operation Brotkorb«, die Realisierung einer Wirtschaftsdemokratie, stellte sich insofern als Aktualisierung biblischer Motive dar.

Ihren besonderen liturgischen Ort hatte diese Vergegenwärtigung biblischer credenda in den sog. Breadbasket-Gottesdiensten in Chicago. Der Teilnehmerkreis der Gottesdienste umfaßte zunächst nur Unternehmer, später auch Arbeiter und Pastoren aus der »black community«, schließlich alle Teilnehmer an Aktionen der »Operation Brotkorb«.

Jeden Sonntagmorgen wurden Breadbasket-Gottesdienste gefeiert. Die erste Stunde einer solchen Veranstaltung war jeweils ausgefüllt mit

34 J. Jackson, Interview, a.a.O., S. 112.

35 Vgl. Ex 19, 5; Dtn. 10, 14; Ps. 24, 1; 50, 12; 89, 12; 95, 4; 115, 16; die Mandatar-Vorstellung enthalten: Gen. 1, 28 f.; Ps. 8, 6 f.; 115, 16.

36 J. Jackson, Interview, a.a.O., S. 292.

»Gospel«-Musik und der Ankündigung neuer Breadbasket-Projekte. Danach berichteten einige Neger über ihre wirtschaftliche Ausbeutung. Anschließend folgte eine Ansprache von Rev. Jackson; das gemeinsame Singen von Kirchenliedern und neueren Freiheitsliedern beschloß den Gottesdienst[37].

Pastor Jackson ließ bewußt viel Raum für Darbietungen von »Gospel«-Chören und -Bands. Er begründete dieses Element der Breadbasket-Gottesdienste folgendermaßen: »Ich möchte erreichen, daß meine Leute sich ihrer eigenen Identität bewußt werden. Ich beginne jeden Gottesdienst mit einem Ausruf, der lautet: ›Ich bin jemand! (I am somebody!)‹ Es heißt darin auch: ›Ich mag arm sein und von Wohlfahrtsunterstützung leben, aber ich bin jemand!‹«[38] Diese Sätze wurden von der Gemeinde im Chor wiederholt. Handlungshindernde Ohnmachtsgefühle wurden so durch die Affirmation der gottgegebenen, unbestreitbaren Würde der Diskriminierten und durch das Erlebnis einer solidarischen Gemeinschaft überwunden.

Die Zahl der Teilnehmer an den Breadbasket-Gottesdiensten wuchs ständig. Ende 1969 fanden die Gottesdienste in einem Filmtheater mit 6000 Sitzen statt. Im Vorraum des Kinos wurden Waren von Negerfirmen ausgestellt, im Auditorium hingen Schilder mit Aufschriften wie »Kauft Produkte schwarzer Firmen!«[39]

Die »Operation Brotkorb« der SCLC wurde zu einem »Pilot-Programm«: 1970 wurden ähnliche Aktionen wie in Chicago in 15 Großstädten der USA durchgeführt. Aufgrund der erwähnten psychologischen Auswirkungen und materiellen Resultate kann die »Operation Brotkorb« zusammenfassend als eines der erfolgreichsten Projekte der SCLC bezeichnet werden. Die »Operation Brotkorb« ist zu Recht als die bislang »eindrucksvollste Demonstration schwarzer wirtschaftlicher und politischer Macht in den Vereinigten Staaten«[40] bezeichnet worden.

37 Dazu: Einleitung des Interviews mit J. Jackson, a.a.O., S. 86.
38 J. Jackson, Interview, a.a.O., S. 290.
39 Dazu: Einleitung des Interviews mit J. Jackson, a.a.O., S. 86.
40 Zit. in: Jackson-Interview, S. 85.

2. Das »Chicago Freedom Movement 1966«: Der Kampf um einen gerechten Wohnungsmarkt

Im Jahre 1966 beteiligte sich die SCLC auch an einer größeren Kampagne gegen den »Slum-Kolonialismus«[1] in Chicago. King nannte als Ziel die »bedingungslose Ergebung aller Kräfte, die sich der Schaffung und Aufrechterhaltung der Slums verschrieben haben«[2]. Für die Wahl Chicagos gab er folgende Gründe an: »Ich wählte Chicago, weil die Bedingungen hier typisch sind für die Zustände in den Slums der ganzen Nation. Weil die Stadt groß ist, schien sie mir ein idealer Platz zu sein, um diese beklagenswerte Situation zu dramatisieren und die öffentliche Meinung zu Aktionen zu bewegen.«[3]

Bereits im Juli 1965 hatte King in Chicago Protestmärsche gegen die Rassentrennung in den öffentlichen Schulen geleitet. Doch hatten sie sich als wenig effektiv erwiesen, da sie von den Politikern, der Tagespresse und der weißen Bevölkerung ignoriert wurden[4].

Diese Erfahrungen unterstrichen die Notwendigkeit einer sorgfältigen Planung der für das Jahr 1966 vorgesehenen Aktionen. Eine große organisatorische Schwierigkeit, die auch in der Folgezeit nicht beseitigt werden konnte, bestand in der Koordinierung der überregionalen SCLC und der 168 lokalen Gruppen, die im »Coordinating Council of Community Organizations (CCCO)« zusammengeschlossen waren[5]. King erhöhte die Mitarbeiterzahl der SCLC auf 200, um die Voraussetzung dafür zu schaffen, daß das »Chicago Freedom Movement«, die »Freiheitsbewegung von Chicago«, zu einem beispielhaften Pilot-Projekt wurde[6].

Durch die Veranstaltung von öffentlichen Hearings in Negerkir-

[1] King, zit. in: Dr. King Carries Fight to Northern Slums, in: Ebony, April 1966, S. 94.

[2] King, zit. in: Dr. King Carries Fight to Northern Slums, a.a.O., S. 94.

[3] King, zit. in: Dr. King Carries Fight to Northern Slums, a.a.O., S. 102.

[4] Dazu: King Comes to Chicago, in: Christian Century, 11. 8. 1965, S. 979 bis 980.

[5] Dazu: B. Cook, King in Chicago, in: Commonweal, 29. 4. 1966, S. 176. King bat auch die »Black Muslims« um Unterstützung.

[6] Vgl. W. Miller, Martin Luther King, S. 238; auch M. Long, The Movement, in: New South, Winter 1966, S. 97.

chen[7] wurden die Gettobewohner bereits von Anfang an beteiligt. Die erste Aufgabe der »End slums«-Kampagne sah die SCLC in der »Definition des Problems in einer Weise, daß es dem Mann auf der Straße verständlich mitgeteilt werden kann«[8]. So benannte z. B. Pastor Bevel in einem symbolischen Akt seine »West-End-Gemeinde« um in: »Vereinigung zur Abschaffung der Slums«[9]. King selbst, aus der relativ wohlhabenden »Schwarzen Bourgeoisie« Atlantas stammend, demonstrierte seine Solidarität mit den Unterprivilegierten, indem er für seine Familie eine typische Getto-Wohnung mietete; trotz vieler auswärtiger Verpflichtungen wohnte er durchschnittlich drei Tage pro Woche in Chicago[10].

Durch einen spektakulären Akt dramatisierte er das System des »Slum-Kolonialismus«, wie er das Verhältnis zwischen Hausbesitzern und Mietern nannte: er »übernahm« die »Treuhänderschaft« über ein vom Besitzer vernachlässigtes Gebäude. Mitglieder des »Chicago Freedom Movement« zogen von den betroffenen Familien Mietgelder ein und enthielten sie dem Eigentümer vor, um notwendige Verbesserungen durchzuführen, zu deren Finanzierung jener Hausbesitzer nicht bereit war. Dieses Verfahren bezeichnete King als »supralegal«, als Beginn eines »Krieges mit dem Ziel, Rechte für Mieter in Slums-Gebieten zu erkämpfen«[11]. Die Besitzer von Häusern im Getto verhandelten schließlich mit der SCLC, ohne jedoch nennenswerte Zugeständnisse zu machen.

Pastor Bevel organisierte mit Hilfe von Gewerkschaftlern zwölf Mietervereinigungen. Durch einen sechsmonatigen Mietzahlungsstreik wurden Hausbesitzer gezwungen, Gettowohnungen entsprechend den gesetzlichen Bestimmungen instandzusetzen[12].

Auf die erste Phase des »Chicago Freedom Movement 1966«, in der

7 Dazu: Dr. King Carries Fight . . ., a.a.O., S. 94.

8 Dr. King Carries Fight . . ., a.a.O., S. 99.

9 Vgl. W. Miller, a.a.O., S. 236. Die »Missionsgesellschaft von Chicago« wurde umbenannt in »Gesellschaft für städtische Erneuerung«.

10 In: Where, S. 114—115, hat King die psychologischen Auswirkungen der Getto-Wohnverhältnisse auf seine Kinder beschrieben.

11 King, zit. in: B. Cook, a.a.O., S. 176.

12 Vgl. A. Schuchter, a.a.O., S. 72; W. Miller, a.a.O., S. 257.

die Verbesserung von Slums-Wohnungen im Vordergrund stand, folgten in einer zweiten Phase Aktionen gegen die geographische Rassentrennung[13].

> Aus finanziellen Gründen können Neger außerhalb des Gettos meist nur Häuser in den Stadtteilen mieten oder kaufen, die von den untersten sozialen Schichten der Weißen bewohnt werden. Diese, zumeist aus der zweiten Einwanderergeneration stammend, wehren sich mit der Verbissenheit sozialer Aufsteiger gegen Neger als Nachbarn. Der Einzug von Negern führt oft zu einer Verminderung des Verkaufswertes der benachbarten Häuser, da die Weißen, um schnell fortziehen zu können, ihre Häuser unter Wert verkaufen. Makler forcieren diese Angst vor schwarzen Nachbarn, um die Häuser dann zu Überpreisen an Neger wieder zu verkaufen. Das Ergebnis ist, daß Neger auch nach einem geglückten Wohnungswechsel meist wieder in neu entstandenen Negervierteln isoliert sind.

Zutreffend bezeichnete die Zeitschrift »Newsweek« die zweite Phase des »Chicago Freedom Movement« als »Angriff auf das heikelste Ziel: Diskriminierung im Wohnbereich«[14].

Um geplanten Kampfmaßnahmen gegen die Rassentrennung im Wohnbereich stärkere Publizität zu verschaffen, marschierte King am 10. Juli mit ca. 5000 Menschen zur City Hall von Chicago. An die Tür des städtischen Verwaltungszentrums nagelte er eine zwölfseitige Liste mit sehr weitreichenden Forderungen an die städtischen Behörden.[15]

Indem King mit der symbolischen Handlung[16] des Thesenanschlags an ein herausragendes Ereignis der Reformation anknüpfte, vertrat er

13 Zum Problem der geographischen Segregation in den Städten s.: N. Gist/S. Fava, Urban Society; G. Winter, The Suburban Captivity of the Churches.

14 »Chicago: The Touchiest Target«, in: Newsweek, 15. 8. 1968, S. 29. Vgl. auch: King, Where, S. 117: »Nichts zeigt heute deutlicher, daß in unserer Gesellschaft noch immer ein Rest Rassismus vorhanden ist, als die Reaktion des weißen Amerika auf das integrierte Wohnen. Hier nehmen die Fluten von Vorurteil, Furcht und Irrationalität Ausmaße einer Überschwemmung an.«

15 Dazu: G. Marine, »I've Got Nothing against the Colored«, in: Ramparts, Nov. 1966, S. 17. Vgl. W. Miller, a.a.O., S. 249; D. Lewis, a.a.O., S. 332 bis 333.

16 Vgl. dazu: R. Shaull, Die politische Bedeutung gleichnishaften Handelns, in: J. Degen, Das Problem der Gewalt, S. 162–167.

seine Zielvorstellung einer »offenen Stadt (Open City)« und entsprechende politische Aktionen als Anliegen christlicher Reformation.

Als Verhandlungen zwischen dem »Chicago Freedom Movement« und Bürgermeister Daley ergebnislos verliefen, führte die SCLC in der zweiten Julihälfte sog. »open housing marches« in weißen Vororten durch, um für das Recht der Neger auf freie Wohnungswahl zu demonstrieren.

> Häufig reagierten die weißen Bewohner der betroffenen Vororte mit brutalen Attacken auf die Demonstranten. Einige bewarfen weiße Priester und Nonnen, die sie als »nigger-lover« bezeichneten, mit Steinen, andere schwangen Symbole der amerikanischen Nazi-Partei, wieder andere schrien im Chor: »Hate! Hate! Hate!«[17], als ein Rabbiner und ein Priester während einer Demonstration zum Gebet niederknieten.
> Auf den Vorwurf, er provoziere gewalttätige Ausschreitungen, erwiderte King: »Der Liberale muß unbedingt einsehen, daß der Unterdrückte, der für seine Rechte agitiert, nicht der Urheber der Spannung ist. Er bringt nur die verborgene Spannung, die schon vorhanden ist, an die Oberfläche.«[18]

Am 21. August 1966 kündigte King einen Protestmarsch in den Vorort Cicero an. Die Negerfeindlichkeit dieses Stadtteiles hatte sich bereits in mehreren Morden an Negern manifestiert, die es gewagt hatten, in Cicero nach Arbeit bzw. einer Wohnung zu suchen.[19] Der Plan Kings, eine Bastion des weißen Rassismus zu attackieren, sicherte ihm die Unterstützung aller radikalen Gruppierungen jugendlicher Neger.

Zwei Tage vor dem geplanten Marsch nach Cicero erklärten sich indes führende Politiker und Geschäftsleute Chicagos zu Verhandlungen mit dem CCCO und der SCLC bereit. Am 26. August veranstaltete die »Chicago Commission on Religion and Race«, die lokale Kirchenkommission für Rassenfragen, eine Konferenz, an der die einflußreichsten Vertreter der »white power structure« Chicagos, Repräsentanten der Religionsgemeinschaften und leitende Mitarbeiter der verschiedenen Bürgerrechts-Organisationen, darunter King, teilnahmen.

17 Vgl. G. Marine, a.a.O., S. 14—18. — »Hate!« = »Haß!« — Einige Weiße sangen: »Ich wollt', ich wär' ein Soldat in Alabama, ... weil ich dann die Neger legal töten könnte ...«
18 King, Where, S. 91.
19 Vgl. G. Marine, a.a.O., S. 17—18.

Die Verhandlungen der sog. Gipfelkonferenz konzentrierten sich auf das Problem des »fair housing«, d. h. der vollen Gleichberechtigung der Neger auf dem Wohnungsmarkt. King gelang es, eine 9-Punkte-Vereinbarung auszuhandeln. U. a. verpflichteten sich die Maklerfirmen, ihre Opposition gegen einen offenen Wohnungsmarkt aufzugeben; Beamte des Wohnungsbauamtes kündigten die Errichtung neuer Häuser außerhalb der Gettos an, das Department of Urban Renewal versprach wirkungsvolle Hilfsmaßnahmen für zwangsweise umgesiedelte Gettobewohner[20]. Die SCLC erklärte sich daraufhin zu einer Absage der geplanten Protestmärsche bereit.

King bezeichnete die erreichte Vereinbarung als »das bedeutsamste Programm, das je ersonnen wurde, um ›open housing‹ in einer Großstadtregion zur Realität zu machen«[21]. Er behauptete sogar: »Die totale Abschaffung der Diskriminierung im Wohnbereich ist möglich geworden.«[22]

Eine kritische Analyse des »Chicago Freedom Movement« erweist jedoch Kings Fehleinschätzung der erzielten Ergebnisse. In der Zeit nach der »Gipfelkonferenz« wurde offenbar, daß die führenden Politiker und Geschäftsleute Chicagos nicht bereit waren, die getroffenen Vereinbarungen einzuhalten. Nur die Organisierung von Mietern in den Slums hatte nennenswerte Erfolge, die allerdings vorwiegend erst in der Zeit nach den Verhandlungen erzielt wurden: fast 10 000 Neger schlossen sich zu Mietervereinen zusammen und erkämpften 4 Millionen Dollar für ein Häusersanierungsprogramm[23].

Zutreffend resumierte Pastor A. Young (SCLC) das Ergebnis der »Gipfelkonferenz« und der vorausgegangenen Demonstrationen: »In

20 Vgl. St. Rose, The »Movement« Moves North, in: Christianity and Crisis, 19. 9. 1966, S. 200—201.

21 Zit. nach: W. Miller, a.a.O., S. 251.

22 Zit. nach: P. Good, Bossism, Racism and Dr. King, a.a.O., S. 238. Vgl. auch Kings Ausführungen im »Annual Report« von 1967 (hrsg. von der SCLC), S. 3: »Chicago war ein wundervolles Bewährungsfeld für unsere Arbeit im Norden. Es hat keine weltbewegenden Siege gegeben, aber auch keine Fehlschläge. ... Unsere ›open housing‹-Märsche ... ließen die Machtstruktur von Chicago gegenüber der Bürgerrechtsbewegung kapitulieren.«

23 Vgl. D. Lewis, a.a.O., S. 351.

Chicago erreichten wir letztlich nicht mehr als eine Vereinbarung auf dem Papier.«[24]

Scharf attackierte er die Neutralität des Kirchenrates von Chicago: »Sie versuchten, Mittler zwischen der Bewegung und dem Oberbürgermeister zu sein, so als ob Mißstände auf beiden Seiten bestünden ... Es handelte sich um jene Art fader moralischer Neutralität, die den weißen Protestantismus kennzeichnet.«[25]

Hauptgrund für den Mißerfolg[26] des »Chicago Freedom Movement 1966« war die Unangemessenheit der SCLC-Taktik angesichts der wirtschaftlichen und politischen Machtverhältnisse in Chicago. Die gewaltlosen Märsche im Sommer 1966 konnten das System politisch-wirtschaftlicher Diskriminierung der Neger nicht erschüttern, weil sie nicht auf einer Massenbewegung der Armen basierten[27]. Die untersten sozialen Schichten waren im »Chicago Freedom Movement« unterrepräsentiert. Moralische Appelle, wie sie die Demonstrationen und der Thesenanschlag an die Tür der City Hall darstellten, mußten angesichts der gegebenen sozio-ökonomischen Strukturen wirkungslos bleiben[28].

Zu Recht kritisierten militante Neger die »open housing«-Märsche durch weiße Vororte wegen ihres bloßen Symbolcharakters. Es wären ohnehin nur Neger aus der Mittelschicht finanziell in der Lage gewesen, in einen integrierten Vorort einzuziehen[29].

Da die erzielten Vereinbarungen von der Stadt Chicago nicht eingehalten wurden, konnte Kings Charakterisierung des Verhandlungs-

24 A. Young, in: Christianity and Crisis, 22. 1. 1968, S. 325—326. Ähnlich urteilen D. Lewis (a.a.O., S. 352) und A. Schuchter (a.a.O., S. 61).

25 A. Young, a.a.O., S. 325—326.

26 So auch D. Halberstam, The Second Coming of Martin Luther King, in: Harper's Magazine, Aug. 1967, S. 41; D. Lewis, a.a.O., S. 330 ff.; L. Lomax, To Kill a Black Man, S. 167.

27 Vgl. D. Lewis, a.a.O., S. 334.

28 Doch wollte King mit »open housing«-Märschen keineswegs einen »Würdigkeitsnachweis« der Neger erbringen, wie G. Amendt (in: Black Power, Dokumente und Analysen, S. 214) behauptet; vielmehr ging es um eine Demonstration für das Grundrecht auf freien Zugang zu allen Wohngebieten.

29 Dazu: D. Lewis, a.a.O., S. 344—345.

tisches als »Tisch der Versöhnung«[30] – wenn auch von King ungewollt – über die noch bestehenden sozialen Ungerechtigkeiten hinwegtäuschen.

Sollten die Machtverhältnisse in Chicago wirksam verändert werden, so bedurfte es der Organisierung des politischen und wirtschaftlichen Potentials der Neger. Die wichtige Arbeit des »community organizing« im Getto wurde jedoch vom »Chicago Freedom Movement« nicht in ausreichendem Maße geleistet. Zweifellos hätte diese Aufgabe nicht in wenigen Monaten bewältigt werden können; hatte King doch feststellen müssen: »Die Neger von Chicago sind nicht kirchenorientiert, ... und viele Neger werden mir vielleicht nicht zuhören.«[31] Während im Süden vor allem die christlichen Negergemeinden eine günstige Rekrutierungsbasis für gewaltlose Kampagnen darstellten, fehlen in den Gettos des Nordens entsprechende soziale Gruppierungen. Aufgrund der sozialen Desintegration der Gettobevölkerung hat dort bisher auch keine Bürgerrechtsorganisation wirklich Fuß fassen können.[32] Dennoch rechtfertigten diese Schwierigkeiten nicht den weitgehenden Verzicht auf politische »grass-roots«-Arbeit in Chicago.

Ferner verleitete die politische Rolle des Oberbürgermeisters R. Daley in Chicago viele Bürgerrechtler zu einer unangemessenen Personalisierung des Konflikts. Zweifellos wird Chicago weitgehender als jede andere amerikanische Großstadt von seinem Oberbürgermeister regiert[33]. Das »Chicago Freedom Movement« war daher bestrebt, Konfrontationen zwischen King und Daley herbeizuführen. Solche Kon-

30 King, zit. in: St. Rose, The »Movement« Moves North, a.a.O., S. 200.

31 Zit. in: M. Long, The Movement, a.a.O., S. 98.

32 Vgl. dazu: Th. Ebert, Martin Luther Kings Erbe, in: Zivil 13, Nr. 5, 1968, S. 54.
Ferner: S. Carmichael/Ch. Hamilton, Black Power, S. 50: »Es ist eine der Tragödien des Kampfes gegen den Rassismus, daß es bisher auf nationaler Ebene keine Organisation gegeben hat, die den wachsenden Angriffsgeist der schwarzen Jugend in den städtischen Gettos und dem schwarzen Gebiet im Süden anzusprechen vermochte. Es gab nur eine ›Bürgerrechts‹-Bewegung, deren Tonfall einem Publikum aus dem weißen Mittelstand angepaßt war. Sie diente als eine Art Pufferzone zwischen diesem Publikum und den zornigen jungen Schwarzen«.

33 Dazu: D. Lewis, a.a.O., S. 314; P. Good, a.a.O., S. 327.

frontationen bewirkten jedoch, daß der systembedingte Charakter der Konflikte in Chicago in den taktischen Überlegungen nicht genügend berücksichtigt wurde[34].

Die Politik von Oberbürgermeister Daley zielte darauf, soziale Konflikte zu verschleiern, symbolische Zugeständnisse an die Negerbevölkerung zu machen und die Uneinigkeit unter den Leitern der verschiedenen Bürgerrechtsorganisationen politisch auszunutzen[35]. Zutreffend hat der Publizist B. Cook das damit zusammenhängende Grundproblem der SCLC in Chicago definiert: »Daley bedeutet ein wirkliches Dilemma für die SCLC-Führung, denn ihre Art der Gewaltlosigkeit gedeiht bei dramatischer Konfrontation, und eben das ist es, was der Oberbürgermeister um jeden Preis verhindern möchte.«[36]

Während in den Südstaaten Polizeipräsidenten und rassistische Bürgermeister die sichtbaren Gegner der Bürgerrechtler gewesen waren, mußten in Chicago komplexe sozio-ökonomische Strukturen bekämpft werden. Mit traditionellen Formen gewaltlosen Protestes konnte deshalb die SCLC ihre weitgesteckten Ziele in Chicago kaum erreichen. »Die Probleme waren einfach zu groß, die Spaltungen in der ›Negro community‹ zu scharf und die ›Daley-Maschine‹ zu schlau für ihn (King – der Vf.) ... Die neue Immoralität der Gettos wird nicht leicht dramatisiert werden können, denn es ist oft eine Immoralität mit unsichtbaren Quellen.«[37]

34 Kennzeichnend für diese Sichtweise ist eine Bemerkung von L. Lomax: »In Chicago fand sich Martin Luther King im Kampf mit dem System (The System), jener mächtigen Kombination ausbeuterischer Kaufleute, korrupter Politiker und unmoralischer Gangster. Das waren die Männer, die das Getto kontrollierten.« (In: To Kill a Black Man, S. 165.)

35 Der schwarze Kongreßabgeordnete W. Dawson aus Chicago forderte, King solle »aus der Stadt verschwinden« (zit. in: L. Lomax, To Kill a Black Man, S. 165).

36 B. Cook, a.a.O., S. 177.

37 D. Halberstam, The Second Coming of Martin Luther King, a.a.O., S. 43 und 46.

III *Kings Kritik des amerikanischen Gesellschaftssystems: Der strukturelle Zusammenhang von Rassismus, Armut und Krieg*

> »Es mag sein, daß die Vereinigten Staaten der letzte bewaffnete Verteidiger der hoffnungslosen bürgerlichen Sache werden.« (Wladimir Majakowski, 1925)

Bis zum Jahre 1966 etwa war King geneigt, Rassenvorurteile und entsprechende Verhaltensweisen nur bei einer Minderheit der weißen Bevölkerung als gegeben vorauszusetzen. Nach den Erfahrungen von Chicago äußerte er dagegen die Überzeugung: »Die meisten Amerikaner sind unbewußte Rassisten.«[1] »Zum Wohle Amerikas ist es... nötig, den Gedanken zurückzuweisen, daß heute Freiheit und Gleichheit die herrschenden Wertvorstellungen in unserem Lande seien, während der Rassismus nur eine gelegentliche Abweichung von der Norm durch einige wenige heuchlerische Extremisten darstelle.«[2] Deutlicher als zuvor erkannte King den institutionellen[3] Charakter des amerikanischen Rassismus. »Die Bewegung für soziale Erneuerung ist in eine Zeit der Versuchung zur Hoffnungslosigkeit eingetreten; denn jetzt ist klargeworden, wie tief und systembedingt die Mißstände sind, mit denen sie konfrontiert ist.«[4]

Zur gleichen Zeit verlagerte King das Schwergewicht seiner Kritik noch stärker vom Rassismus-Problem auf das Problem der Armut. Er begriff die Unterprivilegierung der Neger nicht mehr nur als Rassenproblem. Da die absolute Zahl der Armen unter den weißen Amerikanern noch größer ist als unter den Negern[5], sah er das Grundproblem der amerikanischen Gesellschaftsordnung zunehmend in wirtschaftlicher Diskriminierung. »Die Neger und die Armen dieser Gesell-

[1] Zit, in: D. Halberstam, The Second Coming of Martin Luther King, a.a.O., S. 48.

[2] King, Where, S. 69.

[3] Zum Begriff des »institutional racism« siehe: S. Carmichael/Ch. Hamilton, Black Power, S. 4.

[4] King, Trumpet, S. 48.

[5] Vgl. dazu: L. Ferman/J. Kornbluh/A. Haber, edd., Poverty in America, S. 135: »Fast die halbe Negerbevölkerung der Vereinigten Staaten (= 8 Millionen Neger) ist arm. Sie macht ein Fünftel aller Armen aus.«

schaft... leben in tragischen Verhältnissen wegen der schrecklichen wirtschaftlichen Ungerechtigkeiten, die sie als ›underclass‹, wie Soziologen das heute nennen, gefangen halten.«[6] Die Existenz von Arbeitslosigkeit, Unterbeschäftigung und Unterbezahlung betrachtete King als »strukturellen Bestandteil des Wirtschaftssystems der Vereinigten Staaten«[7].

Er widersprach so den Thesen von der »Gesellschaft im Überfluß« oder der »klassenlosen Gesellschaft«, die von prominenten amerikanischen Soziologen vorgetragen wurden[8]. Er tendierte vielmehr immer stärker dazu, das Problem der Armut unter die Perspektive eines Klassengegensatzes zu rücken[9].

Zwar löste King das Rassenproblem keineswegs in ein Klassenproblem auf[10] – er hatte selber erfahren, daß Neger *aller* sozialen Schich-

[6] King, Trumpet, S. 53; vgl. Speeches, S. 25. Kings Analyse ist insofern präziser als der im Jahre 1968 von der amerikanischen Regierung veröffentlichte »Report of The National Advisory Committee on Civil Disorders«. In jenem Bericht wird die ökonomische Position der Neger fast ausschließlich auf rassische Diskriminierung zurückgeführt. Vgl. die Zusammenfassung des Untersuchungsberichts, S. 1–30; ferner: S. 251–265. Das andere Extrem stellt die Untersuchung von P. Baran/P. Sweezy dar, die die Probleme der Neger so gut wie ausschließlich als Klassenprobleme analysieren. Vgl. dazu: P. Baran/P. Sweezy, Monopolkapital, S. 239–269. Die grundlegende Untersuchung dieses Problems stellt immer noch die Studie »Caste, Class and Race« von O. C. Cox aus dem Jahr 1948 dar.

[7] King, Where, S. 7. Vgl. auch: King, Where, S. 115. »Das System wirkt in jeder Weise darauf hin, den inferioren Status (der Neger – der Vf.) zu perpetuieren, ... und schafft so eine Masse ungelernter, billiger Arbeitskräfte für die ganze Gesellschaft.«

[8] Vgl. dazu: G. Kolko, Besitz und Macht, S. 77–78. Ferner: King, Trumpet, S. 55: »Der Abstand zwischen den Armen und der ›affluent society‹ wächst.«

[9] Vgl. D. Lewis, a.a.O., S. 375: »Er begann mehr von einem Klassenkampf, nicht nur von einer Rassenauseinandersetzung zu sprechen.« Und ders., a.a.O., S. 354: »J. Barbour (ein Negerpastor und Freund Kings – der Vf.) hat immer behauptet, daß Martin ein Revolutionär war, daß er viel mehr Bedeutendes in der Methodologie des Marxismus fand, als ihm seine Pflichten als Pastor und Bürgerrechtler zu verbreiten erlaubten.« Vgl. auch: A. Meier, On the Role of Martin Luther King, in: Martin Luther King, hrsg. von E. Lincoln, S. 146.

[10] Diese Gefahr scheint mir bei der Analyse: »Vom Rassenkampf zum Klas-

ten, wenn auch in unterschiedlichem Maße, der Rassendiskriminierung ausgesetzt sind[11] –, doch betonte er nachdrücklicher als zuvor, daß schwarze wie weiße Bürger der USA unter wirtschaftlicher Ausbeutung und politisch-sozialer Unterdrückung leiden; sie bilden die »underclass« der 35 Millionen Armen.

King war sich dessen bewußt, daß in diesem Zusammenhang Rassenvorurteile dazu dienten, eine Solidarisierung von weißen und schwarzen Arbeitern zu verhindern[12]. Er erkannte den Kompensationscharakter des Rassismus für die unterprivilegierten Weißen: »Der wirtschaftlich unterdrückte Weiße akzeptiert seine Armut, indem er sich sagt, daß er wenigstens dem gesellschaftlichen Ansehen nach, wenn in keiner anderen Hinsicht, über dem Neger stehe.«[13]

Einen wesentlichen Anstoß für die Verschärfung der Gesellschaftskritik Kings bildeten die innenpolitischen Konsequenzen des Vietnamkrieges. Die finanziellen Mittel für den von Präsident Johnson proklamierten »Krieg gegen die Armut« wurden ständig reduziert und entsprachen nur einem Bruchteil der militärischen Ausgaben[14]. So mußte King 1967 feststellen: »Es schien, als ob das ›Poverty Program (Programm gegen die Armut)‹ wirkliche Hoffnung für die Armen – schwarze wie weiße – verheiße. ... Dann kam die Eskalation in Vietnam, und ich sah, wie das Programm zerbrochen und bedeutungslos gemacht wurde, als sei es das nutzlose Spielzeug einer Gesellschaft, die kriegsbesessen geworden war, und ich wußte, daß Amerika nie die notwendigen Gelder und Energien in die Wiedereingliederung seiner Armen investieren würde, solange Abenteuer wie das in Vietnam Menschen, Fertigkeiten und Geld wie ein dämonisches, zerstörerisches Saugrohr

senkampf« von V. Brandes und J. Burke sowie bei den Veröffentlichungen der Edition Voltaire zu bestehen.

11 So wurde den Kindern Kings der Zutritt zu einer High School verwehrt, die der Episcopal Church in Atlanta gehört.

12 Vgl. dazu: A. Meier, a.a.O., S. 146.

13 King, Stride, S. 180.

14 King wies darauf hin, daß der Kongreß unter Präsident Johnson 70 Milliarden Dollar für den Vietnamkrieg, aber nur 2 Milliarden Dollar für »Anti-Poverty Programs« bewilligte. (Speeches, S. 16. Dort weitere Angaben). 1969 erreichten die Ausgaben für Anti-Armuts-Programme und sozialen Wohnungsbau nicht einmal die Kosten eines einzigen Kriegsmonats.

an sich ziehen würden. So wurde ich in zunehmendem Maße gezwungen, den Krieg als einen Feind der Armen zu betrachten.«[15]

Bislang hatten die meisten schwarzen Bürgerrechtler ihre Gesellschaftskritik streng auf den innenpolitischen Bereich beschränkt, ja oft durch eine betont positive Beurteilung der Außenpolitik ihre patriotische Loyalität zu bekunden versucht[16]. King brach mit dieser Tradition, als er den Zusammenhang zwischen den inneren sozialen Problemen und dem außenpolitischen militärischen Engagement der USA erkannte. Seit dem Ende des Jahres 1966 sprach er ständig von der »Wechselbeziehung zwischen Rassismus, Armut und Militarismus (interrelatedness of racism, poverty and militarism)«[17].

Im Gegensatz zu dem Bürgerrechtler Bayard Rustin, der in einem Aufsatz unter dem Titel »Guns, Bread and Butter«[18] die gleichzeitige Weiterführung des Krieges in Vietnam und des »Krieges gegen die Armut« für möglich und sinnvoll hielt, konstatierte King einen »unentrinnbaren Widerspruch zwischen Krieg und sozialem Fortschritt im Innern«[19]. »Die Regierung ist emotionell dem Krieg verpflichtet; sie ist emotionell feindselig gegenüber den Bedürfnissen der Armen.«[20] Diese Behauptung rechtfertigte King mit dem Verweis auf die politischen Prioritäten der amerikanischen Regierung: Während ca. 500 000 Dollar in die Tötung eines Vietnamesen »investiert« wurden, standen in den Programmen zur Bekämpfung der Armut 53 Dollar für jeden Wohlfahrtsempfänger zur Verfügung[21].

King sah deshalb auch die blutigen Rassenunruhen in vielen Städten im Sommer 1967[22] als Auswirkung der verfehlten Regierungspolitik

15 King, Speeches, S. 2—3.

16 Das galt Mitte der sechziger Jahre vor allem für die NAACP und die Urban League.
Vgl. auch die Bemerkung von A. Young: »Jedesmal, wenn die dumme Frage des Patriotismus an uns gestellt wird, ist es ein Negerreporter.« (Zit. in: Martin Luther King, ed. E. Lincoln, S. 189–190).

17 Z. B.: Testament, S. 1 und S. 3; Speeches, S. 2 und S. 11.

18 In: War/Peace, März 1967, S. 12—14.

19 King, Speeches, S. 16.

20 King, Speeches, S. 16.

21 Vgl. King, Speeches, S. 16.

22 Vgl. Riot Commission Report, S. 40 ff.

an: »Die Bomben in Vietnam explodieren zu Hause.«[23] Er lehnte damit jene Interpretation der sozialen Spannungen ab, wonach deren Ursachen in der Moral der Gettobewohner zu suchen sind[24]. Präsident Johnsons Proklamation der »Great Society« erschien ihm immer mehr als bloße Phrase: »Der Krieg in Vietnam ... hat die ›Great Society‹ zu einem Märchen (myth) gemacht.«[25]

Im Vietnamkrieg sah King »ein Symptom einer viel tiefer sitzenden Krankheit im Geist Amerikas«[26]. Als jene »Krankheit« bezeichnete er die Position der USA »auf der falschen Seite einer Weltrevolution«[27]. Mehrfach charakterisierte er die USA und andere westliche Nationen als »Erz-Anti-Revolutionäre«[28], die verantwortlich seien für die »internationale Notsituation, die die Armen, die Besitzlosen und die Ausgebeuteten der ganzen Welt betrifft«.[29]

Zur Begründung verwies King auf die Rolle der nordamerikanischen Militärberater und Geschäftsleute in Venezuela, Kolumbien, Guatemala, Peru, Vietnam und in der Dominikanischen Republik[30]. »In immer stärkerem Maße ... ist dies die Rolle, die unsere Nation einnimmt: die Rolle derjenigen, die eine friedliche Revolution unmöglich machen, indem sie sich weigern, die Privilegien und Annehmlichkeiten aufzugeben, die von den ungeheuren Profiten aus den Investitionen in Übersee herrühren.«[31] King konstatierte einen engen sachlichen Zusammenhang zwischen der Wirtschafts- und der Militärpolitik der Vereinigten Staaten und sprach von »ökonomischem Kolonialismus« bzw. »Impe-

23 Z. B. King, The Role of the Behavioral Scientist, a.a.O., S. 181; Testament, S. 6; Where, S. 86.

24 King zitierte häufig das Wort Victor Hugos: »Wenn die Seele im Dunkeln gelassen wird, werden Sünden begangen werden. Der Schuldige ist nicht derjenige, der die Sünde begeht, sondern derjenige, der die Dunkelheit verursacht.« (Zit. z. B. Trumpet, S. 7.)

25 King, Speeches, S. 15.

26 King, Speeches, S. 10.

27 King, Speeches, S. 10.

28 Z. B.: Where, S. 190; Trumpet, S. 33.

29 King, Trumpet, S. 62.

30 Vgl. King, Speeches, S. 10; Trumpet, S. 63; Testament, S. 4.

31 King, Speeches, S. 10. Vgl. auch: King, Trumpet, S. 17 und S. 32.

rialismus«[32]. Als Beleg nannte er u. a. die Tatsache, daß »einzelne Kapitalisten des Westens riesige Geldsummen in Asien, Afrika und Südamerika investieren, aber nur, um Profite herauszuziehen, und ohne jedes Interesse an einer sozialen Besserstellung der betroffenen Länder«[33]. Das Interesse an der Sicherung der wirtschaftlichen Machtposition habe die Vereinigten Staaten »zum größten Exponenten der Gewalt in der heutigen Welt«[34] gemacht.

Aus dem Zusammenhang von Rassismus, Armut und Militarismus leitete King pessimistische Prognosen für die Zukunft der amerikanischen Gesellschaft ab. 1967 erklärte er: »Eine Nation, die Jahr für Jahr mehr Geld für militärische Verteidigung ausgibt als für Sozialprogramme, nähert sich dem inneren Tod (spiritual death).«[35] Nur durch seine Ermordung wurde er daran gehindert, in der Ebenezer-Kirche in Atlanta eine Predigt mit dem Thema »Why America May Go to Hell« zu halten[36].

Die Ergebnisse seiner Gesellschaftsanalyse veranlaßten King zu weitgehenden Folgerungen; so erklärte er 1967: »Jahrelang mühte ich mich ab mit dem Gedanken, die bestehenden Institutionen der Gesellschaft zu reformieren, eine kleine Veränderung hier, eine kleine Veränderung dort. Jetzt bin ich ganz anderer Meinung, ich denke, eine Rekonstruktion der ganzen Gesellschaft, eine Revolution der Werte ist notwendig.«[37] Entsprechend kritisierte er in einer Bezugnahme auf das Gleichnis vom barmherzigen Samariter (Lk. 10, 25–37) eine Beschränkung auf sozialtherapeutische Maßnahmen: »Einerseits sind wir gerufen, die

[32] Vgl. King, Trumpet, S. 62; Speeches, S. 5. Auch H. Marcuse hat mit seiner Analyse der Vereinigten Staaten als »warfare state« auf diesen Zusammenhang hingewiesen. Dazu: H. Marcuse, One-Dimensional Man, S. 38–55; F. Vilmar, Rüstung und Abrüstung im Spätkapitalismus, S. 68 ff.

[33] King, Trumpet, S. 32.

[34] King, Speeches, S. 23 und 45. Vgl. auch: Questions and Answers about the Washington Campaign (hrsg. von der SCLC, 1968): »Zur Routine Amerikas gehört die Unterdrückung der Armen.«

[35] King, Speeches, S. 11.

[36] Nach D. Lewis, a.a.O., S. 386. Der Text der vorbereiteten Predigt ist bisher nicht publiziert worden. »Why America may go to hell« = »Warum Amerika zur Hölle gehen könnte.«

[37] Zit. in: D. Halberstam, The Second Coming of Martin Luther King, a.a.O., S. 48.

Rolle des barmherzigen Samariters an den Straßen des Lebens auszuüben; aber das kann nur am Anfang stehen. Eines Tages müssen wir erkennen, daß der ganze Weg nach Jericho umgebaut werden muß.«[38]

King erläuterte sein Verständnis der »Revolution der Werte« mittels einer Paraphrase des Gesprächs zwischen Jesus und Nikodemus (Joh. 3): »Jesus blieb nicht in einer isolierten Betrachtung dessen, was er (Nikodemus – der Vf.) nicht tun sollte, stecken. ... Jesus sagte: ›Nikodemus, du mußt von neuem geboren werden!‹ Er sagte m. a. W.: ›Deine ganze Struktur muß geändert werden.‹ Eine Nation, die Menschen 255 Jahre in Sklaverei hält, wird sie zu Dingen machen. Deshalb wird sie jene, ja die Armen allgemein, wirtschaftlich ausbeuten.«[39] King forderte daher: »Wir müssen rasch mit dem Übergang von einer ›Ding‹-orientierten Gesellschaft zu einer ›Person‹-orientierten Gesellschaft beginnen.«[40]

Kapitalistisches Profitdenken wie die Beschneidung elementarer Freiheitsrechte durch kommunistische Staatsdiktaturen sah er in gleicher Weise als Ursachen der »Verdinglichung« des Menschen an[41]. »Die gute und gerechte Gesellschaft ist weder die These des Kapitalismus noch die Antithese des Kommunismus, sondern eine bewußt soziale Demokratie, die die Wahrheit des Individualismus und die des Kollektivismus miteinander versöhnt.«[42]

King hat zwar zeitlebens aus seiner Abneigung gegenüber dem Kommunismus kein Hehl gemacht[43], doch wurde sein Urteil, der Entwicklung seiner Gesellschaftskritik folgend, zunehmend differenzierter[44].

38 King, Speeches, S. 11.

39 King in: Annual Report, 1967, S. 16.

40 King, Where, S. 186.

41 Vgl. dazu: King, Where, S. 186.

42 King, Where, S. 187.

43 Vgl. King, Where, S. 189. Der unaufgeklärte Anti-Kommunismus, dessen Spuren sich auch bei King finden, ist auf die politische Indoktrination durch weiße Politiker und Publizisten zurückzuführen. Durch die Übernahme des offiziellen Anti-Kommunismus meinen viele Neger, dem Vorwurf der Illoyalität gegenüber ihrer eigenen Nation entgehen zu können.

44 1954 hatte King eine Predigt mit dem Thema »How Should a Christian View Communism? (Wie sollte ein Christ den Kommunismus sehen?)« gehalten (abgedruckt in: Strength, S. 114 ff). Darin heißt es: »Die grundlegende

Er erkannte die ideologische und system-stabilisierende Funktion des offiziellen Anti-Kommunismus; hatte er doch selber während seines Engagements in der Bürgerrechtsbewegung erfahren, daß die Aufdekkung tiefgreifender sozialer Gegensätze und die politische Organisierung einer Minorität von Politikern und Publizisten als kommunistische Subversion verdächtigt und bekämpft wurden[45]. Als Teilaspekt einer »Revolution der Werte« betrachtete King deshalb die Überwindung des »irrationalen, fanatischen Anti-Kommunismus«[46]. »Wir sollten uns nicht für einen negativen Anti-Kommunismus, sondern für einen positiven Vorstoß zur Demokratie hin engagieren.«[47]

Die Folgerungen, die King aus seiner Gesellschaftskritik zog, betrafen indes keineswegs nur die Wertstruktur der amerikanischen Gesellschaft. Vielmehr schloß die von ihm intendierte »Wiedergeburt« der USA eine wesentliche Veränderung der ökonomischen Basis ein: »Ein Gebäude, das Bettler hervorbringt[48], muß neu gebaut werden. ... Man beginnt die Frage zu stellen: ›Wer besitzt das Öl? ... Wer besitzt das Eisenerz?‹«[49] »Wiedergeburt« bedeutete für King die öffentliche Infragestellung etablierter Privatinteressen und die Neuordnung der Verfügungsgewalt im wirtschaftlichen Bereich. Er forderte deshalb ein garantiertes Jahreseinkommen für alle Bürger, eine weitreichende Über-

Prämisse dieser Predigt lautet: Kommunismus und Christentum sind grundsätzlich unvereinbar.« (S. 114) King beschreibt kirchenkritisch das Engagement von Karl Marx für soziale Gerechtigkeit (S. 118), doch lehnt er den Kommunismus wegen seiner »materialistischen Weltanschauung« und seines »ethischen Relativismus« ab. (S. 115.) Hinsichtlich des amerikanischen Kapitalismus sprach King damals nur von den »Schwächen des traditionellen Kapitalismus« (S. 120). Eine ähnliche Formulierung ist in den Dokumenten aus der Phase radikalerer Gesellschaftskritik nicht zu finden.

45 Charakteristisch dafür: C. T. Rowan, The Tragic Decision of Martin Luther King, in: Readers' Digest, Sept. 1967, S. 37–42.

46 King, Honoring Dr. DuBois, in: Freedomways, Frühjahr 1968, S. 109.

47 King, Where, S. 189; Speeches, S. 12. In dem Vortrag Kings mit dem Titel »Honoring Dr. DuBois« ist die Bemerkung enthalten: »Es verdient Beachtung, daß Abraham Lincoln die Unterstützung von Karl Marx während des Bürgerkriegs wärmstens begrüßte und mit ihm sehr frei korrespondierte.« (a.a.O., S. 109.)

48 King meint die ca. 35 Millionen Armen in den USA.

49 King, Annual Report 1967, S. 14.

prüfung der Investitionen im Ausland, Programme zur Sanierung der Großstädte und die Nationalisierung bestimmter Industrien[50]. Kings Mitarbeiter, Pastor John Lewis, vertrat daher die Ansicht: »In den letzten Jahren seines Lebens war King so etwas wie ein christlicher Sozialist (a kind of Christian socialist).«[51]

In dieser Phase seines Wirkens sah sich King in zunehmendem Maße einer Kritik von zwei Seiten ausgesetzt: ihn attackierten sowohl amerikanische Politiker und liberale Bürger als auch radikale Anhänger der Black-Power-Bewegung.

Bereits 1966 wurde auf einer von der Johnson-Administration einberufenen Bürgerrechtskonferenz Kings Führungsrolle bewußt ignoriert bzw. neutralisiert[52]. King war eben wegen seiner Kritik an der Regierungspolitik zur »persona non grata« für die »white power structure« geworden. Aus dem gleichen Grund sank seine Popularität rapide ab, wie Umfragen eines Meinungsforschungsinstituts ergaben[53].

Radikale Negerführer und deren politische Verbündete richteten scharfe Angriffe gegen King, weil er trotz seiner schroffen Gesellschaftskritik an der Strategie der Gewaltlosigkeit festhielt. So behauptete z. B. der weiße Publizist Andrew Kopkind, ein Befürworter bewaffneten Guerillakampfes: »Obwohl er (M. L. King – der Vf.) von strukturellen Veränderungen redet, geht er von der Erhaltung der herrschenden Strukturen aus.«[54] Kings Gesellschaftskritik wurde von militanten Negern als rein verbale Radikalität abgetan.

Da King seine Gesellschaftskritik bis hin zur Forderung einer grundlegenden Strukturveränderung der amerikanischen Gesellschaft verschärfte und gleichzeitig weiterhin auf gewaltlosem Vorgehen insistier-

50 Vgl. dazu: W. Halberstam, The Second Coming of Martin Luther King, a.a.O., S. 48.

51 In einem Interview mit dem Vf. am 22. 5. 1969 in Atlanta.

52 Vgl. D. Lewis, a.a.O., S. 311–312. Deshalb trifft A. Kopkind mit seiner Behauptung, King spreche »nicht einfach aus, was ist, sondern das, was seiner Meinung nach seiner Zuhörerschaft genehm ist«, weder Kings Selbstverständnis noch die objektive Wirkung seiner Reden in jener Phase. (Zitat in: A. Kopkind, Von der Gewaltlosigkeit zum Guerillakampf, in: Black Power, Voltaire-Flugschrift 14, S. 29.)

53 Vgl. D. Lewis, a.a.O., S. 258.

54 A. Kopkind, a.a.O., S. 30.

te, hing seine politische Rolle wesentlich von der Lösung folgenden Problems ab: War es möglich, die von ihm geforderten strukturellen Änderungen tatsächlich durchzuführen, ohne das Prinzip der Gewaltlosigkeit aufzugeben? Die zitierte King-Kritik A. Kopkinds ist also insofern ernstzunehmen, als ihr die Frage nach der Korrelation von Glaubwürdigkeit und Effektivität in Kings politischem Handeln zugrundeliegt. Es wird daher noch zu untersuchen sein, wieweit Kings politische Praxis nach den Aktionen in Chicago im Jahre 1966 tatsächlich als Versuch einer strukturellen Gesellschaftsveränderung gewertet werden kann. Im besonderen wird zu analysieren sein, welche Rolle seinem Konzept massenhaften zivilen Ungehorsams zukam angesichts seiner Intention, weder einem schlechten Reformismus zu verfallen noch die Strategie der Gewaltlosigkeit zu verwerfen.

EXKURS: Das Verhältnis Kings und der »Southern Christian Leadership Conference« zur »Black-Power«-Bewegung

1. Beginn der Auseinandersetzung: Der »Meredith Mississippi Freedom March« (1966)

»Do I really *want* to be integrated in a burning house?«
(»Will ich wirklich in ein brennendes Haus integriert werden?«)
(James Baldwin)

In der Bürgerrechtsbewegung wurde der Slogan »Black Power«[1] erstmalig im Juni 1966 laut. Nachdem James Meredith, der 1962 als erster Neger seine Immatrikulation an der University of Mississippi durchgesetzt hatte[2], auf einem demonstrativen Freiheitsmarsch durch den Staat Mississippi von weißen Rassisten angeschossen worden war, setzten die Bürgerrechtsorganisationen SCLC, SNCC und CORE den Marsch fort. Die brutalen Ausschreitungen der weißen Bevölkerung gegen die Demonstranten und die völlige Ohnmacht der Neger trotz ihres hohen Bevölkerungsanteils in Mississippi bestärkten Stokely Car-

[1] = »schwarze Macht«. Vgl. dazu: S. Carmichael/Ch. Hamilton, Black Power, The Politics of Liberation in America; Floyd B. Barbour (Hg.), The Black Power Revolt; G. Amendt (Hg.), Black Power. King hat darauf verwiesen, daß der Negerschriftsteller Richard Wright (1908–1960) den Terminus bereits 1954 (– als Buchtitel –) verwendet hatte, bevor er in der Bürgerrechtsbewegung eine Rolle spielte. Vgl.: Where, S. 29

[2] Regierungstruppen mußten Meredith schützen, nachdem die brutalen Ausschreitungen der weißen Bevölkerung zu mehreren Todesopfern geführt hatten. Vgl. dazu James Silver, Mississippi – The Closed Society, S. 107 ff.

michael (SNCC)[3] in der Überzeugung, daß die Neger eine von der Unterstützung durch Weiße unabhängige politisch-wirtschaftliche Machtposition erlangen müßten. Während des Marsches gab Carmichael die Parole »Black Power« aus. In Greenwood (Mississippi) antworteten die Marschteilnehmer auf die Frage eines SNCC-Mitgliedes: »Was wollen wir?« in lautem Chor: »Black Power!«[4]. Im damaligen Kontext bedeutete das vor allem die Ausübung des Wahlrechts[5]. Viele Demonstranten hörten auf, die Strophe »Black and White together« aus dem Bürgerrechtslied »We Shall Overcome« zu singen. Den Anfang des genannten Liedes änderten sie um in »We Shall Overrun«[6] und demonstrierten so ihre Abwendung von prinzipieller Gewaltlosigkeit.

King war über diese Entwicklung bestürzt[7]. Er führte ein langes Gespräch mit Stokely Carmichael und Floyd McKissick, die dem Slogan »Black Power« eine mobilisierende Wirkung beimaßen und die Frage der Gewaltlosigkeit gegenüber der Machtfrage für sekundär hielten. King nannte zwei Gründe für seine Ablehnung der Parole »Black Power«:

1. »Wenn auch der Begriff legitimer schwarzer Macht als Bezeichnung einwandfrei sein mochte, so weckte doch der Slogan ›Black Power‹ die falschen Assoziationen. ... Die Worte ›schwarz‹ und ›Macht‹ zusammen vermitteln den Eindruck, daß wir mehr von schwarzer Herrschaft als von schwarzer Gleichheit sprechen.«[8]

2. »Ich erwähnte die Assoziation von Gewalttaten, die die Presse bereits mit diesem Wort verbunden hat.«[9]

3 Carmichael war in 5 Jahren 27 mal von Weißen willkürlich verhaftet worden. (Vgl. W. Miller, a.a.O., S. 245.)

4 Dazu: P. Good, The Meredith March, in: New South, Sommer 1966, S. 2—16.

5 Vgl. W. Miller, Martin Luther King, S. 246.

6 Vgl. King, Where, S. 26. »Black and White together« = »Schwarze und Weiße zusammen«. — »We shall overcome« = »Wir werden überwinden.« — »We shall overrun« = »Wir werden überrennen.«

7 Vgl. King, Where, S. 23 ff.

8 King, Where, S. 30 und 31.

9 King, Where, S. 30. Dieses Bedenken Kings wird durch die Tatsache bestätigt, daß in der Bundesrepublik der Terminus »Black Power« häufig mit: »schwarze Gewalt« (nicht: »schwarze Macht«!) wiedergegeben wird. Die tendenziöse Auslegung des Black-Power-Konzeptes reflektiert die politischen

2. Übereinstimmungen im Bereich der Gesellschaftsanalyse

> »Amerikanische Neger haben jetzt ebensoviel Recht zu rebellieren wie die Patrioten von 1776 zu ihrer Zeit. Kann jemand behaupten, daß das britische Regiment drückender war als das der heutigen Slums?« (Robert Paul Wolff)

Die Differenzen zwischen der von King geleiteten SCLC und den Bürgerrechtsorganisationen SNCC und CORE, die ihre Programme unter das Motto »Black Power« stellten, wurden in der amerikanischen Öffentlichkeit zumeist als prinzipieller Widerspruch zwischen einer gewaltlosen Bürgerrechtsbewegung und einer zur Gewalt neigenden Black-Power-Bewegung interpretiert.

Diese Sichtweise ignoriert jedoch die weitgehende Übereinstimmung zwischen der von King geleiteten Bürgerrechtsbewegung und der Black-Power-Bewegung[10] hinsichtlich ihrer Gesellschaftsanalyse wie ihrer Zielvorstellungen. Die kritische Identifikation mit den Hauptinhalten des Black-Power-Konzeptes deutete King bereits auf dem »Meredith March« an, als er von »legitimer ›Black Power‹« sprach[11]. In einem Interview erklärte er: »Ich benutze nicht den Terminus ›Black Power‹, aber ich weiß: Der Neger muß Macht (power) haben, wenn wir Freiheit und menschliche Würde gewinnen wollen.«[12]

Interessen derjenigen, die den gesellschaftlichen Status quo gegenüber kritischen Minoritäten verteidigen wollen. In den USA wie in der BRD soll durch die Charakterisierung der Black-Power-Bewegung als »gewalttätig« in der Bevölkerung ein Ressentiment erzeugt werden, das von den Zielen der Bewegung ebenso ablenkt wie von der system-immanenten Gewalt, der die Neger täglich ausgesetzt sind.

10 Auf die Unterschiede zwischen den verschiedenen Gruppen der Black-Power-Bewegung (Black Muslims; Malcolm X; SNCC; CORE; Black Panthers u. a.) kann hier nicht eingegangen werden, zumal in den Jahren 1966–67 Differenzierungen nur in ersten Ansätzen bestanden. Im folgenden soll die allen Gruppen gemeinsame Grundtendenz dargestellt werden. H. Dratch hat in seinem 1968 erschienenen Aufsatz »The Emergence of Black Power« zu Recht betont, daß bisher vorliegende Definitionen von »Black Power« keineswegs endgültig und oft inkonsistent bzw. wenig präzise sind. (In: International Socialist Journal, Juli 1968, S. 321)

11 King, Where, S. 30.

12 Zit. in P. Good, The Meredith March, a.a.O., S. 13. Wie jedoch die King-

King und Carmichael beschrieben gleichermaßen das Verhältnis der »white power structure« zu den unterprivilegierten Negern als Exploitationsverhältnis, als »koloniale Situation«[13]. Cathleen Cleaver von der »Black Panther Party« erinnerte ausdrücklich an Kings Gesellschaftsanalyse, als sie 1968 erklärte: »Die wesentlichen politischen Voraussetzungen und Übereinkünfte in diesem Lande beruhen auf der Trennung zwischen Armen und Reichen.«[14] Führende Sprecher der Black-Power-Bewegung sahen wie King die Armut in den USA und in der sog. Dritten Welt als Folge des amerikanischen Kapitalismus an[15]. Gegenüber konservativen Bürgerrechtsorganisationen wie der NAACP und der Urban League[16] vertraten sie die Auffassung, das außenpolitische, militärische Engagement der USA stelle eine wesentliche Ursache für die Verschlechterung der Situation der Gettobewohner dar.[17]

King und die SCLC teilten auch die generellen Zielsetzungen der Black-Power-Bewegung. Wie Carmichael und andere Exponenten der Bewegung verstanden sie das Black-Power-Konzept als ein Programm, das politische, wirtschaftliche und psychologische Implikationen hat. Nach Carmichaels Verständnis ist »Black Power ... ein Aufruf an die Schwarzen in diesem Lande, sich zu vereinigen, ihr kulturelles Erbe zu erkennen und Gemeinschaftssinn zu entwickeln. Es ist ein Aufruf an die Schwarzen, ihre eigenen Ziele zu bestimmen, ihre eigenen Organisationen zu führen und zu unterstützen. Es ist ein Aufruf, die rassistischen

Zitate in diesem Kapitel zeigen, gebrauchte auch King den Terminus »Black Power«, und zwar nicht nur in polemischer Zuspitzung. Entsprechend haben S. Carmichael und Ch. Hamilton hingewiesen auf »die zahlreichen schwarzen Führer, die den Terminus ›Black Power‹ verworfen haben, obwohl ihre eigenen Stellungnahmen, Verhaltensweisen und Programme den Schluß nahelegen, daß sie das gutheißen, was wir mit ›Black Power‹ meinen«. (S. Carmichael/Ch. Hamilton, a.a.O., S. 175)

13 Vgl. S. Carmichael/Ch. Hamilton, a.a.O., S. 32; King, Trumpet, S. 62.

14 Zit. in: G. Amendt (Hg.), Black Power, S. 74.

15 Vgl. S. Carmichael/Ch. Hamilton, a.a.O., S. XI; V. Brandes/J. Burke, a.a.O., S. 181–185; King, Trumpet, S. 62.

16 Inzwischen haben sich auch Vertreter der NAACP und der Urban League den Kritikern des Vietnamkrieges angeschlossen.

17 Vgl. L. P. Neal, Black Power in the International Context, in: F. Barbour (Hg.), The Black Power Revolt, S. 136–145.

Institutionen dieser Gesellschaft zu verwerfen«[18]. Ganz im Sinne dieser Definition erklärte King: »›Black Power‹ ist in ihrer allgemeinen und positiven Bedeutung ein Aufruf an die schwarzen Menschen, alle politische und wirtschaftliche Kraft zu sammeln, um ihre legitimen Ziele zu erreichen.«[19] »Wir sind herausgefordert, die Macht, die wir bereits besitzen, zu organisieren (to organize the power we have already in our midst)«.[20] »›Black Power‹ ist ein psychologischer Aufruf zu menschlicher Würde.«[21]

Im politischen Bereich maß King der Anwendung der »bloc-vote«-Technik besondere Bedeutung bei[22]. Er hoffte, so die »kumulative politische Macht des Negers« als eine »der wichtigsten Waffen im Kampf für soziale Gerechtigkeit«[23] einsetzen zu können. Die Realisierung von Black Power im ökonomischen Bereich erwartete er von einer konzentrierten Nutzung sämtlicher finanzieller Resourcen der Neger.[24]

King hob besonders die psychologische Dimension von Black Power hervor.[25] »›Black Power‹ ist eine psychologische Reaktion auf die Indoktrination, die zur Schaffung des perfekten Sklaven führte.«[26] Zwar lehnte er chauvinistische Ausformungen des afro-amerikanischen Kulturnationalismus[27] ab, doch unterstützte er die Versuche der Black-Power-Bewegung, durch die Entwicklung einer afro-amerikanischen Subkultur die psychische Emanzipation der Neger zu fördern[28]. So

18 Carmichael/Ch. Hamilton, a.a.O., S. 44.
19 King, Where, S. 36.
20 King, Testament, S. 4.
21 King, Where, S. 38.
22 Vgl. King, Where, S. 38. Unter »bloc-vote« ist die gezielte Abgabe aller Stimmen einer sozialen Gruppe (wie der Neger z. B.) für *einen* Kandidaten zu verstehen.
23 King, Testament, S. 4.
24 Vgl. King, Where, S. 38.
25 S. auch G. Amendt, a.a.O., S. 224, zu diesem Aspekt von »Black Power«: »Ungeschichtlich verfährt ... die linke Kritik, die den Befreiungskampf der Afro-Amerikaner ausschließlich als sozio-ökonomisches Phänomen begreift, die psychischen Folgen kontinuierlicher Manipulation und Indoktrination leugnet ..«.
26 King, Where, S. 40.
27 Dazu: V. Brandes/J. Burke, a. a.O., S. 141–184.
28 Vgl. King, Where, S. 38 ff.

propagierte er 1967 den Slogan »Black is beautiful«[29]. Der Slogan diente der Entwicklung eines politisch mobilisierenden »In-Group«-Bewußtseins[30]. In vielen Reden wies King deshalb auch auf die geschichtlichen Leistungen amerikanischer Neger hin, die in dem traditionellen amerikanischen Geschichtsbild keine Berücksichtigung gefunden haben[31].

In seinen theologischen Überlegungen zum »power«-Begriff vermied er eine theologische Glorifizierung individueller oder sozialer Ohnmacht. »Eines der größten Probleme in der Geschichte besteht darin, daß die Begriffe ›Liebe‹ und ›Macht‹ gewöhnlich als Gegensätze behandelt wurden. ... Notwendig ist die Erkenntnis, daß Macht ohne Liebe rücksichtslos und schimpflich und Liebe ohne Macht sentimental und blutleer ist.«[32] »Macht als solche ist durchaus nicht verwerflich. Das Problem besteht darin, daß die Macht in Amerika ungleich verteilt ist.«[33] Als elementare Krise der Gegenwart bezeichnete King die »Kollision unmoralischer Macht mit machtloser Moralität«[34]. Die Erlangung einer gesellschaftlichen Machtposition wurde von ihm offensichtlich als ein legitimes Ziel christlichen Handelns angesehen, um gesellschaftliche Verantwortung wahrnehmen zu können[35]. Die Erkenntnis, daß die schwarze Minderheit politische und wirtschaftliche Macht gewinnen müsse, bezeichnet also gerade das Moment der Übereinstimmung und nicht der Differenz zwischen der von King geleiteten Bürgerrechtsbewegung und den Black-Power-Gruppen.

29 = »Schwarz ist schön.« Vgl. »Annual Report« der SCLC, 1967, S. 9.

30 Vgl. J. Hough, Black Power and White Protestants, S. 95.

31 Vgl. King, Where, S. 41–42. Kings Hinweis auf individuelle Leistungen von amerikanischen Negern kann also nicht als Symptom eines Mittel-Klassen-Ethos verstanden werden. (Gg. A. Kopkind, Von der Gewaltlosigkeit zum Guerillakampf, a.a.O., S. 30–31 und: G. Amendt, a.a.O., S. 232.)

32 King, in: Annual Report 1967, S. 10. In seinen Überlegungen zum »power«-Begriff ist King offensichtlich von P. Tillich und R. Niebuhr beeinflußt.

33 King, Where, S. 37.

34 King, Where, S. 37.

35 Vgl. King, Where, S. 37.

3. Differenzen in bezug auf die strategischen Probleme der Koalitionsbildung und der Gewaltanwendung

> »Black Power... bedeutet die völlige Befreiung der Schwarzen von der Unterdrückung durch Weiße, mit allen Mitteln, die die Schwarzen für notwendig halten.« (James Cone)

Während King und die SCLC den inhaltlichen Zielen des Black-Power-Konzepts und der entsprechenden Gesellschaftsanalyse weitgehend zustimmten, übten sie grundsätzliche Kritik an der Strategie der Black-Power-Bewegung. An der Frage, wie das nicht genutzte Machtpotential der Neger politisch am effektivsten zu organisieren sei, brachen die Differenzen auf.

Zweifellos war Kings Kritik der Black-Power-Bewegung anfänglich, d. h. in dem Jahr, das zwischen dem »Meredith Mississippi March« (1966) und dem »langen heißen Sommer« von 1967[36] lag, sehr pauschal. So faßte er Ende 1966[37] sein Verhältnis zur Black-Power-Bewegung in dem Satz zusammen: »Trotz der positiven Aspekte der ›Black Power‹, die mit dem vereinbar sind, was wir in der Bürgerrechtsbewegung ohne den Slogan schon immer erstrebten, besitzt die Black-Power-Bewegung aufgrund ihrer negativen Werte, glaube ich, nicht die Substanz und das Programm, um die grundlegende Strategie der Bürgerrechtsbewegung in der Zukunft zu werden.«[38]

Damals bezeichnete King die Konzeption der Black-Power-Bewegung noch als »nihilistische Weltanschauung, entstanden aus der Überzeugung, daß der Neger nicht gewinnen kann«[39]. »Sie verwirft das

[36] Vgl. dazu: B. Rustin, Die Lektionen des langen, heißen Sommers, in: Weltfrieden und Revolution, hrsg. von H.-E. Bahr, S. 167–184. Im Sommer 1967 brachen in über 100 Negergettos die schwersten Rassenunruhen der amerikanischen Geschichte aus. Vgl. dazu: Riot Commission Report, S. 112–113.

[37] Im Dezember 1966 schloß King das Manuskript für das Buch »Where Do We Go from Here« ab. Im Juli 1967 (drei Monate nach der Publikation des Buches) »explodierten« die Negergettos. (Vgl. D. Lewis, a.a.O., S. 364 bis 365.)

[38] King, Where, S. 44. Einen Monat nach dem Meredith-Marsch hat King diese Kritik in einer Anzeige in der New York Times wiederholt. S. dazu: King, Black Power, in: New York Times, 26. 6. 1966.

[39] King, Where, S. 44. Wenige Monate später, im April 1967, wies King sel-

eine, was das Feuer der Revolution nicht ausgehen läßt: die nie verlöschende Flamme der Hoffnung.«[40] Zweifellos wurde King mit diesem Urteil den Hoffnungen der Black-Power-Bewegung auf gesellschaftliche Umwälzungen in den USA und der sog. Dritten Welt – herbeigeführt durch den Widerstand der Unterprivilegierten – nicht gerecht[39]. Die Alternative zu jener angeblichen Hoffnungslosigkeit der Black-Power-Bewegung beschrieb er wie folgt: »Der beste Kurs für uns ist es, eine feste Haltung einzunehmen, gewaltlos vorzudringen, Enttäuschungen hinzunehmen und sich an die Hoffnung zu klammern. Unsere Entschlossenheit, uns nicht aufhalten zu lassen, wird schließlich die Tür zur Erfüllung öffnen.«[42]

Der schwarze Historiker Vincent Harding hat diese Voten Kings wohl mit Recht als wenig präzise Analyse, als »vage Glaubensäußerung«[43] charakterisiert. Zwar hatte King, als er während einer Versammlung in Chicago im Jahre 1966 von jungen Negern ausgebuht worden war, konstatiert: »Sie waren jetzt feindselig, weil sie sahen, wie der Traum, den sie so bereitwillig akzeptiert hatten, zu einem enttäuschenden Alpdruck wurde.«[44] King verstand durchaus, warum Neger an der Strategie der Gewaltlosigkeit verzweifelten: »Wenn Stokely Carmichael jetzt sagt, daß Gewaltlosigkeit irrelevant ist, dann deshalb, weil er, als ein hingebungsvoller Veteran vieler Schlachten, mit eigenen Augen brutalste Gewalttätigkeiten von Weißen gegenüber Negern gesehen hat und sah, daß sie unbestraft blieben.«[45] In seiner Kritik der Black-Power-Bewegung fand diese Einsicht in die sozialpsychologischen Ursachen der politischen Radikalität junger Neger jedoch keine Berück-

ber – im Kontext der Friedensbewegung – auf die tiefe Korrumpierung der amerikanischen Demokratie durch »Rassismus, Armut und Militarismus« hin.

40 King, Where, S. 46.

41 Vgl. dazu: V. Brandes/J. Burke, S. 181–185; Black Power, hrsg. von G. Amendt, bes. S. 76–101.

42 King, Where, S.48.

43 V. Harding, The Religion of Black Power, in: Martin Luther King, ed. E. Lincoln, S. 183.

44 King, Where, S. 45. Vgl. King, zit. in: New York Times, 26. 6. 1966: »Die neue Stimmung hat reale, nicht eingebildete Ursachen. Sie bringt Verärgerung und Frustration zum Ausdruck.«

45 King, Where, S. 33–34.

sichtigung. Durch die undifferenzierte, polemische Kennzeichnung der Black-Power-Bewegung als Manifestation politischer Hoffnungslosigkeit geriet King in die Nähe jener liberalen amerikanischen Christen, für die der »Glaube an die gute Substanz Amerikas (faith in American goodness)« charakteristisch ist[46].

Der Theologe Charles Fager hat Kings Äußerungen zum Thema »Black Power« im Jahre 1966 nicht ohne Grund als »unbestimmt und nicht eindeutig« bezeichnet.[47] Wenige Wochen nach dem Meredith-Marsch veröffentlichte King eine ganzseitige Anzeige in der New York Times, um seiner Kritik an der Black-Power-Bewegung Publizität zu verschaffen. Angesichts der »Verwerfung und Verdrehung des Black-Power-Begriffs durch die Liberalen«[48] handelte er wenig verantwortungsvoll, wenn er die Black-Power-Bewegung als – unbewußt oder bewußt – rassistisch brandmarkte.[49] Er geriet so zweifellos in die Gefahr, den Chor der weißen Publizisten und konservativen Bürgerrechtler zu verstärken, die – ohne Rücksicht auf die Intentionen Carmichaels und seiner Freunde – die Parole »Black Power« als »umgekehrten Rassismus (racism in reverse)«[50] verdammten. Als die »gemäßigten« Bürgerrechtler Philip Randolph, Bayard Rustin, Roy Wilkins und Whitney Young ein Manifest »Crisis and Commitment«[51] veröffentlichten, stimmte King ihrer scharfen, am Integrationskonzept orientierten Kritik am Black-Power-Konzept zu, lehnte aber eine Unterschrift ab. Er fürchtete, ein derartiger Schritt werde von der Presse sofort als Versuch einer »Exkommunizierung« von SNCC und CORE aus der Bürgerrechtsbewegung interpretiert.[52]

46 Dazu: V. Harding, a.a.O., S. 184.
47 Ch. Fager, White Reflections on Black Power, S. 29
48 Ch. Fager, a.a.O., S. 92
49 So King in der New York Times vom 6. 6. 1966
50 Vgl. dazu: Ch. Fager, a.a.O., S. 42–44
51 In: New York Times, 13. 10. 1966
52 Vgl. King Clarifies Stand, in: New York Times, 17. 10. 1966; vgl. auch: B. Chambers (Hg.), Chronicles of Black Protest, S. 217. Bereits während des Meredith-Marsches hatte King mit Carmichael und McKissick ein gemeinsames Manifest herausgegeben, das die konservativen Bürgerrechtsführer Wilkins und Young nicht unterzeichneten. S. dazu: B. Chambers, a.a.O., S. 216.

Nach dem Sommer 1967 begann King, die Black-Power-Bewegung differenzierter zu beurteilen.[53] Er konzentrierte seine Kritik jetzt auf zwei strategische Aspekte, die er bereits in seinem Buch »Where Do We Go from Here?« diskutiert hatte, ohne sie aus der Verklammerung mit den erwähnten pauschalen Urteilen zu lösen. Es handelte sich 1. um das Problem politischer Koalitionen von schwarzen und weißen Amerikanern und 2. um das Problem der Gewaltanwendung.

Das Problem politischer Koalitionen von schwarzen und weißen Amerikanern

Zwar schloß Carmichael als Leiter von SNCC politische Koalitionen mit weißen Amerikanern nicht grundsätzlich aus[54], doch lehnte er sie für die gegenwärtige Phase der Emanzipationsbewegung ab. Er ging von der Annahme aus, daß keine sinnvolle Koalition »zwischen den politisch und ökonomisch Gesicherten und den politisch und ökonomisch Ungesicherten«[55] denkbar sei. »Das Black-Power-Konzept beruht auf einer fundamentalen Voraussetzung: Bevor eine Gruppe in die offene Gesellschaft eintreten kann, muß sie erst ihre Reihen schließen.«[56] Zu

53 In den späten Reden und Veröffentlichungen Kings fehlen, soweit ich sehe, gänzlich jene allgemeinen und moralisierenden Äußerungen, die die Auseinandersetzung im Jahre 1966 kennzeichnen. King betonte nun stärker den Druck der enttäuschenden Erfahrungen, dem diejenigen Neger ausgesetzt waren, die aktiv auf das Ziel der Rassenintegration hingearbeitet hatten. Vgl. dazu: King, Trumpet, S. 40 und: Testament, S. 4–5. Ja, er stellte ausdrücklich fest: »Paradoxerweise haben diejenigen Neger, die Amerika aufgegeben haben, mehr zu seiner Verbesserung getan als seine professionellen Patrioten. Sie rütteln die Masse der ... Bürger ... auf, die Krise wahrzunehmen«. (Testament, S. 7)

54 Vgl. S. Carmichael/Ch. Hamilton, a.a.O., S. 82: »Wir hoffen, daß am Ende eine Koalition von armen Schwarzen und armen Weißen existiert.«

55 S. Carmichael/Ch. Hamilton, a.a.O., S. 60.

56 S. Carmichael/Ch. Hamilton, a.a.O., S. 44. Auch aufgrund persönlicher Erfahrungen insistierten SNCC-Mitglieder auf dem Ausschluß weißer Amerikaner aus den Bürgerrechtsorganisationen: Die liberalen weißen Volontäre in SNCC hatten oft die weniger ausgebildeten, ländlichen Neger dominiert

diesem »Glauben, daß es einen separaten ›schwarzen‹ Weg zu Macht und Erfüllung geben kann«, sagte King: »Ich kenne kaum eine Idee, die unrealistischer wäre.«[57] Den schwarzen Separatismus lehnte er also nicht nur aus Dankbarkeit für die Mitarbeit einzelner Weißer in der Bürgerrechtsbewegung ab, sondern vor allem aufgrund einer nüchternen Einschätzung der bestehenden Machtverhältnisse.[58]

Mit dieser Kritik am schwarzen Separatismus verband King jedoch keine starre Verteidigung des Integrationskonzeptes. Er nahm vielmehr die Erfahrungen des ersten Jahrzehnts der Bürgerrechtsbewegung ernst, die seinen ehemaligen Mitarbeiter Stokely Carmichael und andere Bürgerrechtler zur Ablehnung der Integrationsstrategie geführt hatten. »Wir haben gelernt, daß die Integration von Schulen keineswegs notwendig die Unzulänglichkeit der Schulen beseitigt«.[59] »Wenn ich von Integration spreche, dann meine ich nicht eine romantische Mischung von Farben. Ich meine wirkliche Teilhabe an Macht und Verantwortung«.[60]

Er befürwortete pragmatische Bündnisse der schwarzen Minorität mit Gruppen der weißen Majorität[61]: »Was wir am dringendsten brauchen, ist eine Koalition von Negern und liberalen Weißen, die darauf hinarbeitet, daß die beiden großen Parteien wirklich auf die Bedürfnisse der Armen eingehen.«[62]

Zweifellos haben alle bisherigen Bündnisse der Bürgerrechtler mit weißen Gruppen (wie Gewerkschaften, kirchlichen Vereinigungen, Liberalen) meist nur geringe Fortschritte für die Neger gebracht, wie

und so faktisch deren psychische Emanzipation verhindert. E. Cleaver von der »Black Panther Party« hat in diesem Zusammenhang von der »SNCC-Paranoia gegen weiße Kontrolle« gesprochen. (Zit. in: Black Power, hrsg. von G. Amendt, S. 189).

57 King, Where, S. 48.

58 Ausschließlich aus Schwarzen bestehende Organisationen waren nach Kings Meinung allenfalls zu rechtfertigen, wenn man sie als eine aus realer Enttäuschung veranlaßte, nur vorübergehende »Wegstation an der Straße zur Freiheit« (King, Testament, S. 4.) verstand.

59 King, Testament, S. 5

60 King, Testament, S. 4

61 Vgl. King, Where, S. 50.

62 King, Where, S. 49.

S. Carmichael und Ch. Hamilton zu Recht festgestellt haben.[63] Dennoch dürfte King richtig gesehen haben, daß – ungeachtet dieser negativen Erfahrungen – nur Koalitionen mit reformwilligen Gruppen weißer Bürger zur vollen Gleichberechtigung der Neger führen können, da letztere nur ca. 10 % der Bevölkerung ausmachen und auch bei besserer Organisierung nicht genügend politische und wirtschaftliche Macht zur völligen Durchsetzung ihrer Ziele hätten.

Nachdrücklich wies King auf die »gemeinsamen Bedürfnisse«[64] der unterprivilegierten Weißen und Schwarzen hin. »Ein unglücklicher Aspekt der Black-Power-Bewegung ist es, daß sie dem Rassenproblem gerade zu der Zeit den Vorrang gibt, in der die Wirkung der Automation und anderer Kräfte die wirtschaftliche Frage für Schwarze wie für Weiße gleichermaßen zur Hauptfrage gemacht hat.«[65] King vertrat damit gegenüber SNCC und den »Black Muslims« eine Position, die auch von den »Black Panthers« geteilt wird, jener revolutionären Partei, die innerhalb der Black-Power-Bewegung am konsequentesten das Konzept einer Koalition von radikal-gesellschaftskritischen Schwarzen und Weißen zu realisieren sucht[66]. Er kritisierte also den »schwarzen Nationalismus«[67] einiger Gruppen innerhalb der Black-Power-Bewegung, gerade weil er die Klassenunterschiede innerhalb der amerikanischen Gesellschaft für noch wesentlicher als die Rassenunterschiede hielt.[68] Diese Differenz zwischen der SCLC und der Black-Power-

63 Vgl. dazu: S. Carmichael/Ch. Hamilton, a.a.O., S. 58–64: »The Myths of Coalition.«

64 King, Where, S. 51

65 King, Where, S. 49–50.

66 Vgl. dazu die verschiedenen Dokumente über die »Black Panthers« in: Black Power, hrsg. von G. Amendt, bes. den »Offenen Brief an Stokely Carmichael« von E. Cleaver, a.a.O., S. 189–194.

67 Vgl. dazu: V. Brandes/J. Burke, a.a.O., S. 115–189.

68 Vgl. dazu auch die Kritik von H. Dratch an einigen Wortführern der Black-Power-Bewegung: »Das Black-Power-Denken schien oft genau an der Stelle zu verschwimmen, wo eine klare sozio-ökonomische Klassenanalyse notwendig war. In diesem Sinne konnten psychologische Revolutionsmodelle und direkte Analogien zu nationalistischen Bewegungen in kolonialen Gebieten die Problemstellung ebensogut verwirren wie klären. Tatsächlich hatte das Black-Power-Denken – durch die starke Konzentration auf die Probleme der Neger – oft die Tendenz, die Analyse der größeren, systembedingten Miß-

Bewegung fand ihren schlagwortartigen Ausdruck in der Parole »Macht für die Armen (poor people's power)«, die an die Stelle der Parole »Schwarze Macht (Black Power)« trat.[69]

Das Problem der Gewaltanwendung

Von Anbeginn kritisierte King das Verhältnis der Black-Power-Bewegung zur Strategie der gewaltfreien Aktion: »Der destruktivste Aspekt der Black-Power-Bewegung ist vermutlich ihr unbewußter und oft auch bewußter Ruf nach vergeltender Gewalt.«[70] Mit diesem pauschalen Urteil konnte King freilich kaum den Motiven derjenigen gerecht werden, die nach jahrelanger Teilnahme an gewaltlosen Aktionen schließlich gewaltsame Notwehrmaßnahmen in Erwägung zogen.[71]

Jedoch stützte King seine Strategiekritik auch auf eine Analyse der spezifischen Machtverhältnisse in den USA. Mit Nachdruck stellte er fest: »Eine der wesentlichen Fragen, zu denen der Neger bei seinem Streben nach Freiheit Stellung nehmen muß, ist die nach der Effektivität. ... Nun ist es eine einfache, unerbittliche Tatsache, daß jeder Versuch des amerikanischen Negers, seinen Unterdrücker mit Gewalt zu stürzen, scheitern wird. Es ist gar nicht nötig, daß Präsident Johnson uns das sagt, indem er die rebellierenden Neger daran erinnert, daß sie zahlenmäßig im Verhältnis 1 : 10 unterlegen sind. ... Jeder Führer einer gewaltsamen Rebellion muß bereit sein, die möglichen Verluste ehrlich einzuschätzen, die eintreten, wenn eine Minderheit einer gut-gerüsteten, wohlhabenden Majorität entgegentritt, deren fanatischer rechter Flü-

stände zu ignorieren, von denen die Krise der Neger nur ein Teil war.« (H. Dratch, a.a.O., S. 154).

69 Vgl. King, Where, S. 50: »In diesem Kontext wäre der Slogan ›Power for Poor People‹ viel angemessener als der Slogan ›Black Power‹.«

70 King, Where, S. 54. Vgl. aber auch Kings einschränkende Bemerkung: »Floyd McKissick wie Stokely Carmichael haben erklärt, daß sie Gegner aggressiver Gewalt sind.« In: Trumpet, S. 40, bezeichnete King die Einstellung militanter Jugendlicher zur Gewaltanwendung als »gemischt (mixed)«.

71 Das Prinzip der Gewaltfreiheit hatten die Organisationen SNCC und CORE übrigens schon vor 1966 aufgegeben; sie hatten nur noch aus taktischen Gründen an Gewaltlosigkeit festgehalten.

gel über die Vernichtung von Tausenden schwarzer Männer, Frauen und Kinder jubeln würde.«[72]

Im Gegensatz zu dem Negerführer R. Williams[73] betrachtete King eine erfolgreiche Durchführung einer Minderheitenrevolution in den USA als unmöglich; unter Bezugnahme auf die kubanische Revolution[74] erklärte er: »Keine innere Revolution hat je Erfolg darin gehabt, eine Regierung gewaltsam zu stürzen, wenn nicht die Regierung schon die Loyalität der Armee und die effektive Kontrolle über sie verloren hatte.«[75] Ebensowenig hielt er in nächster Zukunft eine politisch wirksame Unterstützung der amerikanischen Neger durch eine auswärtige Nation für denkbar[76]. »Der Kampf des Negers in Amerika ist ganz anders und viel schwieriger als ein Unabhängigkeitskampf. Der amerikanische Neger wird morgen mit eben demselben Volk zusammenleben müssen, gegen das er heute kämpft.«[77]

Versucht man die Einstellung Kings zur Black-Power-Bewegung zusammenfassend zu beurteilen, so ist festzustellen, daß eine pauschale, moralische Verurteilung der Black-Power-Bewegung in zunehmendem Maße einer differenzierten, pragmatischen Kritik Platz machte.

Insofern King einerseits in der Analyse der amerikanischen Gesellschaft mit den Wortführern der Black-Power-Bewegung weitgehend übereinstimmte, andererseits gewaltsame Emanzipationsversuche der Neger für politisch ineffektiv hielt, mußte er eine alternative Strategie aufzeigen, die den systembedingten Problemen der Unterprivilegierten

72 King, Where, S. 56–57.
73 Vgl. R. Williams, Das ungelöste Rassenproblem, Achillesferse des amerikanischen Imperialismus, in: R. Williams/R. B. Rigg, Großstadtguerilla, Voltaire-Flugschrift 14, S. 9.
74 Vgl. King, Where, S. 59.
75 King, Annual Report 1967, S. 12. Auch Ch. Hamilton, neben S. Carmichael Autor des Buches »Black Power. The Politics of Liberation in America«, hat im April 1968 die Ansicht geäußert: »Eine gewaltsame Revolution in diesem Lande würde scheitern. Sie würde mit repressiven Maßnahmen beantwortet werden, wie sie 1960 in Sharpeville, Südafrika, angewendet wurden«. (Zit. in: H. Dratch, a.a.O., S. 341).
76 Vgl. King, Nonviolence: The Only Road to Freedom, a.a.O., S. 28: »Keine farbige Nation – auch China nicht – hat auch nur das Potential zur Führung einer (gewaltsamen) Revolution der Farbigen von internationalem Ausmaß.«
77 King, Where, S. 62.

angemessen war.[78] Diese Notwendigkeit veranlaßte ihn, den Schritt zur höchsten Eskalationsstufe[79] von Gewaltlosigkeit, m. a. W.: zu massenhaftem zivilen Ungehorsam[80], zu propagieren. »Wenn man auf einem den Städten angemessenen Niveau Protest erheben und diesem Protest militanten und zugleich gewaltfreien Charakter verleihen will, muß man zivilen Ungehorsam üben. Eine Stadt lahmzulegen, ohne sie zu zerstören, kann wirksamer sein als Aufruhr, weil eine solche Lahmlegung länger dauern kann und der Gesellschaft teuer zu stehen kommt, ohne blind zerstörerisch zu wirken ... Ziviler Ungehorsam, von Massen geübt, kann Wut in eine konstruktive und schöpferische Kraft verwandeln.[81] Das Ziel solcher Aktionen zivilen Ungehorsams würde also darin bestehen, das politische und wirtschaftliche System der Herrschenden an empfindlichen Punkten zu paralysieren, um so Veränderungen der Gesellschaftsstruktur zu erzwingen. King dachte beispielsweise an Aktionen, die lebenswichtige Funktionen einer Großstadt beeinträchtigen[82]. »Solche Aktion mag disruptive Dimensionen annehmen, aber sie wird nicht gewaltsam im Sinne einer Zerstörung von Leben und Eigentum sein. Es wird sich um militante Gewaltlosigkeit handeln.«[83]

78 Guerillakampfmethoden oder Aufstände (»riots«) lehnte King kategorisch ab: »Lösungen für diese Probleme, so dringend sie sind, müssen konstruktiv und rational sein. ›Riots‹ und Gewalt können wirtschaftliche Probleme nicht lösen«. (Testament, S. 7). »Ich vermag nicht zu sehen, was ›riots‹ einbringen sollen. Aber ich bin überzeugt, daß weitere ›riots‹ den rechten Flügel in diesem Land stärken werden und wir dann mit der Übernahme der Städte durch Rechtsextremisten und mit einer faschistischen Entwicklung rechnen müssen.« (King, Showdown, S. 24).

79 Vgl. King, Trumpet, S. 15: »Der gewaltlose Protest muß nun eine neue Stufe erreichen, um der erhöhten Ungeduld der Schwarzen und dem verhärteten Widerstand der Weißen zu entsprechen. Diese höhere Stufe ist der zivile Ungehorsam.«

80 Vgl. dazu: Th. Ebert, Gewaltfreier Aufstand, S. 39 und S. 208 ff.

81 King, Die Krise in Amerikas Städten, in: Th. Ebert/H.-J. Benedict, edd., Macht von unten, S. 43.

82 Vgl. King, Trumpet, S. 15; King, Die Krise in Amerikas Städten, a.a.O., S. 43.

83 King, Showdown for Nonviolence, in: LOOK, 16. 4. 1968, S. 24. Pastor A. Young (SCLC) nannte die Blockierung von Brücken als Beispiel zivilen

Freilich hielt King Gewaltlosigkeit erst dann für wirklich militant und effektiv, »wenn sie die Massendimensionen[84], die disziplinierte Planung und die intensive Hingabe einer anhaltenden, in direkten Aktionen vorgehenden Bewegung zivilen Ungehorsams von nationalem Ausmaß erreicht«[85]. Indem King auf einer disziplinierten, massenhaften und ggf. langwierigen Ausübung zivilen Ungehorsams beharrte[86]. vermied er es, den Aufforderungen zu gewaltsamen Emanzipationsversuchen, die von einigen – keineswegs allen – Anhängern der Black-Power-Bewegung ausgingen, unkritisch und vorbehaltlos ein generelles Plädoyer für Gewaltfreiheit entgegenzustellen.

IV *Die Koalition der von King repräsentierten Bürgerrechtsbewegung mit der Friedensbewegung (Vietnamkriegsopposition)*

»The bombs in Vietnam explode at home«
(Die Bomben von Vietnam explodieren zuhause«) (Martin Luther King)

Zur Verschärfung und Präzisierung seiner Gesellschaftskritik hatte King im besonderen die Erkenntnis veranlaßt, daß die Verschlechterung der sozialen Lage der Neger weitgehend eine direkte Folge der amerikanischen Militärpolitik war. Welche praktisch-politischen Konsequenzen zogen King und die SCLC aus dieser Einsicht?

Obwohl Kings erste kritische Äußerungen zum Vietnamkrieg in das Jahr 1965 zurückreichen[1], nahmen King und die SCLC bis zum Beginn des Jahres 1967 nicht an öffentlichen Aktionen der amerikanischen Friedensbewegung teil. King, selber Mitglied der pazifistischen »Fel-

Ungehorsams. (In: J. McGraw, Interview with A. Young, in: Christianity and Crisis, 22. 1. 1968, S. 328.)

84 Während der letzten zwei Jahre seines Wirkens verwendete King wiederholt Formulierungen wie: »massenhafte gewaltlose Aktionen« (z. B.: Where, S. 129), »massenhafter ziviler Ungehorsam« (z. B.: Trumpet, S. 53), »eine massive Welle militanter Gewaltlosigkeit« (z. B.: Showdown, S. 24).

85 King, Trumpet, S. 59.

86 Vgl. dazu: W. Miller, Nonviolence, S. 82.

1 Vgl. D. Lewis, a.a.O., S. 302.

lowship of Reconciliation«, versuchte anfänglich, nicht in die Kontroversen um den Vietnamkrieg verwickelt zu werden[2]. Offensichtlich wollte er vermeiden, daß sich die Zahl der politischen Gegner der Bürgerrechtsbewegung vergrößerte. Außerdem bestanden zwischen King und leitenden Mitarbeitern der SCLC Differenzen hinsichtlich der politischen Beurteilung des Vietnamkrieges. Auch die taktischen Erfordernisse der Bürgerrechtsbewegung wurden von ihnen unterschiedlich bestimmt[3].

Als King im April 1965 eine Beendigung des Krieges forderte und Friedensmärsche nach Analogie von Bürgerrechtsdemonstrationen vorschlug, rief er den Widerstand einiger SCLC-Mitglieder hervor. Der Vorstand der SCLC erklärte, King könne Erklärungen gegen den Vietnamkrieg als Privatperson, nicht aber in seiner Eigenschaft als Präsident der SCLC abgeben.[4] Immerhin unterstützte auf der Jahresversammlung der SCLC im Sommer 1965 die Mehrheit der Delegierten Kings Forderung nach sofortigen Friedensverhandlungen[5].

Im Januar 1966 verteidigte King in öffentlichen Stellungnahmen und in einer Predigt den Negerabgeordneten und SNCC-Angehörigen Julian Bond, der wegen seiner Kritik des Vietnamkrieges aus dem Parlament des Staates Georgia ausgeschlossen worden war[6]. Obgleich King es damals ablehnte, die USA als Aggressor in Vietnam zu verurteilen[7], legten mehrere Pastoren in der SCLC aus Protest gegen Kings Votum für Julian Bond ihre Ämter nieder[8]. Den Teilnehmern eines Friedensmarsches, der am 16. Mai 1966 in Washington, D.C., stattfand, schickte King eine Solidaritätsadresse, die von Rev. Sloane Coffin, einem prominenten Mitglied der Friedensbewegung, verlesen wurde. Wenige Tage später erklärte King sich bereit, einen Sitz im Vorstand der Vereinigung »Geistliche und Laien in Sorge um Vietnam

2 Vgl. W. Miller, Martin Luther King, S. 225.
3 Vgl. D. Lewis, a.a.O., S. 320.
4 Vgl. W. Miller, a.a.O., S. 228.
5 Vgl. W. Miller, a.a.O., S. 228.
6 Dazu: D. Lewis, a.a.O., S. 311; King hielt die Predigt am 16. 1. 1966 in der Ebenezer Baptist Church, Atlanta.
7 Dazu: D. McKee, Martin Luther King, S. 134.
8 Vgl. D. Lewis, a.a.O., S. 311.

(Clergy and Laymen Concerned About Vietnam [CALCAV])« zu übernehmen[9], einer Organisation von Protestanten, Katholiken und Juden, deren Ziel die Mobilisierung der amerikanischen Öffentlichkeit gegen den Vietnamkrieg ist. Zunächst hatte Kings Eintritt in die Vereinigung keine besonderen politischen Folgen. Seine Mitgliedschaft im Präsidium dieser Organisation war in der Öffentlichkeit kaum bekannt.

Es verwundert daher nicht, daß noch im Jahre 1966 Kings Unterstützung der Protestbewegung gegen den Vietnamkrieg von einigen Kriegsgegnern als zu schwach und vorsichtig beurteilt wurde. So erklärte der weiße Theologe Charles Fager: »Dr. Kings ... Stellungnahmen zum Krieg wirken merkwürdig behutsam, fast zahm. ... Gegenwärtig hat es den Anschein, als ob Dr. King einen gewundenen Mittelweg zu gehen versucht, indem er sich formell gegen den Krieg ausspricht, das aber so leise wie möglich tut. ... Vietnam stellt vielleicht die größte Herausforderung in Kings Karriere dar.«[10]

Die ständige Eskalation des Vietnamkrieges und deren innenpolitische Folgen veranlaßten King schließlich, seine Opposition gegen den Vietnamkrieg öffentlich und unmißverständlich zu artikulieren[11]. Eine am 25. Februar 1967 in Los Angeles gehaltene Rede, in der King die Vietnam-Politik der Regierung in scharfer Form kritisierte, blieb in der amerikanischen Öffentlichkeit noch unbeachtet[12]. Als King jedoch am 25. März in Chicago erstmalig einen Friedensmarsch leitete, bedeutete

9 Vgl. D. Lewis, S. 320.

10 Ch. Fager, Dilemma for Dr. King, in: Christian Century, 16. März 1966, S. 332. Vgl. auch die Bemerkungen von St. Rose in: The »Movement« Moves North, in: Christianity and Crisis, 19. Sept. 1966: »Der Preis für den unsicheren Wiederaufstieg Kings innerhalb der angeschlagenen Hierarchie der Bürgerrechtsbewegung mag sein Schweigen zu Vietnam sein. Die Carmichaels werden an Bertrand-Russell-Tribunalen gegen Lyndon Johnson teilnehmen und so diskreditiert sein.« Freilich mußte solches Schweigen andererseits innerhalb der Black-Power-Bewegung die Zweifel an Kings Glaubwürdigkeit verstärken.

11 D. Halberstam berichtet, daß King besonders beeindruckt war von dem Wunsch seines langjährigen Mitarbeiters und Freundes Rev. Bevel, von der SCLC beurlaubt zu werden, um ausschließlich in der Friedensbewegung arbeiten zu können. (Vgl. D. Halberstam, The Second Coming of Martin Luther King, a.a.O., S. 49).

12 Vgl. D. McKee, a.a.O., S. 154–156.

dies die demonstrative Übernahme einer aktiven Rolle in der Friedensbewegung[13]. Fast in jeder öffentlichen Rede diskutierte er nun das Vietnam-Problem. Rev. Bevel wurde von der SCLC beurlaubt mit dem Auftrag, schwarze Jugendliche für die Anti-Kriegsbewegung zu organisieren[14]. Da Bevel zu dem radikalen SCLC-Flügel gehörte, der den Vietnamkrieg vorbehaltlos ablehnte, konnte er die Kontakte zwischen der SCLC und der Friedensbewegung intensivieren.

Die sog. »Frühlings-Mobilisierung (Spring Mobilization Campaign) 1967« – es handelte sich dabei um eine gemeinsame Protestkampagne aller Gegner des Vietnamkrieges – nutzte King als Vehikel seiner öffentlichen Kritik der Regierungspolitik. Am 4. April hielt King als Präsidiumsmitglied von CALCAV in der Riverside-Church (New York) eine ausführliche Rede zum Thema »Vietnam and the Struggle for Human Rights (Vietnam und der Kampf für die Menschenrechte)«. Die Rede enthielt eine systematische Aufzählung ethischer und politisch-pragmatischer Argumente gegen den Vietnamkrieg. Da King sich in der Ansprache zum Anwalt des gequälten vietnamesischen Volkes machte und die amerikanische Ostasienpolitik »aus der Sicht des Feindes«[15] analysierte, fand sie in der amerikanischen Öffentlichkeit außerordentliche Beachtung. Am 15. April 1967 leitete King mit anderen prominenten Bürgerrechtlern und Kriegsgegnern einen Friedensmarsch in New York, an dem 125 000 Menschen teilnahmen[16].

King betrachtete seine Teilnahme an der »Spring Mobilization« unter dem Aspekt einer politischen Vermittlerfunktion: »Ich beteiligte mich, weil ich glaubte, als Brücke zwischen den alten Liberalen und der ›Neuen Linken‹ dienen zu können.«[17] Dieser Vermittlungsversuch war strategisch bedeutsam: Während die weiße studentische Jugend etwa seit 1966 ihre politische Aktivität von der Bürgerrechtsbewegung fast

13 Vgl.: »10 000 Chicagoans Join Vietnam Protest«, in: The National Guardian, 1. 4. 1967.

14 Vgl. D. Lewis, a.a.O., S. 358.

15 Vgl. King, Speeches, S. 6.

16 Ein von den Organisatoren der »Spring Mobilization Campaign« herausgegebenes Manifest unterzeichnete King jedoch nicht, da er die darin enthaltene Charakterisierung des Vietnamkrieges als »Völkermord« – damals – für unzutreffend hielt. (Vgl. D. Lewis, a.a.O., S. 362).

17 Zit. in: D. Halberstam, The Second Coming, a.a.O., S. 50.

völlig auf die Friedensbewegung verlagert hatte, scheuten viele liberale Förderer der Bürgerrechtsbewegung ein Engagement in der Friedensbewegung, weil ihr auch einige »radikale« Gruppen angehörten. Nach Kings Eintritt gewann die Antikriegsbewegung jedoch für viele liberale Gruppen innerhalb und außerhalb der Kirchen an Respektabilität.

Auf einer Pressekonferenz schlug King eine nationale Kampagne gegen die amerikanische Vietnampolitik vor und forderte besonders Lehrer und Geistliche auf, »das Gewissen der Nation zu wecken«[18]. Im August 1967 kündigte die SCLC ihre Opposition gegen eine Wiederwahl Präsident Johnsons und die mögliche Unterstützung eines Friedenskandidaten an[19]. Im Rahmen der »Washington Mobilization 1968«, die von CALCAV durchgeführt wurde, hielt King wenige Wochen vor seinem Tod eine Rede mit dem Thema »Vietnam Is Upon Us (Vietnam lastet auf uns)«[20].

Die Reaktion amerikanischer Politiker, Publizisten und Bürgerrechtler auf Kings Kritik der Vietnampolitik wurde immer heftiger. Regierungsbeamte waren empört über Kings Äußerungen, besonders über die in der Riverside-Church gehaltene Rede. Ein Berater des Präsidenten erklärte: »King hat eine Rede gehalten, die genau auf der Linie der ›Commies‹ liegt.«[21] King wurde persona non grata für Präsident Johnson, der sich in seinen ersten Amtsjahren zweifellos mit mehr Erfolg als seine Vorgänger um eine Ausweitung der Bürgerrechtsgesetzgebung bemüht hatte[22]. Nach der Riverside-Church-Rede wurde King nicht nur von Rechts-Extremisten, sondern auch von Liberalen angegriffen, die seine Kompetenz in außenpolitischen Fragen bezweifelten. Der episkopale Bischof R. Emrich, der sich als »Bewunderer« Kings bezeichnete, kritisierte King ebenso[23] wie Billy Graham, der der Ansicht war, King sei »zu weit gegangen«[24]. Die Herausgeber des »Life-

[18] Zit. in: D. McKee, Martin Luther King, S. 159.
[19] Vgl. The New York Times, 18. 8. 1967, S. 14.
[20] Abgedruckt in: King, Speeches, S. 21–25.
[21] Zit. in: C. Rowan, Martin Luther King's Tragic Decision, in: Reader's Digest, September 1967, S. 38; »commie«: verächtliche Bezeichnung für »communist«.
[22] Vgl. W. Miller, a.a.O., S. 214–215.
[23] Vgl. W. Miller, a.a.O., S. 267.
[24] Vgl. D. McKee, a.a.O., S. 160.

Magazine«, die 1968 einen King-Gedenkband publizierten (!), schrieben nach der Riverside-Church-Rede: »Dr. Martin Luther King ... ist nahe daran, die Sache zu verraten, für die er so lange gearbeitet hat. ... Über weite Strecken war seine Rede eine demagogische Verleumdung, die sich wie ein Manuskript für Radio Hanoi anhörte.«[25]

Die SCLC sah sich aufgrund der massiven Kritik an Kings Vietnamposition sogar veranlaßt, eine Broschüre mit Presseartikeln herauszugeben, in denen die Frage: »Hat Martin Luther King das Recht, die Qualifikationen und die Pflicht, seine Meinung zum Thema Frieden zu sagen?«[26] erörtert wurde.

Meinungsumfragen im Jahre 1967 ergaben, daß Kings Popularität stark gesunken war; fast jeder zweite Neger lehnte Kings Vietnamposition ab[27]. Die Leiter der sog. gemäßigten Bürgerrechtsorganisationen NAACP und Urban League, Roy Wilkins und Whitney Young, verurteilten in scharfer Form Kings Opposition gegen den Vietnamkrieg[28].

Rev. Jesse Jackson hat den außenpolitischen Konservativismus vieler Neger als Auswirkung der »Sklavenpsychologie«[29] gedeutet: Offensichtlich setzen sie eine größere Kompetenz weißer Politiker in außenpolitischen Fragen voraus. Sie meinen, durch loyales Verhalten gegenüber der Regierung ihrem Anspruch auf volle Gleichberechtigung moralisches Gewicht verleihen zu können[30].

[25] Editorial: Dr. King's Disservice to His Cause, in: Life, 21. 4. 1967.

[26] Does Martin Luther King Jr. Have the Right, the Qualifications, the Duty To Speak Out On Vietnam?, hrsg. von der SCLC, Atlanta, 1967.

[27] Vgl. C. Rowan, a.a.O., S. 42.

[28] Vgl. W. Miller, a.a.O., S. 240 und 250. Whitney Young sah im Vietnamkrieg vor allem ein Beispiel geglückter Rassenintegration: »Der Vietnamkrieg ... stellt die erste militärische Gelegenheit in der Geschichte der Vereinigten Staaten dar, bei der weiße und schwarze Truppen Schulter an Schulter ... gekämpft haben.« (In: W. Young, When the Negroes in Vietnam Come Home, in: Harper's Magazine, Juni 1967, S. 63).

[29] In: Playboy-Interview, a.a.O., S. 290.

[30] Bezeichnend für diese Einstellung konservativer Neger ist der Vorwurf, den der schwarze Publizist C. T. Rowan gegen King erhob: »Martin Luther King hat den Negern viele ihrer Freunde entfremdet und den Feinden der Neger in beiden Parteien Waffen geliefert, indem er den Eindruck entstehen ließ, die Neger seien nicht loyal.« (C. T. Rowan, a.a.O., S. 42). Vgl. auch die

Kings Engagement in der Friedensbewegung wurde auch von denjenigen Negern kritisiert, die in der grundsätzlichen Verurteilung des Vietnamkrieges mit ihm übereinstimmten, aber eine gleichzeitige Betätigung in der Friedens- und in der Bürgerrechtsbewegung für taktisch unklug hielten[31].

King bestritt jedoch energisch die Richtigkeit der Behauptung: »Peace and civil rights don't mix«[32]. Wegen der Abhängigkeit der amerikanischen Innenpolitik von der Außenpolitik hielt er einen Fortschritt der Bürgerrechtsbewegung während des Vietnamkrieges für ausgeschlossen. Dennoch zögerte er, aus dieser Erkenntnis direkte organisatorische Konsequenzen im Sinne einer Fusion von Bürgerrechts- und Friedensbewegung abzuleiten: »Wir können uns nicht alle für die Friedensbewegung einsetzen, während noch so viele Anforderungen an uns hinsichtlich der Bürgerrechte bestehen. Aber wir sehen immer mehr Friedensorganisationen – und die Bürgerrechts- und die Friedensbewegung werden bestimmt zusammenkommen – sie sind im Zentrum unentwirrbar miteinander verbunden – und sie werden sich alle für den Frieden einsetzen.«[33] »Wir müssen den Elan der Bürgerrechtsbewegung in die Friedensbewegung hineintragen.«[34]

Bemerkung des schwarzen Historikers D. Lewis: »Für die amerikanischen Neger... war Patriotismus im allgemeinen verwandt mit Errettung« (in: King, S. 396).

31 So befürchtete Bayard Rustin, die amerikanische Regierung werde, falls die Bürgerrechtsbewegung auf einer Beendigung des Krieges insistiere, sich statt für »Kanonen und Butter« für »Kanonen« entscheiden. (Vgl. B. Rustin, Guns, Bread and Butter, in: War/Peace Report, März 1967, S. 12.) Bereits 1965 hatte Ralph Bunche gefordert, King solle entweder die Rolle eines Bürgerrechtlers oder die eines »internationalen Vermittlers« aufgeben.

32 Vgl. King, Speeches, S. 2: »Im Herzen ihrer Sorgen meldete sich oft diese Frage laut und deutlich: Warum sprechen *Sie* über den Krieg? Warum schließen *Sie* sich den abweichenden Stimmen (voices of dissent) an? Friedensbewegung und Bürgerrechtsbewegung haben nichts miteinander zu tun, sagen sie (peace and civil rights don't mix, they say).«

33 Zit. in: M. Long, The Movement, a.a.O., S. 97.

34 King, zit. nach der deutschen Übersetzung der Rede: M. L. King, Die Wunden, die wir uns schlagen, in: H.-J. Benedict/H.-E. Bahr (Hg.), Kirchen als Träger der Revolution, dort S. 123. King vertrat mit Recht die These: »Selbst die Existenz einer aktiven Friedensbewegung und des Studentenprotestes ge-

Innerhalb der Antikriegs-Bewegung wies King der Bürgerrechtsbewegung also zwei Funktionen zu: einerseits konnten Bürgerrechtsgruppen als selbständige Träger des Vietnamprotestes agieren[35]; andererseits konnten sie ihre Erfahrungen in der Organisierung politischen Widerstandes der Friedensbewegung zugute kommen lassen.

Die ständige Eskalation des Vietnamkrieges[36] und die Erfahrungen mit gemeinsamen Protestaktionen von Bürgerrechtlern und Gegnern des Vietnamkrieges veranlaßten King schließlich im Jahre 1968, seine apologetische Haltung aufzugeben: »Er war nicht länger darum besorgt, die Bürgerrechtsbewegung von der Friedensbewegung getrennt zu halten.«[37]

Als Präsidiumsmitglied von »Clergy and Laymen Concerned About Vietnam (CALCAV)« symbolisierte King die Koalition von Bürgerrechts- und Friedensbewegung. Die Vereinigung erhoffte sich von Kings Mitarbeit zu Recht eine Vergrößerung ihrer Massenbasis. Denn viele Pastoren, Priester, Rabbiner und Gemeindeglieder engagierten sich aktiv in der Anti-Kriegsbewegung[38], weil sie bereits in Bürgerrechtsaktionen unter King politischen Widerstand gegen Diskriminierung und Unterdrückung von Minoritäten geleistet hatten[39].

Der amerikanische Publizist J. Wechsler hat Kings Aktivität in CALCAV zutreffend bezeichnet als einen »Versuch, dem Anti-Kriegs-

gen den Krieg in Vietnam kann zurückgeführt werden auf das gewaltlose ›action-movement‹ unter Führung der Neger«. (In: Nonviolence: The Only Road to Freedom, a.a.O., S. 32.)

35 Vgl. King, Speeches, S. 50: »Ich bin der Meinung, daß diejenigen, die für die Durchsetzung der Bürgerrechte arbeiten, auch für den Frieden arbeiten.«

36 In der Zeit von Juli 1965 bis Ende 1967 war die Zahl amerikanischer Soldaten in Vietnam von 46 000 auf 485 000 erhöht worden.

37 Zit. in: D. McKee, a.a.O., S. 172.

38 Vgl. dazu H.-J. Benedict, Der neue Protestantismus. Motive und Formen kirchlicher Kriegsopposition in den USA. (Erscheint im Herbst 1971).

39 Die bekanntesten Beispiele sind wohl Rev. William Sloane Coffin und Rev. Eugene C. Blake (z. Z. Generalsekretär des Weltkirchenrates), die beide bei Bürgerrechtsdemonstrationen in früheren Jahren verhaftet worden waren. In Interviews mit dem Verf. (in Washington, D. C., Februar 1968, und Boston, Mai 1968) betonten mehrere Pastoren die Bedeutung ihrer Bürgerrechtstätigkeit für ihre spätere Aktivität in der Friedensbewegung.

Protest ökumenische Qualität zu verleihen«[40]. CALCAV wurde zum Abbild jener »neuen Ökumene« von weißen und schwarzen Protestanten, Katholiken und Juden, deren einheitstiftendes Moment die politisch-praktische Auslegung des biblisch-christlichen Friedenszeugnisses in den USA des Vietnamkrieges darstellt. Nicht das Interesse an einer verwaltungstechnischen oder doktrinalen Einheit der Konfessionen führte zur Bildung dieser neuen Ökumene, sondern die gemeinsame Vertretung der elementaren Interessen der unterdrückten (überwiegend nichtchristlichen) vietnamesischen Nation.

Die Vereinigung CALCAV betrachtete es als ihre »Pflicht, die moralische Stimme unserer Nation zu vergrößern«[41]. Das geschah jedoch nicht durch moralische Appelle, sondern durch ein »education-action-program«[42]. Die »Positionspapiere« der Vereinigung dienten dem Ziel, »die Diskrepanz zwischen dem, was uns von der Regierung erklärt wird, und dem, was vor unseren Augen tatsächlich stattfindet«[43], aufzuweisen. Durch Anzeigen in Zeitungen und öffentlichen Verkehrsmitteln sowie durch Radio- und Fernsehsendungen wurde die amerikanische Öffentlichkeit mit Fakten konfrontiert, die offizielle Regierungsangaben über den Krieg widerlegten.
CALCAV gab im Januar 1968 in hoher Auflage eine Dokumentation mit dem Titel »In the Name of America« heraus, in der auf über 200 Seiten nicht nur das Ausmaß und die Brutalität des Krieges (Zahl der Bombenabwürfe, Behandlung der Gefangenen etc.) beschrieben wurden, sondern auch die Illegalität des Krieges nach internationalem und nationalem Recht nachgewiesen wurde.
Die Masse der indifferenten Bürger versuchte CALCAV durch die Gründung lokaler Anti-Vietnam-Komitees zu mobilisieren[44].
Besonderes Gewicht legte die Organisation auf eine Beeinflussung der Delegierten der nationalen Versammlungen beider Kongreß-Parteien. Abord-

[40] J. Wechsler: »An Un-Patriot?«, in: »Has Martin Luther King the Right . . .«, S. 7.

[41] »The Religious Community and the War in Vietnam«, hrsg. von CALCAV im Februar 1967, o. S.

[42] Vgl. »Issues and Actions«, hrsg. von CALCAV, o. Datum.

[43] »The Religious Community and the War in Vietnam«, hrsg. von CALCAV, 1967, o. S.

[44] Eine New Yorker Ortsgruppe z. B. feierte demonstrativ eine »Bürgersteig-Messe« vor St. Patrick's Cathedral, da sie innerhalb der Kirche keine Resolution gegen den Krieg verlesen durfte. (Vgl. »Issues and Actions«, hrsg. von CALCAV.)

nungen von CALCAV stellten sich für Hearings zur Verfügung und plädierten für eine Amnestie aller verurteilten Kriegsgegner[45].

Über 1300 Geistliche und Laien verpflichteten sich Anfang 1968 öffentlich, Wehrdienstverweigerer materiell, juristisch und seelsorgerlich zu unterstützen,[46] und restituierten so die Funktion der Kirchen als »Freistatt des Gewissens (sanctuary of conscience)«[47]. Die Vereinigung organisierte einen Besuchsdienst für Wehrdienstverweigerer, die zu Gefängnisstrafen verurteilt worden waren. Delegierte von CALCAV informierten sich über die Situation der Bevölkerung in Vietnam. Eine «fact-finding«-Delegation besuchte amerikanische Deserteure in Frankreich und Schweden und stellte einen Mitarbeiter zur Betreuung der Deserteure in Schweden ein[48].

Da King durch seine Mitarbeit in der SCLC stark beansprucht war, beschränkte sich seine Tätigkeit in CALCAV im wesentlichen auf den Bereich der politischen Aufklärung. Diesem Ziel dienten seine öffentlichen Reden und Gemeindepredigten gegen den Vietnamkrieg.

Bemerkenswert an jenen Stellungnahmen ist das Zurücktreten direkter Verkündigung in der Form biblischer Zitate und expliziter Textexegese. Ein Vergleich zwischen den Reden Kings in Montgomery[49] und der »I Have-a-Dream«-Rede von 1963 einerseits und den 1967 und 1968 gehaltenen Reden andererseits macht das deutlich.

In dem Zeitraum, den die erwähnten Reden umspannen, hatte sich die objektive politische Situation wesentlich verändert: die sozio-ökonomische Lage der Unterprivilegierten hatte sich verschlechtert und die Außenpolitik der USA stand unter dem Vorzeichen des Vietnamkrieges. Auch Kings Problembewußtsein hatte sich gewandelt: Die amerikanische Regierung sah er – anders als noch zu Beginn der 60er Jahre – nicht mehr als Bundesgenossen im Kampf um eine gerechte Gesellschaftsordnung an. Schließlich hatten Kings Reden gegen den Vietnamkrieg einen anderen Adressaten als seine Reden im Rahmen der Bür-

45 Vgl. »News Notes«, August 1968, und: »Issues and Actions«, hrsg. von CALCAV, ohne Datum.

46 Vgl. »The Religious Community and the War in Vietnam«, 1968, hrsg. von CALCAV.

47 So der Titel einer Predigt von Rev. W. Sloane Coffin, gehalten am 16. Oktober 1967 in der First Unitarian Church in Boston, abgedruckt in: »Two Declarations on the Draft«, hrsg. von CALCAV, ohne Datum.

48 Vgl. »Issues and Actions«, hrsg. von CALCAV.

49 Teilweise abgedruckt in: King, Strength to Love.

gerrechtsbewegung. Sollten letztere vor allem die ohnmächtigen Neger zu politischer Aktivität mobilisieren, so richtete King seine Reden gegen den Krieg in erster Linie an die »policy-makers of white society«[50] bzw. an die Masse der Bürger, die die offizielle Politik unterstützten oder tolerierten.

Die genannten drei Faktoren: die neue politische Situation, Kings verändertes Problembewußtsein und der Wechsel der Adressaten dürften King veranlaßt haben, weitgehend auf direkte Verkündigung – etwa in der Form von Bibelexegesen – zu verzichten. Durch eine direkte Zitierung von Bibelworten und eine mit biblischen Formulierungen gesättigte Sprache hätte er die ideologischen Rechtfertigungen des Krieges nur schwer erschüttern und die Informationsmanipulation[51] wohl gar nicht aufdecken können. Charakteristisch für Kings Reden gegen den Vietnamkrieg sind daher die kritischen Negationen der offiziellen Regierungspolitik. Immer wieder wies er auf die immanenten Widersprüche und auf die Diskrepanz zwischen den erklärten Zielen und der Realität jener Politik hin.

In der Riverside-Church-Rede wie in einem Rundfunkvortrag mit dem Titel »Conscience and the Vietnam War (Das Gewissen und der Vietnam-Krieg)« stellte er die Geschichte Vietnams seit 1954 eingehend dar und zerstörte so die ideologische Rechtfertigung des Krieges als Mittel zur Befreiung der Bevölkerung von kommunistischer Herrschaft[52]. Hans-Eckehard Bahr hat diese Form politischer Homiletik treffend charakterisiert: »Die politischen Geschehnisse werden hier nicht umstilisiert zu apokalyptischen Widerfahrnissen, die schicksalhaft die Nation überrollen, sondern identifiziert als wohlkalkulierte Schritte einer bestimmten Politik. Kirchliche Rede dieser Art ist durchaus eine Form prophetischer Rede, denn sie läßt erkennen, was die offiziösen Stimmen in den politischen Leitungsgremien verschleiern.«[53] In der

[50] King, The Crisis in American Cities, in: Gandhi Marg, Jan. 1968, S. 17.

[51] Während der Regierungszeit Präsident Johnsons ging die Manipulation der Informationen über den Vietnamkrieg so weit, daß sich die New York Times gezwungen sah, öffentlich dagegen zu protestieren (vgl. dazu: P. Jacobs/ S. Landau, The New Radicals, S. 261).

[52] Vgl. King, Speeches, S. 5 ff. und: Trumpet, S. 21 ff.

[53] H.-E. Bahr, Die 95 Thesen von Chicago, in: Kirchen als Träger der Revolution, edd. H.-J. Benedict u. H.-E. Bahr, S. 33.

1967 in Los Angeles gehaltenen Rede verzichtete King auf jegliche Erwähnung des Namens Jesu Christi oder biblischer Zitate, er stellte vielmehr eine ausführliche »Verlustliste des Vietnamkrieges« auf[54]. Regelmäßig veröffentlichte er im Rahmen der Sonntagsgottesdienste in der Ebenezer-Baptist-Church (Atlanta) die neuesten Angaben über die menschlichen und finanziellen Opfer des Krieges[55]. So wurde »Machtpolitik ... innenpolitisch zersetzt durch den öffentlichen Gebrauch der Vernunft, kraft der Evidenz der vorgebrachten Fakten«[56]. Information und Lageanalyse ergänzte King oft durch konkrete Vorschläge für eine alternative politische Praxis[57].

Auch der affirmative Gebrauch demokratischer Zielvorstellungen trat in Kings Reden gegen den Vietnamkrieg zurück. Die tröstenden Visionen hatten ihren primären homiletischen Ort in der Anrede der machtlosen Neger. Dagegen konnten in den Reden gegen den Vietnamkrieg, die sich an die »policy-makers of white society« und die amerikanische Öffentlichkeit richteten, nur kritische Negationen die gesellschaftliche Rolle der Angeredeten aufdecken und sie so ihrer Schuld überführen[58]. Der »vivificatio« mußte die »mortificatio«, die Absage an die ungerechten Verhältnisse und deren Rechtfertigung voraufgehen[59]. »Wir müssen demonstrieren, informieren und predigen, bis die Fundamente unserer Nation erschüttert sind.«[60]

Kings Reden gegen den Vietnamkrieg zeigen beispielhaft die Situationsbezogenheit seiner Verkündigung, seine Situationshermeneutik:

54 Vgl. King, Die Wunden, die wir uns schlagen, a.a.O., S. 114–124.
55 S. D. Lewis, a.a.O., S. 370.
56 H.-E. Bahr, a.a.O., S. 40.
57 Dazu: King, Speeches, s. 9 ff.
58 Vgl. dazu die interessanten Ausführungen des amerikanischen Theologen Frederick Herzog in seinem Aufsatz: »›Politische Theologie‹ und die christliche Hoffnung« (in: Diskussion zur »politischen Theologie«, ed. H. Peukert, S. 121—144). Bezugnehmend auf die Entprivatisierungsforderung von J. B. Metz erklärt er: »Der Amerikaner ... muß nicht erst zu politischer Aktivität erzogen werden, aber er muß meistens noch lernen, daß er dort, wo er politisch aktiv ist, weithin an verbergenden Handlungen teilnimmt« (S. 137).
59 Vgl. dazu: G. Ebeling, Erwägungen zur Lehre vom Gesetz, in: Wort und Glaube, Bd. I, S. 255—293.
60 King, in: Die Wunden, die wir uns schlagen, a.a.O., S. 122.

die durch den Vietnamkrieg veränderte politische Situation veranlaßte ihn, das christliche Friedenszeugnis zumeist indirekt, in der Form kritischer Negationen zu artikulieren.

Seine Rolle in der Friedensbewegung verstand King als konstitutives Element seiner christlichen Praxis, nicht als privaten Einsatz neben seiner »eigentlichen« Tätigkeit als Pfarrer. Er interpretierte das Engagement von Pfarrern und Laien in der Friedensbewegung als christliches Zeugnis[61]. Während in baptistischen und methodistischen Gemeinden das christliche Zeugnis oft exklusiv in der Bezeugung individueller Bekehrung seinen Ausdruck fand, machte King die politisch-öffentliche Existenz zum Ort einer zeugnishaften Parteinahme für die Sache Christi. So erklärte er in der Riverside-Church (4. April 1967): »Der Weg von der Dexter Avenue-Baptist Church – der Kirche in Montgomery, Alabama, in der ich meine Pfarramtstätigkeit begann – führte eindeutig in dieses Heiligtum heute abend. ... Für mich ist die Beziehung dieses Dienstes (d. i. des Dienstes Jesu Christi – der Verf. –) zur Friedensstiftung so offensichtlich, daß ich mich manchmal wundere über diejenigen, die mich fragen, warum ich mich gegen den Krieg ausspreche. Könnte es sein, daß sie nicht wissen, daß die gute Botschaft allen gilt...? Haben sie vergessen, daß ich meinen Pfarrdienst im Gehorsam gegen den einen versehe, der seine Feinde so total liebte, daß er für sie starb? Was kann ich als treuer Diener dieses einen zum Vietcong oder zu Castro oder zu Mao sagen? Kann ich sie mit dem Tod bedrohen, oder muß ich nicht mein Leben mit ihnen teilen?«[62]

Die universale Dimension christlichen Heilsverständnisses veranlaßte King, über eine exklusiv inneramerikanische Legitimierung seiner Opposition gegen den Krieg hinauszugehen. Er berief sich dabei auf das Mandat zu weltweiter Solidarität besonders mit den Leidenden, das in dem biblischen Gedanken der Gotteskindschaft impliziert ist: »Ich spreche als Kind Gottes und Bruder zu den leidenden Armen Vietnams. ... Ich spreche für die Armen Amerikas ... Ich spreche als Bürger der

61 »Wir wollen ein wirkliches Zeugnis (witness) ablegen, das Stellung bezieht gegen die sozialen Übel unserer Zeit.« (King, zit. in: The New York Times, 13. 1. 1968.)

62 King, Speeches, S. 2 u. 4; vgl. auch: Trumpet, S. 25.

Welt ... Ich spreche als ein Amerikaner zu den Führern meiner eigenen Nation.«[63]

Versucht man, die innenpolitische Wirkung der Teilnahme Kings an der Friedensbewegung zusammenfassend zu beurteilen, so erscheint ein Votum seines engen Mitarbeiters Pastor Andrew Young bedenkenswert: »Am 4. April 1967 stellte King dar, worum es in Vietnam geht. Am 4. April 1968 wurde er durch ein Attentat getötet. Aber in jenem Zeitraum hatten das Gewissen und die Stimmung des Landes eine Wandlung durchgemacht ... Und es war ein schwarzer Prophet, der ihn (Präsident Johnson – der Verf.) zu sich rief und ihn im Namen des Herrn praktisch anklagte.«[64]

V *Beginn einer Kooperation der weißen und schwarzen Armen: Die »Poor People's Campaign« (1968)*

> »Wir hoffen, daß es schließlich zu einer Koalition von armen Schwarzen und armen Weißen kommt ... Heutzutage ist es (freilich noch) akademisch, über eine Zusammenführung von schwarzen und weißen Armen zu reden.« (Stokely Carmichael u. Charles Hamilton)

Wie bereits dargestellt, hatte eine kritische Analyse der amerikanischen Gesellschaft den Mitarbeitern der SCLC die Tatsache zu Bewußtsein gebracht, daß ökonomische Unterprivilegierung in sämtlichen ethnischen Gruppen existiert, also ein Problem darstellt, das nicht auf ein Rassenproblem zu reduzieren ist. Dennoch hatte die SCLC bis zum

63 King, Speeches, S. 81. Den Einwand, er sei kein außenpolitischer Experte, bestritt King mit der Feststellung: »Ich bin ein Experte in bezug auf eine schlichtweg beredte Wahrheit. Jene Wahrheit lautet: Es ist Sünde, wenn irgendein Kind Gottes ein anderes brutal behandelt.« (Zit. in: D. Lewis, a.a.O., S. 310.)

64 Rev. A. Young in einer Rede vor Negerpastoren in Green Lake am 25. 9. 1968. (Zit. nach einer unveröff. Nachschrift, dort S. 6.) Indirekt bestätigt auch die folgende Bemerkung von D. Lewis die innenpolitische Bedeutung der Rolle Kings in der Friedensbewegung: »Der Gegensatz zwischen Krieg und Linderung der Armut wurde ein nationaler Gemeinplatz erst seit Martins Ermordung — eine Tatsache, die allzu leicht übersehen wird« (a.a.O., S. 396).

Jahr 1966 Aktionen zur Änderung des wirtschaftlichen Status quo auf die Negerbevölkerung beschränkt. Ende 1967 erklärte King schließlich: »Wir sind der Meinung, daß es jetzt Zeit ist für eine Bewegung vom Typ der Aktionen in Selma oder Birmingham, die sich auf die ökonomischen Probleme bezieht, denen die Armen unserer Nation ausgesetzt sind. Wenn ich ›Arme‹ sage, dann spreche ich nicht nur von schwarzen Amerikanern. Ich bin mir dessen bewußt, daß es sehr viele Arme in der puertoricanischen ›community‹ gibt. Ich spreche von den Amerikanern mexikanischer und indianischer Abstammung. Ich spreche von den Weißen im Appalachia-Gebiet.[1] Ich spreche von Macht für die Armen (poor people's power).«[2]

Die wachsende Polarisierung der amerikanischen Bevölkerung, die verzweifelten Gewaltakte der Gettobewohner im Sommer 1967 und die Eskalation repressiver Maßnahmen der Polizei und der Armee ließen die weiße amerikanische Öffentlichkeit ebenso wie viele Gettobewohner und Bürgerrechtler an der »transformierenden Rolle«[3] gewaltloser Aktionen zweifeln. King hielt es daher für notwendig, die Effektivität gewaltfreier Aktionen als Alternative zu Guerillakampfmaßnahmen oder Aufständen zu demonstrieren[4].

Beide Ziele – die Mobilisierung der Unterprivilegierten und eine politisch effektive Durchführung militanter gewaltloser Aktionen – hoffte King mit einer »Poor People's Campaign (PPC)«, einer »Kampagne der Armen«, zu erreichen, die er für das Frühjahr 1968 in der Regierungshauptstadt Washington plante. Die PPC sollte in erster Linie den amerikanischen Kongreß zu wirksamen Maßnahmen gegen die ökonomische Unterprivilegierung einer breiten Bevölkerungsschicht veranlassen. Maximales Ziel der Kampagne war die Verabschiedung

1 Die Ärmsten unter den weißen Amerikanern sind die Bewohner des Appalachia-Gebiets. Dort sind Hunderttausende arbeitslos, da in der industriell unterentwickelten Region die Landwirtschaft unrentabel geworden ist.

2 King, Speeches, S. 25. In den USA gibt es etwa eine halbe Million Indianer und 3,5 Millionen Amerikaner (mexikanisch-)spanischer Abstammung. Von den ca. 800 000 Puertoricanern in den USA leben ca. 80 % in New Yorker Slums. Die Armut dieser ethnischen Minoritäten ist ebenso groß wie die der Neger. Vgl. dazu: M. Harrington, The Other America.

3 King, Showdown for Nonviolence, in: Look, No. 4, 1968, S. 23.

4 Vgl. W. Miller, a.a.O., S. 259.

einer »Economic Bill of Rights for Disadvantaged«, einer »wirtschaftlichen Freiheitsurkunde für die Benachteiligten«, für die King 12 Milliarden Dollar forderte. Dadurch sollte erstens für alle Arbeitsfähigen ein Arbeitsplatz geschaffen und zweitens allen Arbeitsunfähigen ein Garantieeinkommen gesichert werden[5]. Angesichts der ständigen Kürzung der Ausgaben für den »Krieg gegen die Armut« formulierte King auch ein Minimalziel: »Es mag durchaus sein, daß alles, was wir in Washington erreichen, darin besteht, den Kongreß an einer (weiteren) Verschlechterung zu hindern.«[6]

Die außerordentliche Bedeutung der geplanten Kampagne im Zusammenhang der gewaltlosen Praxis Kings geht aus der Überschrift hervor, mit der King im Februar 1968 seinen Plan in der Zeitschrift »Look« vorstellte: »Showdown for Nonviolence«[7]. Von der strategischen Wichtigkeit gewaltlos erzielter politischer Erfolge überzeugt, erklärte er: »Ich riskiere alles – bis zum Bankrott.«[8] King schloß »disruptive«[9] Maßnahmen, durch die die Regierungshauptstadt am normalen Funktionieren gehindert würde, nicht aus. Da er eine »Machtübernahme durch Rechtsradikale in den Großstädten und eine faschistische Entwicklung« in den USA für denkbar hielt[10], konzipierte er die »Kampagne der Armen« als einen späten Versuch, »durch massive gewaltlose Aktion ein nationales Desaster zu verhindern«[11].

Kings Plan, den amerikanischen Kongreß im Frühjahr 1968 mit einer »gewaltlosen Armee« von mehreren tausend Armen zu konfrontieren, wurde von Kings politischen Gegnern, aber auch von einigen seiner Mitarbeiter heftig kritisiert. Präsident Johnson und führende Mitglieder beider Kongreßparteien[12] hielten ebenso wie die konser-

5 Vgl. »Dr. King Sets Goals for D. C. Camp-In«, in: Intern. Herald Tribune, 1. 2. 1968.
6 King, Showdown, S. 25.
7 Showdown = entscheidende Kraftprobe, Entscheidungskampf (– auch: Schlußduell im amerikan. Western –).
8 King, zit. in: W. Miller, a.a.O., S. 262.
9 Vgl. »Dr. King Sets Goals«, a.a.O.
10 King, Showdown, a.a.O., S. 24.
11 King, Showdown, a.a.O., S. 24.
12 Dazu: »Dr. King Rejects Johnson Appeal«, in: New York Times, 6. 2. 68.

vativen Bürgerrechtsorganisationen NAACP und Urban League[13] Aktionen zivilen Ungehorsams auf Massenbasis für unverantwortlich und richteten einen »law and order«-Appell an King.

Dagegen erklärten Stokely Carmichael und andere Vertreter des radikalen Flügels der Freiheitsbewegung, sie würden die gewaltlose Kampagne unterstützen oder jedenfalls nicht bekämpfen[14]. Mit seiner Konzeption massenhaften zivilen Ungehorsams war King ja faktisch in eine größere Nähe zu jenem Flügel gerückt[15], während er von den Zielen und »vorsichtigen« Methoden konservativer Bürgerrechtsgruppen mehr und mehr abrückte.

Um der Radikalität der geplanten Aktionen willen riskierte King die Entfremdung langjähriger Mitarbeiter aus der schwarzen Mittelschicht und den Kirchengemeinden[16]. Die Bewegung wandte sich jetzt ganz bewußt dem städtischen Proletariat zu.

Eine informelle Gruppe von liberalen Beratern Kings, zu der u. a. Bayard Rustin und Michael Harrington gehörten, sprach sich im Januar 1968 mit folgendem Argument gegen die Durchführung der PPC aus: Wenn die Kampagne gegenüber der amerikanischen Öffentlichkeit keine entscheidenden Erfolge aufweisen könne, werde dies eine Verschärfung der sozialen Spannungen zur Folge haben. Die Anwendung von »disruptiven Taktiken« werde nur den »Gegenschlag (backlash)« der weißen Majorität verstärken. King ignorierte derartige Einwände keineswegs[17], doch war er der Überzeugung, daß angesichts der wachsenden sozialen Spannungen der Verzicht auf politische Demonstrationen das größere Risiko beinhalte[18].

Der generelle Verlauf der »Kampagne der Armen« wurde in mehreren Planungssitzungen der SCLC festgelegt, die in dem Zeitraum von November 1967 bis Februar 1968 stattfanden. Demonstrationen

13 Vgl. D. Lewis, a.a.O., S. 369 und 383.

14 Vgl. Pilgrimage of the Poor, in: The New Republic, 11. 5. 1968, S. 6.

15 Vgl. dazu: D. Halberstam, The Second Coming of Martin Luther King, a.a.O., S. 46—47.

16 Dazu: D. Lewis, a.a.O., S. 375.

17 Vgl. Soul Force, Nr. 1, 1968, S. 3.

18 Vgl. Kings Äußerung: »Nicht zu handeln bedeutet moralische Verantwortungslosigkeit« (zit. in: W. Miller, a.a.O., S. 260).

und Aktionen im Rahmen der PPC sollten im allgemeinen von einer 3000 schwarze und weiße Arme umfassenden Kerngruppe durchgeführt werden. Ein repräsentativer Querschnitt der wirtschaftlich unterprivilegierten Gruppen in den USA sollte dadurch gewährleistet sein, daß Delegierte der verschiedenen ethnischen Minoritäten je 200 Mitglieder aus zehn Großstädten und fünf ländlichen Gebieten für die »gewaltlose Armee« rekrutierten. Von sieben verschiedenen Orten sollten Anfang Mai Gruppen von Demonstranten nach Washington aufbrechen. Eine in Marks, Mississippi, gestartete Gruppe würde auf primitiven, von Mauleseln gezogenen Holzkarren eintreffen[19]. Durch diese massenmedien-wirksame symbolische Aktion erhoffte King eine Konfrontation des öffentlichen Bewußtseins mit der lange ignorierten Existenz weitverbreiteter Armut in dem reichsten und technologisch am höchsten entwickelten Land der Erde[20].

Die Armen sollten dann in eine »shanty town«, d. i. eine Stadt aus Holzbuden, mit dem Namen »City of Hope (= Stadt der Hoffnung)« im Stadtzentrum von Washington einziehen, um so am Sitz der Regierung auf ihre katastrophalen Lebensbedingungen hinzuweisen. Für den 30. Mai war ein »Solidaritätsmarsch (Solidarity March)« von weißen und schwarzen Amerikanern vorgesehen, die die Ziele der Kampagne unterstützten[21]. Zu Beginn der PPC sollte ein 100 Mitglieder umfassendes Komitee, dem Arme, Bürgerrechtler und Experten in sozialen Fragen angehörten, nach einem genauen Zeitplan einzelnen Bundesbehörden, dem Kongreß und dem Senat die Forderungen der Demonstranten präsentieren[22].

In den Monaten Februar bis April 1968 wurden die 3000 Repräsentanten der Armen auf ihre Aufgaben vorbereitet und in gewaltlosen Techniken geschult.

Unmittelbar nach der »Washington Mobilization 1968« von

[19] Vgl. Soul Force, 1. Mai 1968, S. 3—4.

[20] M. Harrington wies in seinem 1962 geschriebenen Buch »The Other America« nachdrücklich auf die »invisibility« der Armut in den USA hin. Vgl. King, Showdown, S. 24. Zum Problem der Armut in den USA vgl. ferner: Poverty in America, edd. L. A. Ferman/J. L. Kornbluh/A. Haber.

[21] Vgl. Soul Force, 1. Mai 1968, S. 3—4.

[22] Vgl. Soul Force, 1. Mai 1968, S. 3—4.

CALCAV unternahm King eine mehrwöchige »people-to-people tour« durch mehrere Bundesstaaten, um »vor Ort« ein möglichst exaktes Bild von der Situation der Unterprivilegierten zu gewinnen. Zugleich hatte diese Informationsreise den Zweck, »grass-roots«-Unterstützung für das geplante Projekt zu mobilisieren.

Ende März mußte King die Vorbereitung der PPC unterbrechen, um Demonstrationen streikender Müllarbeiter in Memphis, Tenn., anzuführen[23]. Während eines Marsches am 28. März kam es zu Ausschreitungen einer kleinen Gruppe von Negern, in deren Verlauf ein sechzehnjähriger Neger erschossen wurde. Konservative Negerführer wie Roy Wilkins rieten prompt zu einer Absage der geplanten PPC[24].

Wie selten zuvor erschütterten die Ereignisse in Memphis Kings Überzeugung von der Durchführbarkeit disziplinierter gewaltloser Aktionen auf Massenbasis in den USA. King schien zu resignieren und fuhr am folgenden Tag für kurze Zeit nach Atlanta zurück. Er hatte ja nicht zuletzt deshalb einer Teilnahme an den Demonstrationen in Memphis zugestimmt, weil sie ihm die Gelegenheit zu bieten schienen, gegenüber der wachsenden Zahl von Kritikern die Effektivität gewaltloser Aktionen zu beweisen. Die besonderen organisatorischen Fähigkeiten der dortigen Negerpastoren unter der Führung von Rev. James Lawson hatten Memphis als günstiges Aktionsfeld erscheinen lassen[26].

Die Zwischenfälle in Memphis müssen King von der Richtigkeit seiner eigenen pessimistischen Prognosen überzeugt haben, die er kurz zuvor in

[23] S. S. 196 ff. dsAr.

[24] Dazu: D. Lewis, a.a.O., S. 383. Adam Clayton Powell, der bekannte Negerführer und zeitweilige Kongreßabgeordnete aus Harlem, nannte King: »Martin Loser (= Verlierer) King«. Präsident Johnson verurteilte in einer Fernsehrede die »sinnlose Gewalt (mindless violence)« der Neger, ohne die von der »white power structure« ausgeübte Gewalt auch nur zu erwähnen. (Vgl. D. Lewis, a.a.O., S. 383.)

[25] Dazu: G. Goodman, »He Lives, Man!« in: Look, 5. 4. 68, S. 29–31. Da Präsident Johnson überraschend seine Präsidentschaftskandidatur zurückzog, hielt King es für wahrscheinlich, daß ähnliche Ausschreitungen während der PPC die Siegeschancen des konservativen republikanischen Kandidaten R. Nixon erhöhen würden. In dieser Situation soll er nach einer Aussage seines engsten Freundes, des Pastors R. Abernathy, die Konsequenz gezogen haben, auf eine Durchführung der »Kampagne der Armen« zu verzichten. Die Richtigkeit dieser Behauptung wurde später von der Witwe Kings bestritten. (Dazu: G. Goodman, a.a.O., S. 29–30; D. Lewis, a.a.O., S. 381–384).

[26] Vgl. L. Lomax, To Kill a Black Man, S. 192.

dem Essay »Showdown for Nonviolence« formuliert hatte: »Ich gebe offen zu: wenn unsere gewaltlose Kampagne (gemeint ist die PPC — der Vf.) nicht einigen Fortschritt bringt, wird sich ... die Diskussion über Guerillakriegsmethoden ausbreiten. ... So sehr ich mich auch der Gewaltlosigkeit verpflichtet fühle, ich muß mich dieser Tatsache stellen: Wenn Washington nicht positiv auf unsere Forderungen antwortet, werden mehr Neger Gewalt in Erwägung ziehen und entsprechend handeln.«[27] King machte also die weitere Anziehungskraft gewaltloser Strategie von möglichen innenpolitischen Veränderungen abhängig. Dem Zeugnis seiner Mitarbeiter ist eindeutig zu entnehmen, daß es ihm in der letzten Phase seines Wirkens fraglich erschien, ob eine disziplinierte und konsequente Durchführung gewaltloser Aktionen auf Massenbasis in den USA in Zukunft noch möglich sein werde[28].

Nach der Ermordung Kings in Memphis am 4. April 1968 betonte die SCLC ihre feste Absicht, die von King begonnene Arbeit fortzusetzen. Die in Washington geplante Zeltstadt wurde von Abernathy umbenannt in »Resurrection City«, »Stadt der Auferstehung«. Offensichtlich war die SCLC nicht gewillt, Kings Tod als das endgültige Scheitern seines Einsatzes für die Unterdrückten und Entrechteten zu interpretieren[29].

Am 29. April 1968 begann die »Kampagne der Armen« in Washington. Drei Tage lang trug das »Committee of 100« seine Forderungen den Ministern und leitenden Beamten der zuständigen Ministerien vor. An die Verlesung konkreter Forderungen schlossen sich jeweils Zeugenaussagen von Armen an.

In den folgenden Wochen bestand die Haupttätigkeit der »gewaltlosen Armee« darin, täglich Demonstrationen vor und in den verschiedenen Ministerien abzuhalten mit dem Ziel, Regierungsbeamte zu kon-

27 King, Showdown, a.a.O., S. 25.

28 Vgl. G. Goodman, a.a.O., S. 29–30; D. Lewis, a.a.O., 383; »Mrs. King Says Look Story Untrue«, in: Jet, 17. 4. 1969. D. Lewis (a.a. O., S 385) hat darauf aufmerksam gemacht, daß King in seinem letzten Zeitschriftenaufsatz »A Testament of Hope« die PPC überhaupt nicht erwähnt.

29 Im SCLC-Mitteilungsblatt »Soul Force« sprachen die Herausgeber von der »Kreuzigung Dr. Martin Luther Kings und der Auferstehung seiner Ideen durch seine Jünger in Washington (crucifixion of Dr. M. L. King Jr. and the resurrection of his ideas by his disciples in Washington, D. C.)« (Soul Force, 1. 5. 1968, S. 2).

kreten Antworten auf die am Beginn der PPC vorgetragenen Forderungen zu zwingen. Diese Demonstrationen liefen bald in stereotyper Form ab: ein Polizeiaufgebot leitete die Armen von »Resurrection City« zum jeweiligen Ministerium: dort gab es lange Verhandlungen über die Größe der Abordnung, mit der Regierungsbeamte in Anwesenheit von Pressevertretern zu einem direkten Gespräch bereit waren[30]. Gelegentlich kam es zu Handgemengen zwischen Demonstranten und Polizisten.

Die meisten Demonstrationen fanden beim Ministerium für Gesundheit, Erziehung und Wohlfahrt und beim Landwirtschaftsministerium statt. Eine ständige Mahnwache vor dem Landwirtschaftsministerium sollte die Dringlichkeit von Reformen unterstreichen.

Das ausweichende Verhalten der Regierungsbeamten führte zu einer Eskalation der Demonstrationen und Polizeieinsätze. Auf Akte zivilen Ungehorsams wie die Blockierung von Eingängen durch Sit-ins reagierte die Polizei mit Verhaftungen.

Spontane Aktionen ergänzten geplante. So führte Pastor A. D. King, der Bruder M. L. Kings, 96 Arme in ein vornehmes Restaurant, nachdem ihm wegen »unpassender« Kleidung der Zutritt verwehrt worden war. Die Armen dramatisierten hier ihre Unterprivilegierung, indem sie Steaks bestellten und verzehrten, die sie nicht bezahlen konnten[31].

Durch eine eindrückliche Symbol-Handlung wiesen die Indianer auf ihre langjährige Entrechtung und Diskriminierung hin: in einer feierlichen Zeremonie »verpachtete« ein amerikanischer Indianer das Grundstück, auf dem sich »Resurrection City« befand, an Rev. Abernathy. Letzterer erklärte, die von der Regierung ausgestellte Genehmigung für die Benutzung der Fläche sei irrelevant[32].

Auch auf juristischem Wege versuchten die Organisatoren der PPC ihre politischen Ziele durchzusetzen. Vor einem Bundesgericht in Washington strengten sie einen Prozeß gegen den Secretary of Agriculture, O. Freeman, an, um ihn daran zu hindern, 227 Millionen Dollar in die

30 Dazu: W. Pritchard, The Poor People's Campaign, in: New South, Herbst 1968, S. 16.

31 S.: »Resurrection City Sit-ins Stick Hotel with Dinner Bill«, in: International Herald Tribune, 20. 6. 1968.

32 Dazu: R. Best, Oh, What a Beautiful City, S. 2.

Staatskasse zurückfließen zu lassen, anstatt sie für Lebensmittelprogramme zu verwenden[33].

»Resurrection City« sollte gemäß den Vorstellungen des SCLC-Planungsstabes nicht nur geographischer Ausgangspunkt für anderswo stattfindende Aktionen sein. Die Stadt selber hatte eine wichtige Funktion bei der politischen Bewußtseinsbildung und Selbstdarstellung der Unterprivilegierten. Die Demonstranten wurden in drei »communities« zu je 1000 Personen aufgeteilt: eine »community« bestand aus vier »Nachbarschaften« mit je 25 Zelten. Die Selbstverwaltung von »Resurrection City« stellte ein Experiment in »participatory democracy« dar, das den politisch Entmachteten die neue Erfahrung politischer Selbstbestimmung vermitteln sollte[34].

Mit Beginn der Kampagne traten indes technische Schwierigkeiten in der Zeltstadt auf. Für die Jahreszeit ungewöhnlich starke Regenfälle beeinträchtigten die Lebensbedingungen in der primitiven Zeltstadt außerordentlich[35]. Die Hauptursache für die auftretenden Schwierigkeiten lag jedoch nicht in äußeren Umständen. Obgleich Vertreter aller ethnischen Gruppen dem Leitungskomitee angehörten, kam eine effektive Zusammenarbeit der SCLC-Führung mit den selbstbewußten Leitern der puertoricanischen und mexikanischen Gruppen nicht zustande. Demonstrativ bezogen die Mexico-Amerikaner Quartier außerhalb von »Resurrection City«[36].

Daß die Organisatoren der Kampagne einen unerwartet großen Teil ihrer Zeit der Verwaltung von »Resurrection City« widmen mußten, war durch Disziplinschwierigkeiten unter den 3000 Armen mitbedingt. Die generelle Verbitterung der Armen wurde verstärkt durch so unterschiedliche Faktoren wie das Ausbleiben sofortiger sichtbarer Erfolge bei den Aktionen, die Verärgerung über die Leitung der PPC und die Auswirkungen der Schlechtwetterperiode. »Die Armen in ›Resurrection City‹ verhielten sich wie die Armen in der ganzen Nation: sie wur-

33 Dazu: P. Valentine, Poor File a Suit to Free $ 227 Million in Food Aid, in: International Herald Tribune, 28. 6. 1968.

34 Vgl. Soul Force 19. 6. 1968, S. 3.

35 R. Best versah ihren Bericht über die Zeltstadt mit dem Titel: »Mud City« (»Schlamm-Stadt«).

36 Dazu: B. Deming, Mud City, in: Liberation, Sept. 1968, S. 15.

den gegeneinander viel öfter gewalttätig als gemeinsam gegen andere.«[37]

Der positive Kommunikationswert der Kampagne wurde durch eine Reihe gewaltsamer Auseinandersetzungen wesentlich gemindert: Presseberichte ließen in der amerikanischen Öffentlichkeit den Eindruck chaotischer Zustände in der Zeltstadt entstehen[38]. In der öffentlichen Debatte traten die politischen Ziele und Aktionen der PPC zurück hinter den Problemen von »Resurrection City«[39]. Ein Teilnehmer an der PPC beschrieb das Grundproblem zutreffend wie folgt: »Der Maßstab von ›Resurrection City‹ war mehr der, daß die Stadt als Symbol überlebte, als daß sie eine Bewegung aufrechterhielt.«[40]

An dem »Solidaritätsmarsch«, der vom 30. Mai auf den 19. Juni verschoben worden war, nahmen statt der erwarteten 100 000 amerikanischen Bürger nur 50 000 teil. Die Massenversammlung ähnelte in ihrer Struktur dem »Marsch auf Washington« von 1963. Die relativ geringe Teilnehmerzahl war sowohl auf organisatorische Mängel wie auf die generelle Verstärkung des »white backlash« seit 1963 zurückzuführen.

Als Ende Juni die Zeltgenehmigung ablief, kündigte Abernathy an, er werde mit ca. 300 in gewaltlosem Widerstand ausgebildeten Armen zivilen Ungehorsam leisten[41]. Alle anderen Demonstranten traten die Heimreise an. Die SCLC nutzte also auch diese Krisensituation nicht zu Aktionen *massen*haften zivilen Ungehorsams.

Am 25. Juni verhaftete die Polizei die wenigen in »Resurrection City« zurückgebliebenen Armen und kurz darauf Abernathy und andere Teilnehmer eines ungenehmigten Demonstrationsmarsches. Abernathy wurde zu 20 Tagen Gefängnis verurteilt. Er versuchte, durch

37 W. Pritchard, The Poor People's Campaign, a.a.O., S. 10.

38 Vgl. B. Deming, Mud City, a.a.O., S. 12. Mehrmals warfen Jugendliche nachts vom Gelände der Zeltstadt Steine und Molotowcocktails auf Polizisten, die in unmittelbarer Nähe in Bereitschaft waren. Insgesamt waren über 8000(!) für die Niederschlagung von »riots« ausgebildete Polizisten wegen der PPC im Gebiet von Washington zusammengezogen worden.

39 Dazu: T. Kahn, Why the PPC Failed, in: Commentary, Sept. 1968, S. 54.

40 W. Pritchard, The Poor People's Campaign, a.a.O., S. 6–7.

41 Vgl. »Poor May Flout Deadline for Closing Down Camp«, in: Delta Democrat Times, 23. 6. 1968.

demonstratives Fasten die Situation der Armen zu dramatisieren, doch blieb diese Aktion nach der polizeilichen Schließung von »Resurrection City« ohne Wirkung auf die amerikanische Öffentlichkeit[42]. Einige Dutzend Pfarrer und Rabbiner folgten einem Appell des verhafteten Abernathy und veranstalteten Sympathiedemonstrationen, ohne jedoch politische Unterstützung für die Armen mobilisieren zu können[43]. Mit der Entlassung Abernathys aus dem Gefängnis am 16. Juli 1968 war die »Kampagne der Armen« offiziell beendet.

Im Hinblick auf die erklärten Ziele der Kampagne wird man uneingeschränkt weder von einem Mißerfolg noch von einem Erfolg sprechen können.

Zweifellos gelang es nicht, in der amerikanischen Öffentlichkeit und bei der Regierung eine Bereitschaft zu politischen Aktionen zu wecken, die einen entscheidenden Schritt auf das maximale Hauptziel »Jobs and Income« hin bedeutet hätten. Die amerikanische Regierung ergriff keine nennenswerten gesetzlichen und finanziellen Initiativen.

Faktisch hatte die Kampagne drei Adressaten: die amerikanische Öffentlichkeit, die amerikanische Regierung und die »gewaltlose Armee«. Diese breite Streuung der Zielgruppen dürfte ein Hauptgrund für die Ineffektivität der PPC gewesen sein.

Trotz einzelner spektakulärer symbolischer Aktionen gelang es der PPC nicht, die Probleme der Armen hinreichend zu dramatisieren, um so eine plebiszitäre Öffentlichkeit herzustellen, die das Aktionsprogramm unterstützte. Viele Aktionen gewannen allenfalls eine negative Publizität: Sie verstärkten den Widerstand breiter Bevölkerungsschichten gegen Sozialreformen[44].

Auch die Versuche, durch direkte Konfrontationen mit Regierungsbeamten und Kongreßabgeordneten politische Zugeständnisse zu erreichen, waren nur begrenzt erfolgreich. Solange die Lobby der Armen einerseits keine nennenswerte Unterstützung in der Bevölkerung fand

42 Vgl. »Abernathy Begins Fast in Washington Jail«, in: International Herald Tribune, 29. 6. 1968.

43 H. Lee, Clergy Descend on Capitol, in: Approach, 1. 7. 1968, S. 1 ff.

44 Eine Louis-Harris-Meinungsumfrage ergab, daß nur 29 % der weißen Amerikaner (— aber 80 % der schwarzen Amerikaner! —) die PPC befürworteten. (Vgl. dazu: The New York Times, 11. 6. 1968, S. 75.)

und andererseits keine spürbaren wirtschaftlichen oder politischen Sanktionen anzudrohen vermochte, konnte sie von den Politikern mehr oder weniger höflich ignoriert werden. Die persönliche Konfrontation mit Regierungsbeamten bedeutete ja keineswegs notwendig einen größeren Einfluß auf die politischen Entscheidungsprozesse.

Im Verlauf der PPC gelang es auch nicht, eine beispielhafte Solidarität unter den ca. 3000 Armen zu entwickeln. Eine Kooperation im Sinne von »poor people's power« kam nicht zustande.

Es war die erklärte Intention Kings und seiner Mitarbeiter gewesen, durch eine Eskalation gewaltloser Aktionen – u. U. bis zu einer technischen Lahmlegung Washingtons – politische Zugeständnisse von der Regierung zu erzwingen. Die Demonstrationen erreichten jedoch nie das Ausmaß und die Militanz von Aktionen massenhaften zivilen Ungehorsams. Anders als bei den Aktionen der »Operation Brotkorb« versäumte es hier die SCLC, durch eine kalkulierte Eskalation von Pressionen politisch-wirtschaftliche Zugeständnisse zu erzwingen[45].

Ein eindeutiger Erfolg war die »Kampagne der Armen« dagegen im Hinblick auf die Realisierung des Minimalzieles, den Kongreß an einer weiteren Reduzierung der Sozialausgaben zu hindern. Die Demonstrationen und Hearings der 3000 Armen veranlaßten die amerikanische Regierung u. a. zu folgenden Maßnahmen: 1. Ausweitung der Lebensmittelprogramme auf die ärmsten »counties«; 2. Verbilligung von Lebensmittelmarken; 3. Versuchsweise kostenlose Abgabe von Lebensmittelmarken[46].

Die besondere Bedeutung der PPC kam jedoch nicht in derartigen partiellen Erfolgen zum Ausdruck. Sie bestand vielmehr in der generellen innenpolitischen Funktion der Kampagne. Erstmalig war die Existenz weitverbreiteter Armut in den USA dramatisiert worden[47].

45 Abernathy erklärte: »Wir geben ehrlich zu, daß wir unter Erschöpfung, Sorge und Anspannung stolperten« (zit. in: B. Deming, Mud City, S. 15). Rev. A. Young soll sogar erklärt haben, mit der Ausweisung aus »Resurrection City« habe man den Organisatoren der PPC einen Gefallen getan. (Vgl. dazu: B. Deming, a.a.O., S. 15.)

46 Vgl. »Demands for Chapter II of the PPC« (Hg.: SCLC), Mai 1969.

47 Abernathy bezeichnete es als wichtigstes Ergebnis der PPC, daß es gelungen sei, »das Unsichtbare sichtbar zu machen«; zit. in: Soul Force, 4. 4. 1969, S. 5.

Über das Hungerproblem in einigen Südstaaten und die rücksichtslose Behandlung der Armen durch Behörden und Polizei hatten die Massenmedien bisher kaum berichtet.

Die PPC stellte den ersten größeren, wenn auch unzulänglichen Versuch einer Lobby für die Armen dar. In den Hearings wiesen die Sprecher der Unterprivilegierten immer wieder auf die erfolgreiche Lobbytätigkeit bestimmter Interessengruppen (wie der Farmer, Ärzte und Industriellen) hin, die den elementaren Bedürfnissen der 35 Millionen Armen zuwiderläuft[48]. Entsprechend bestimmte Rev. A. Young die Funktion der PPC als die einer »Vertretung der Armen (poor people's embassy)«[49].

Schließlich war die PPC – trotz der geschilderten Schwierigkeiten – bedeutsam als der Versuch einer politischen Koalition der Unterprivilegierten unterschiedlicher rassischer und ethnischer Herkunft. Die Fehlschläge während der Kampagne können nicht darüber hinwegtäuschen, daß hier im Ansatz die traditionellen, vor allem durch Rassenvorurteile bedingten Antagonismen innerhalb der »underclass« überwunden wurden. Die PPC war somit ein bedeutsamer Schritt über die bisherige Bürgerrechtsbewegung hinaus. Die Kampagne zeigte die tendenzielle Ausweitung der von King geleiteten Freiheitsbewegung zu einer Bewegung aller Unterprivilegierten an.

48 Vgl. dazu: W. Pritchard, The PPC and Other Lobbies, in: New South, Herbst 1968, S. 21–27.

49 In einem Vortrag vor den Mitarbeitern des »Delta Ministry« in Greenville, Miss., am 10. Juli 1969 (eigene Nachschrift). »Embassy« = »Botschaft, diplomatische Vertretung«.

VI *Ansätze zu einer Koalition mit den Gewerkschaften: Streiks in Memphis (1968) und Charleston (1969)*

»You got a right,
I got a right,
We all got a right to the tree of life.«
(»Du hast ein Recht,
ich habe ein Recht,
wir alle haben ein Recht auf den Baum des Lebens.«)

(Aus einem Negro Spiritual)

Müllarbeiterstreik in Memphis

Im Februar 1968 gingen 1375 städtische Müllarbeiter in Memphis in den Streik. Anlaß waren mehrere tödliche Arbeitsunfälle und ein Fall provokativer Rassendiskriminierung in der städtischen Abfuhranstalt: am 31. Januar waren die schwarzen Arbeiter wegen Schlechtwetters nach Hause geschickt worden, während die weißen Arbeiter nach einer Stunde die Arbeit wieder aufnehmen durften und im Gegensatz zu ihren schwarzen Kollegen Lohn für einen ganzen Arbeitstag erhielten[1].

Die lokale Gewerkschaftsgruppe »Memphis Local 1733 of the American Federation of State, County and Municipal Employees«, der nur Neger angehörten, rief daraufhin einen Streik aus. Die Organisation hatte keinen offiziellen Status, da die Stadt Memphis sich grundsätzlich weigerte, Gewerkschaften als Verhandlungsbevollmächtigte für städtische Arbeiter anzuerkennen. Während Bürgermeister Henry Loeb und die Stadtverordneten zu Lohnerhöhungen bereit waren, spitzte sich die Krise auf das Problem der Anerkennung der Gewerkschaft zu.

Entscheidend für den weiteren Verlauf des Streiks war die Aktivität einiger Negerpastoren, die Rev. J. Lawson, einen Mitarbeiter der lokalen SCLC-Gruppe, zu ihrem Sprecher wählten. Daß viele der Streikenden aktive Mitglieder ihrer Kirchengemeinden waren, erwies sich als

1 Zur Genese des Konflikts: J. Stanfield, In Memphis: More Than a Garbage Strike, hrsg. vom Southern Regional Council, Atlanta 1968 (mit 2 Supplementen).

eine gute Voraussetzung für die Organisierung einer breiten Protestbewegung[2]. Die Pastoren stärkten die Verhandlungsposition der Streikenden, indem sie mit ihren Gemeinden Massenversammlungen und Solidaritäts-Demonstrationen durchführten. Als am 23. Februar Demonstranten von der Polizei mißhandelt wurden, riefen die Pastoren von ihren Kanzeln auf zu einem Boykott 1. aller Geschäfte in der Innenstadt, 2. der beiden Tageszeitungen von Memphis, 3. aller der Loeb-Familie gehörenden Geschäfte[3]. Täglich fanden Protestmärsche statt.

Um einem möglichen Nachlassen der Widerstandsbereitschaft der Neger entgegenzuwirken, forderte Rev. Lawson von der SCLC-Spitze in Atlanta organisatorische und finanzielle Unterstützung an; vor allem bat er um eine persönliche Teilnahme Kings an Versammlungen und Demonstrationsmärschen.

Vermittlungsversuche zwischen städtischen Beauftragten und Gewerkschaftsvertretern scheiterten endgültig am 27. März. Am Tag darauf führte King einen Protestmarsch von über 6000 Menschen an. Jugendliche Marschteilnehmer und Gruppen von zuschauenden Negern nutzten die Situation, um Schaufensterscheiben einzuwerfen[4]. Es kam zu schweren Kämpfen mit der Polizei, bei denen ein 16jähriger Neger getötet wurde[5]. Nach Aussagen von Pastor A. Young handelte es sich um die schwersten Zwischenfälle während eines Protestmarsches seit 1962[6]. King verließ auf Anraten seiner Mitarbeiter den Marsch. Offensichtlich wollten letztere verhindern, daß King als Repräsentant gewaltlosen politischen Handelns und als einer, der mit der lokalen Situation in Memphis nicht genügend vertraut war, in die gewaltsamen Auseinandersetzungen hineingerissen wurde[7].

King war über die Zwischenfälle so bestürzt, daß er am nächsten

2 Vgl. D. Lewis, a.a.O., S. 378.

3 Vgl. J. Stanfield, a.a.O., S. 5.

4 L. Lomax, To Kill a Black Man, S. 193, hat darauf hingewiesen, daß Einzelheiten und Ursachen der Zwischenfälle nicht eindeutig geklärt sind. Immerhin legt ein geheimer Bericht der amerikanischen Bundesregierung den Schluß nahe, daß die Polizei gewalttätige Ausschreitungen provozierte.

5 Dazu: J. Stanfield, a.a.O., Supplement I, S. 1—3; D. Lewis, a.a.O., S. 381.

6 Vgl. »Soul Force«, 4. April 1969, S. 5.

7 Vgl. J. Stanfield, a.a.O., Supplement I, S. 2.

Tag nach Atlanta zurückfuhr. Doch kam er am 3. April wieder nach Memphis, um einen neuen Protestmarsch vorzubereiten.

> Am Abend des gleichen Tages hielt King in der Mason Temple Baptist Church eine Ansprache[8], in der er den Kampf um die Anerkennung der Gewerkschaft in Memphis durch einen Verweis auf die Auseinandersetzung zwischen den Israeliten und dem ägyptischen Pharao interpretierte: »Wir müssen zusammenhalten und Einheit bewahren. ... Wenn sich Sklaven zusammentun, dann geschieht etwas am Hof des Pharao, dann kann er die Sklaven nicht in der Sklaverei festhalten.«[9] Aus dem christlichen Gotteskindschaftsmotiv leitete er das Recht der Unterprivilegierten ab, durch solidarische Aktionen eine ökonomische und politische Machtposition zu erkämpfen: »Wir müssen einfach zu den Geschäften und den riesigen Industrien in unserem Land gehen und sagen: ›Gott hat uns hierher geschickt, Euch zu sagen, daß Ihr seine Kinder nicht richtig behandelt. Und wir fordern von Euch, daß Ihr dies zum ersten Punkt Eurer Tagesordnung macht: faire Behandlung von Gottes Kindern. Nun, wenn Ihr dazu nicht bereit seid, dann haben wir eine Tagesordnung, der wir folgen müssen — unsere Ordnung verlangt von uns, Euch die wirtschaftliche Unterstützung zu entziehen.‹ Und deshalb bitten wir Euch heute abend, loszugehen und Euren Nachbarn zu sagen: kauft keine Coca-Cola in Memphis. Geht und sagt ihnen, sie sollen keine ›Sealtest-Milk‹ kaufen.«[10]

Am Donnerstag, dem 4. April 1968, diskutierte King mit mehreren Mitarbeitern strategische Einzelheiten des für Montag, den 8. April, geplanten Marsches. Er hatte das Gefühl, daß selbst einige seiner Mitarbeiter keine überzeugten Anhänger der gewaltlosen Strategie mehr waren[11]. Um seine eigene feste Entschlossenheit zu militanten gewaltlosen Aktionen zu unterstreichen, kündigte er an, er werde erstmalig ein Demonstrationsverbot ignorieren, das von einem Bundesgericht erlassen worden war[12].

Als King am Abend des gleichen Tages auf den Balkon seines Hotelzimmers trat, wurde er von einem weißen Amerikaner erschossen.

[8] Diese letzte Rede Kings ist als die »I've been to the mountaintop (= Ich bin auf der Spitze des Berges gewesen)« — Rede bekanntgeworden.

[9] King, I've Been to the Mountaintop, hrsg. von der SCLC, S. 4 (masch.).

[10] King, I've Been to the Mountaintop, S. 8.

[11] Dazu: W. Miller, a.a.O., S. 273 und 276; L. Lomax, To Kill a Black Man, S. 197.

[12] Dazu: D. Lewis, a.a.O., S. 387; J. Stanfield, a.a.O., Supplement II, S. 1.

Die Schlußsätze seiner am Vortage gehaltenen Ansprache in der Mason Temple Baptist Church, in denen seine Besorgnis über die ungewisse Zukunft der Bewegung der Armen und der gewaltlosen Strategie durchklang, wirkten nun wie eine Ahnung seines nahen Todes: »Nun, ich weiß nicht, was jetzt geschehen wird. Einige schwere Tage stehen uns bevor. Aber das macht mir jetzt nichts aus. Weil ich auf der Spitze des Berges gewesen bin. Und ich kümmere mich nicht drum (gemeint sind: Todesdrohungen – der Vf. –). Wie jeder würde ich gern ein langes Leben leben. Langlebigkeit hat ihre Bedeutung. Aber darum bin ich jetzt nicht besorgt. Ich will nur Gottes Willen tun. Er hat mir erlaubt, den Berg hinaufzugehen. Und ich habe hinübergesehen. Ich habe das Gelobte Land gesehen. Vielleicht komme ich nicht gemeinsam mit Euch dahin. Aber Ihr sollt heute abend wissen, daß wir als ein Volk in das Gelobte Land gelangen werden. Ich bin glücklich heute abend. Ich mache mir keine Sorgen wegen irgend etwas. Ich fürchte niemanden. Meine Augen haben die Herrlichkeit des kommenden Herrn gesehen.«[13]

Am Freitag, dem 5. April, hielten ca. 150 Pfarrer – fast 120 von ihnen Weiße – in Memphis einen Gedenk-Gottesdienst für King. Anschließend marschierten sie schweigend zum Rathaus und überreichten Mayor Loeb eine Resolution, die von zwei biblischen Zitaten, Jer. 8,13[14] und Lk. 19,41–42a[15], eingerahmt war. Diese erste Aktion weißer Pfarrer im Zusammenhang des Müllarbeiterstreiks war schon am Tage vor Kings Tod geplant worden, doch hatten die Pastoren weißer Vorortgemeinden am 3. April zunächst um eine Verschiebung der Aktion gebeten mit dem Argument, man benötige mehr Zeit für die Formulierung der Resolution. Zweifellos befürchteten sie Vergeltungsmaßnahmen ihrer konservativen Gemeinden[16].

13 King, I've Been to the Mountaintop, S. 14.

14 »Will ich einheimsen ihre Ernte, spricht der Herr, so sind keine Trauben am Weinstock und keine Feigen am Feigenbaum und die Blätter verwelkt! So will ich ihnen geben nach ihrem Ertrag.«

15 »Und als er näher kam und die Stadt sah, weinte er über sie und sprach: Wenn doch auch du an diesem Tag erkannt hättest, was zu deinem Frieden dient!«

16 Vgl. J. Stanfield, a.a.O., Supplement II, S. 2–3. Kennzeichnend für die Rolle weißer Gemeinden ist die Bemerkung des Gewerkschaftlers Jerry Wurf während einer Massenversammlung in Memphis: »Ich bin ein jüdischer Junge aus Brooklyn. Ich habe auf vielen protestantischen Kanzeln gestanden in Zeiten der Anspannung und der Sorge. Es fällt mir gerade auf, daß es immer die Kanzeln von Negerkirchen waren« (a.a.O., S. 16).

Am 8. April, einen Tag vor der Beerdigung Kings, fand in Memphis ein Gedenkmarsch für King statt. Herausragendes Merkmal dieses Marsches, an dem 35 000 Menschen teilnahmen, war der starke Anteil weißer Gewerkschaftler aus allen Teilen der USA. In der vordersten Reihe marschierte neben den Negerpastoren James Lawson und Dr. R. Jackson sowie dem prominenten Kriegsgegner Dr. Benjamin Spock auch der Gewerkschaftsführer Walter Reuther. Im Rahmen der Massenversammlung vor dem Rathaus wurde eine Solidaritätsadresse von George Meany, dem Präsidenten der größten amerikanischen Gewerkschaft (AFL-CIO), verlesen: »Der Kampf der Müllarbeiter hier in Memphis ist der Kampf aller organisierten Arbeiter.« Er hoffe, so erklärte der Gewerkschaftsführer, auf eine enge Zusammenarbeit schwarzer und weißer Arbeiter auch auf nationaler Ebene »ab heute«[17].

Schon vor dem Gedenkmarsch, in der vierten Woche des Streiks, hatten sich 500 weiße Gewerkschaftler dem täglichen Protestmarsch der Neger angeschlossen[18]. Die Zusammenarbeit von Gewerkschaftlern und Bürgerrechtlern bewährte sich im Verlauf des Streiks. Nachdem die Müllarbeiter zwei Monate lang gestreikt hatten, wurden ihre Hauptforderungen am 16. April 1968 akzeptiert. Ihre Gewerkschaft wurde von der Stadt Memphis offiziell anerkannt[19].

Die von King und seinen Mitarbeitern begonnene Ausweitung der Bürgerrechtsbewegung zu einer sozialen Bewegung aller Unterprivilegierten in den USA wurde nach Kings Tod von der SCLC konsequent vorangetrieben. In den ersten Monaten nach Kings Tod unterstützte die SCLC u. a. zwei Müllarbeiterstreiks in Atlanta, Georgia, und St. Petersburg, Florida, einen Textilarbeiterstreik in Florence, S.C., und einen Streik mexiko-amerikanischer Farmarbeiter in Kalifornien.

Im Mai 1969 begann das »Zweite Kapitel der Kampagne der Armen (Second Chapter of the Poor People's Campaign)«. Die organisatorischen Mängel der ersten Phase der »Kampagne der Armen« veranlaßten die SCLC, in der zweiten Phase die Basis der »underclass«-Bewe-

17 Zit. in: J. Stanfield, a.a.O., Supplement II, S. 9.

18 Vgl. P. Watters, Beale Street and Points North, Memphis is Also America, in: The Nation, 22. 4. 1968, S. 530.

19 Vgl. »Soul Force« vom 1. 5. 1968, S. 3—4.

gung durch eine Vielzahl von Aktionen im lokalen Bereich zu verbreitern.

Krankenhausarbeiterstreik in Charleston

Unter den verschiedenen Projekten auf lokaler Ebene kam einem Krankenhausarbeiterstreik in Charleston, S.C., besondere Bedeutung zu, da er von Bürgerrechtlern und Gewerkschaftlern gemeinsam organisiert wurde.

In Charleston kämpften etwa 400 unterbezahlte Krankenhausarbeiter, fast ausschließlich Neger, um eine Anerkennung ihrer Gewerkschaft und um angemessene Löhne. Als die städtischen und staatlichen Behörden massiven Widerstand leisteten, entschlossen sich die SCLC und die Ortsgruppe 1199 der New Yorker Krankenhausarbeitergewerkschaft zu einer Unterstützung des Streiks. Die AFL-CIO und die »United Auto Workers« überwiesen namhafte Geldbeträge für den Lebensunterhalt der Streikenden.

Die Koalition der Bürgerrechtsbewegung mit der Gewerkschaftsbewegung fand ihren symbolischen Ausdruck in einem Protestmarsch von 10 000 Menschen: schwarze und weiße Arbeiter demonstrierten gemeinsam, Pastor Abernathy und Gewerkschaftsführer W. Reuther führten den Zug an. Bei den sich ständig wiederholenden Demonstrationen wendeten schwarze und weiße Arbeiter traditionelle Techniken der Bürgerrechtsbewegung an.

Die Rolle der weißen Pfarrer und kirchlichen Laien in Charleston läßt sich am deutlichsten im Vergleich mit der Rolle der weißen Gewerkschaftler beschreiben. Zwischen weißen und schwarzen protestantischen Pfarrern kam es zu keiner »Charleston Coalition«, da die weißen Pastoren mögliche Konflikte mit ihren Gemeinden scheuten. Nennenswerte Unterstützung erhielten die Streikenden nur von einer Gruppe weißer katholischer Priester, die ein »Concerned Clergy Committee (= Komitee besorgter Geistlicher)« bildeten. Die Priester nahmen an Demonstrationen teil und versuchten, die Öffentlichkeit durch Flugblätter, Leserbriefe und mündliche Stellungnahmen in ihren Gemeinden zur Unterstützung des Streiks zu mobilisieren. In einem »Vorschlag für einen gerechten Frieden« verteidigten sie die Forderungen der Streikenden. Sie insistierten auf dem »gottgegebenen Recht von Männern und Frauen, sich für ihr eigenes Wohlergehen zu organisieren«.[20]

In Leserbriefen und in einer Großanzeige kritisierten weiße Bürger Charlestons die Stellungnahme des »Concerned Clergy Committee« und forderten die Priester auf, ihre »religiöse Pflicht« zu tun, d. h. die »Lehren Christi« und die »Zehn Gebote« zu verbreiten und sich nicht in den Streik »einzumischen«[21]. Die Kritiker gaben wohl die Meinung vieler Kirchenmitglieder wieder, wenn sie erklärten, das Hauptproblem seien nicht die Rechte der Streikenden, sondern »der Friede und die Ruhe der Stadtgemeinde«, nachdem die Demonstrationen zu Gewalt, Zerstörung, Mord und zu Leiden auf seiten der Streikenden (!) geführt hätten[22].

Nachdem der Streik sich über mehrere Monate hingezogen hatte, stimmten die Stadtverordneten von Charleston und der Gouverneur von South Carolina schließlich den Hauptforderungen der Krankenhausarbeiter zu.

Die Zusammenarbeit mit den Gewerkschaften bedeutete nicht nur für die SCLC einen neuen Aspekt ihrer Arbeit. Die gewerkschaftliche Unterstützung der schwarzen Müllarbeiter und Krankenhausarbeiter stand geradezu im Widerspruch zu der traditionellen Gewerkschaftspolitik.

Charakteristisch für die meisten Gewerkschaften war und ist ihre negerfeindliche Einstellung[23]. Die amerikanischen Gewerkschaften rekrutierten seit ihrer Gründung Mitglieder primär aus den Kreisen weißer Arbeiter, deren Rassenvorurteile besonders stark sind, da sie in einem sozialen Aufstieg der Neger eine Bedrohung ihrer eigenen sozialen und ökonomischen Position erblicken. Von der Maßnahme vieler Gewerkschaften, keine ungelernten Arbeiter als Mitglieder aufzunehmen, sind besonders die Neger betroffen[24]. Über die Aufnahme von Arbeitern in Ausbildungskurse und

20 In: »Peace with Justice Proposal«, Mai 1969 (Flugblatt).

21 Vgl. R. Abernathy, A Letter from a Charleston Jail — To Preach the Gospel to the Poor, S. 1 ff.

22 Dazu: »Taking Sides on the Strike«, in: Charleston Evening Post, 15. 5. 1969.

23 Vgl. dazu V. Brandes/J. Burke, a.a.O., S. 192—222. Dort weitere Literatur zur Rolle der Gewerkschaften im Rassenkonflikt.

24 Die einzelnen Gewerkschaften sind zumeist nach Berufsgruppen organisiert. Schwarze Arbeiter sind im allgemeinen in schwarzen Gewerkschaftssektionen isoliert.

damit in die Gewerkschaft entscheiden die lokalen Gewerkschaften[25]. »Auf der Ebene ... der örtlichen Gewerkschaften hat die Tradition rassischer Diskriminierung feste institutionelle Form angenommen.«[26] In Konsequenz dieser Politik hatten die größten amerikanischen Gewerkschaften sich auch nicht am »March on Washington« beteiligt.

Aufgrund derartiger Erfahrungen hat King, der nachdrücklich ein Bündnis mit den Gewerkschaftsgruppen befürwortete, zugleich zur Nüchternheit gemahnt: »Wir können nicht einfach von einem Bündnis mit der gesamten Arbeiterschaft sprechen. Die meisten Gewerkschaften haben gemeinsame Interessen mit uns; beide Teile können von der Beziehung profitieren. Aber mit manchen Gewerkschaften, die bei der Diskriminierung bleiben, um ihr Beschäftigungsmonopol zu erhalten, haben wir keine gemeinsame Basis. Von Bündnissen mit ihnen zu sprechen, heißt, von gegenseitiger Täuschung und Heuchelei sprechen.«[26] »Heute ist die Leistung der Gewerkschaften in bezug auf die schwarzen Arbeiter außerordentlich ungleichmäßig; aber die Möglichkeit, die Entscheidungen der Gewerkschaften zu beeinflussen, besteht noch.«[28]

Da die streikenden Müllarbeiter in Memphis fast ausschließlich Neger waren, hatten auch sie zunächst keine Unterstützung von den Gewerkschaften erhalten. Doch erkannten letztere bald, daß ein Sieg der Müllarbeiter die Gewerkschaftsbewegung in den Südstaaten, wo nur 7 % der Arbeiter gewerkschaftlich organisiert sind (!)[29], fördern würde.

Mag auch die Koalition der Gewerkschaftsbewegung mit der Bürgerrechtsbewegung mehr pragmatisch gewesen sein, so demonstrierten

25 Vgl. H. Hill, Racial Barriers in Union Apprentice Programs, in: Freedom Now, ed. A. Westin, S. 120 ff.

26 H. Hill, a.a.O., S. 122. Viele weiße Arbeiter betrachten eine Reihe von – meist gutbezahlten – Berufen als »white men's jobs«, als Tätigkeiten, die allein Weißen vorbehalten seien.

27 King, Where, S. 151.

28 King, Where, S. 141. King kritisierte aber auch die Einstellung vieler Neger zu den Gewerkschaften: »Wir haben es zugelassen, daß wir Vorurteile der Mittelschicht gegenüber den Gewerkschaften übernommen haben.« (King, Where, S. 143).

29 Mündliche Information von Carl Farris (SCLC) in einem Interview mit dem Vf. in Charleston, S.C., am 15. 5. 1969.

die gemeinsamen Aktionen immerhin die politische Möglichkeit einer sozialen Bewegung von schwarzen und weißen Unterprivilegierten. Entsprechend wertete der schwarze Gewerkschaftler Bayard Rustin die Aktionen in Memphis als Beginn einer »Labour-Negro Coalition«[30].

Der Streik in Charleston hatte innenpolitische Bedeutung, insofern hier die in Memphis gebildeten Ansätze zu einer solchen Koalition bewußt aufgenommen und fortgeführt wurden. Die Vermutung, daß diese Koalition kein Einzelfall sei, sondern eine neue Tendenz der innenpolitischen Entwicklung andeuten könne, wurde durch die »Charleston Coalition«[31] verstärkt.

Es ist jedoch nüchtern zu fragen, ob es sich bei den Streiks nur um punktuelle, exzeptionelle Koalitionen oder tatsächlich um den Beginn einer organisierten sozialen Bewegung schwarzer und weißer Arbeiter handelte.

Das Verhalten der Gewerkschaften seit dem Streik in Charleston berechtigt jedenfalls nicht zu der Annahme, die Solidaritätsbekundungen bei den Demonstrationen seien Symptom einer neuen gewerkschaftlichen Strategie gewesen. Der schwarze Gewerkschaftler H. Hill hat zu Recht an den Widerspruch zwischen dem öffentlichen Verhalten einiger Spitzenfunktionäre und der gewerkschaftlichen Tagespolitik auf unterer Ebene erinnert[32].

Zweifellos besteht die primäre Bedeutung der Koalitionen von Memphis und Charleston in ihrem Modellcharakter. Die SCLC machte dort den Versuch, weiße und schwarze Mitglieder der »underclass« gemeinsam zu organisieren. Sie bewies, daß geschichtlichen Erfahrungen zum Trotz weiße und schwarze Unterprivilegierte in den USA zu gemeinsamen Aktionen fähig sind. Die Koalitionen entsprachen Kings Konzept von der »Macht der Armen (poor people's power)«[33] und

[30] B. Rustin, The Labour-Negro Coalition – A New Beginning, in: Gandhi Marg, Juli 1968, S. 258–265.

[31] Dazu: »The Charleston Coalition«, in: The New York Times, 14. 5. 1969.

[32] Vgl. H. Hill, Racial Inequality in Employment: The Patterns of Discrimination, in: Problems & Prospects of the Civil Rights Movement, edd. R. Murphy/H. Elinson, S. 108–116. Noch immer gehen die meisten Versuche, die Arbeiter im Süden zu organisieren, mit einer rigorosen Verteidigung des Status quo in den Rassenbeziehungen einher.

[33] Vgl. King, Speeches, S. 25.

stellten das amerikanische »caste-class-system« in Frage[34]. Der Versuch, eine Koalition mit den Gewerkschaften einzugehen, beruhte auf der Erkenntnis, daß eine wirkungsvolle Organisierung der Unterprivilegierten nicht durch punktuelle Aktionen wie die »Kampagne der Armen« zu lösen war. So hatte King schon 1966 erklärt: »Die Koalition eines tatkräftigen Teiles der Arbeiterschaft mit Negern, Arbeitslosen und Wohlfahrtsempfängern könnte die Quelle einer Macht sein, die die wirtschaftlichen Beziehungen neugestaltet und einen Durchbruch zu einer neuen Stufe sozialer Reformen einleitet.[35]

34 Entsprechend analysierte King den Konflikt in Memphis: »Es handelt sich hier nicht um einen Rassenkrieg, sondern um einen Klassenkrieg (This is not a race war, it is a class war.)« (Zit. in: Coretta King, My Life with Martin Luther King Jr., S. 312.)

35 King, Where, S. 142. Vgl. auch King, Where, S. 143: »Die vereinten Kräfte von Negern und Arbeitern (joint forces of Negro and labor) stehen vielleicht vor der historischen Aufgabe der sozialen Reform.«

E Das Wirken Kings und der »Southern Christian Leadership Conference«: Modell einer Kirchenreform?

I *Die Kritik an der weißen Mittelstandskirche*

> »Die Linie der Rassentrennung ist von der Kirche so scharf gezogen worden, daß ihre Verkündigung des Evangeliums der Bruderschaft von Juden und Griechen, Unfreien und Freien, Weißen und Schwarzen manchmal den traurigen Ton der Ironie bekommt, manchmal zu unbewußter Heuchelei wird – aber manchmal enthält sie einen bitteren Schrei der Reue.« (H. Richard Niebuhr)

King kritisierte an den weißen Kirchen vor allem ihre »tragische Tendenz zu konformistischem Verhalten«[1]. »In vielen Fällen hat die Kirche sich ... mit den privilegierten Schichten verbündet und den Status quo verteidigt.«[2] Als Beweis führte King die Tatsache an, daß die »Kirche die am stärksten segregierte größere Institution in der amerikanischen Gesellschaft«[3] ist. Die Anpassung der weißen Kirchen an die dominanten Werte der amerikanischen Kultur veranlaßte ihn zu der sarkastischen Bemerkung: »Die christliche Kirche ... scheint mehr weiß als christlich zu sein.«[4] In einem Aufsatz mit dem Titel »The Un-Christian Christian« beschrieb er seine Erfahrungen mit wei-

[1] King, Predigt in der Ebenezer Baptist Church, Atlanta, am 16. 1. 1966 (masch.), S. 8.

[2] King, Strength, S. 57, Vgl. King, Where, S. 92 u. S. 96.

[3] King, Stride, S. 184; diese Formulierung übernahm King aus: L. Pope, The Kingdom Beyond Caste, S. 105.

[4] King, Where, S. 36.

ßen Kirchenmitgliedern wie folgt: »Was ist über die Leute zu sagen, die Sonntag um Sonntag die Kirchen füllen? Sie sind die Personen, von denen man erwartet, daß sie das Kreuz auf sich nehmen und an der Seite ihrer unterdrückten Brüder marschieren. Statt dessen sind sie die großen Stolperblöcke, die großen Fragezeichen in unserer Gesellschaft.«[5] Als Ursache für ihr konformistisches Verhalten erkannte King »ihre große Sorge ..., gesellschaftlich akzeptiert zu werden«[6].

Hat King die gesellschaftliche Rolle der weißen Kirche zutreffend, also ohne Ressentiment, bestimmt? In der 1958 erschienenen Studie »Small Town in Mass Society« beschrieben die Soziologen Arthur Vidich und Joseph Bensman die Rolle der weißen Kirchen unter der Überschrift »Religion and the Affirmation of the Present«[7]. Charles Glock und Rodney Stark schlossen aus ihren religionssoziologischen Untersuchungen: »Die organisierte Religion ist gegenwärtig mehr auf der empfangenden als auf der gebenden Seite bei der Entwicklung gesellschaftlicher Leitbilder.« Sie habe sich »der Aufrechterhaltung der Gesellschaft, so wie sie ist, verpflichtet«[8]. Für die meisten weißen Christen bedeutet Kirchenmitgliedschaft, so Peter Berger, eine »Bestätigung der gleichen Werte, die sich in der Gesamtgesellschaft finden«[9]; sie dient der symbolischen Integration[10].

Benton Johnson hat auf das Selbstverständnis der weißen Kirchen als »Gemeinde der Respektablen«[11] hingewiesen und so indirekt die große Differenz zu Kings Verständnis der Kirche als »Stimme derer, die keine Stimme haben«, aufgezeigt.

Eine Vielzahl empirischer Untersuchungen[12] hat zu dem eindeuti-

5 King, The Un-Christian Christian, S. 77.

6 King, Strength, S. 157.

7 = »Die Religion und die Bestätigung des Bestehenden«, op. cit., S. 231.

8 Ch. Glock/R. Stark, Religion and Society in Tension, S. 182 u. S. 184; vgl. auch die Beobachtung von C. W. Mills: »Religion ist zu einer abhängigen Variablen geworden« (in: Politik ohne Verantwortung, S. 148).

9 P. Berger, Kirche ohne Auftrag, S. 45.

10 Dazu: P. Berger, a.a.O., S. 55; vgl. auch S. 54 u. S. 102.

11 Zit. in: P. Berger, Kirche ohne Auftrag, S. 94.

12 Genannt seien nur: N. J. Demerath, Social Class in American Protestantism; L. Pope, Religion and the Class Structure, in: The Annals of the American Academy of Political and Social Science, 1948, S. 84—91; L. Pope, Millhands and Preachers.

gen Ergebnis geführt, daß in den weißen Kirchen Klassentrennung auf zwei Ebenen existiert: auf der Ebene der Denominationen und auf der Ebene der Ortsgemeinden[13]. »Die einzelnen protestantischen Kirchengemeinden sind im allgemeinen ›Klassenkirchen‹, ihre Mitglieder stammen hauptsächlich aus *einer* sozialen Schicht.«[14] Bekenntnisdifferenzen spielen bei der Wahl der Kirchengemeinde nur eine untergeordnete Rolle[15]. Zumeist ist für die Mitgliedschaft in einer bestimmten Ortsgemeinde der soziale und ökonomische Status entscheidend[16]. Daß Angehörige der gleichen sozialen Schicht gewöhnlich auch in bestimmten Wohnvierteln konzentriert sind, verstärkt noch die Exklusivität der weißen Kirchengemeinden[17].

Aus der Tatsache, daß viele Amerikaner ihre Kirchengemeinde oder Denomination wechseln, wenn sich ihr sozialer Status verändert bzw. wenn sie diesen verbessern möchten[18], geht die Bedeutung der Kirchengemeinden als Status-Indikatoren hervor[19]. Entsprechend muß die Verweigerung der Kirchengemeinschaft mit den Mitgliedern der schwarzen »Proletarierkirche«[20] als der »aggressive« Aspekt (d. h. als Verteidigung) der klassenhomogenen Statuskirche angesehen werden[21].

13 Vgl. dazu: P. Berger, a.a.O., S. 87. Zur Theorie des »class denominationalism« s. H. R. Niebuhr, Social Sources of Denominationalism.
14 L. Pope, Religion and the Class Structure, a.a.O., S. 89.
15 Vgl. D. Moberg, The Church as a Social Institution, S. 404.
16 Das gilt mit Einschränkungen auch für schwarze Kirchengemeinden.
17 Vgl. dazu: G. Winter, a.a.O., S. 76. Ferner D. Moberg, a.a.O., S. 404: »Amerikanische Kirchen lehnen sich eng an die soziale Schichtung der jeweiligen ›community‹ an.« Vgl. auch: King, The Un-Christian Christian, a.a.O., S. 78: »Der unchristliche Christ ... versteht die Kirche als seinen eigenen privaten Country Club und nicht als Leib Christi.«
18 Vgl. P. Berger, a.a.O., S. 79. »Wir alle kennen den jungen baptistischen Vertreter, aus dem schließlich ein episkopaler Verkaufsleiter wird.«
19 P. Berger hat die »Funktion der Statussymbolik« als eine grundlegende Funktion der Religion in den USA bezeichnet (a.a.O., S. 78 ff.).
20 D. Bonhoeffer schrieb in seinem »Bericht über den Studienaufenthalt im Union Theological Seminary zu New York 1930/31«: »Ziemlich unberührt, ja gemieden von den weißen Kirchen steht die Kirche der Verstoßenen Amerikas: die Negerkirche. ... Die Negerkirchen sind Proletarierkirchen, vielleicht die einzigen in ganz Amerika« (Ges. Schriften Bd. I, S. 96–97).
21 »Rassische Integration«, so hat P. Berger festgestellt, »ist daher oft nichts

Die weißen amerikanischen Kirchen sind im großen und ganzen »Kirchen der Mittelschicht (middle-class churches)«[22]. Die Majorität der Ortsgemeinden wie der Denominationen rekrutiert ihre Mitglieder aus der »middle-class« (einschließlich der »lower middle-class« und der »upper middle-class«)[23], während die »lower class« unterrepräsentiert ist[24]. »Die führenden protestantischen Kirchen haben sich zu einer Art ›Mittelklassen-Getto‹ entwickelt.«[25]

Adressaten der oben beschriebenen Kirchenkritik Kings waren in erster Linie die örtlichen Kirchengemeinden. Von den denominationellen Kirchenleitungen ausgearbeitete progressive Resolutionen und Aktionsvorschläge zu politisch-sozialen Problemen »bewegen sich«, so konstatierte King, »nur allzu langsam hinunter zu tatsächlicher Praxis in den lokalen Kirchen«[26].

Diese von King behauptete restriktive Funktion der kirchlichen Laien in den Ortsgemeinden ist in einer Reihe von soziologischen Studien exakt nachgewiesen worden. Bei Stellungnahmen zu politisch-wirtschaftlichen Fragen ist der Meinungsunterschied im kirchlichen Raum nirgends so groß wie zwischen Pastoren und Laien[17]. Im allgemeinen lehnen Laien eine Parteinahme der Pastoren in wirtschaftlich-politischen Fragen emphatisch ab, sie erwarten von ihnen eher ein öffentliches Be-

anderes als eine Klassenintegration unter Vernachlässigung der Hautfarbe« (a.a.O., S. 79). Der Sozialpsychologe R. Brannon hat jüngst folgendes nachgewiesen: Kirchenmitglieder, die ein »instrumentales« Verhältnis zur Religion haben in dem Sinne, daß ihnen die Zugehörigkeit zu einer Kirchengemeinde »Statusgewinn, Unterhaltung, Geschäftskontakte« etc. bedeutet, bilden die Majorität in den Kirchengemeinden und leisten besonders starken Widerstand gegen die Aufhebung der Rassentrennung im kirchlichen und nichtkirchlichen Bereich (vgl. dazu: R. Brannon, Gimme That Old-Time Racism, in: Psychology Today, April 1970, S. 42 ff.).

22 S. dazu u. a.: D. Moberg, a.a.O., S. 415 u. S. 458; P. Berger, a.a.O., S. 78 ff.

23 Dazu: G. Lenski, The Religious Factor, S. 49.

24 Vgl. dazu: A Vidich/J. Bensman, Small Town in Mass Society, S. 294.

25 D. Moberg, a.a.O., S. 458.

26 King, Stride, S. 84; so auch J. Hough, a.a.O., S. 182.

27 Vgl. J. Hadden, The Gathering Storm in the Churches; J. Wood/M. Zald, Aspects of Racial Integration in the Methodist Church, in: Social Forces, Dez. 1966, S. 263.

kenntnis zu »law and order«[28]. Kirchliche Laien wollen das Wirken der Kirche ausschließlich auf die »comforting role«, die Trösterrolle, beschränkt wissen[29], während viele Pastoren zumindest theoretisch auf der »challenging role«, also auf der Aufgabe prophetischer Herausforderung, insistieren[30].

»Die offensichtliche Indifferenz ... religiöser Gruppen gegenüber dem gegenwärtigen Bürgerrechtskampf im Süden wird als übereinstimmend mit der generellen evangelistischen Position[31] angesehen, die Ver-

28 Vgl. C. Earle, How Presbyterians Think About Civil Rights, in: Social Progress, Jan./Febr. 1969, S. 5—35.

29 Vgl. Ch. Glock/B. Ringer/E. Babbie, To Comfort and To Challenge, S. 202 ff. Die Autoren weisen ferner darauf hin, »daß die Social-Gospel-Richtung nie entscheidenden Einfluß in den amerikanischen Denominationen hatte«. – Billy Graham ist wohl das bekannteste Beispiel für diese Form christlicher Frömmigkeit (und das entsprechende Kirchenverständnis). Für ihn sind soziale Reformen allenfalls ein »Anhängsel christlicher Erweckung« (S. Hill, a.a.O., S. 114). Billy Graham riet King zur »Mäßigung« in politischen Aktionen, ja er verurteilte gelegentlich Demonstrationen als »unchristlich« (dazu: W. McLoughlin, Is There a Third Force in Christendom? in: Religion in America, Daedalus, Winter 1967, S. 24 u. S. 67; W. Miller, a.a.O., S. 138). Seitdem er sich als Hauptredner für die von Präsident Nixon angeregte »Honor America Day«-Feier am amerikanischen Unabhängigkeitstag 1970 zur Verfügung gestellt hat, dürfte kein Zweifel mehr daran bestehen, daß er ein Exponent der »comforting role« christlicher Kirchen ist, daß er — eben anders als King — nicht die prophetische »Stimme derer, die keine Stimme haben«, ist (dazu: »350 000 Turn Out in D. C. for ›Honor America Day‹« in: International Herald Tribune, 6. Juli 1970). Malcolm X hat Graham charakterisiert als einen Mann, »der weißen Nationalismus predigt.« (Zit. in: B. Chambers [Hg.], Chronicles of Black Protest, S. 211). Vgl. auch die ausgezeichnete Kritik Billy Grahams durch R. Niebuhr in: Christianity and Crisis, 14. November 1969: »The King's Chapel and the King's Court« (deutsche Übersetzung in: Junge Kirche Nr. 3, 1970, S. 152–155).

30 J. Hadden kann deshalb erklären: »Tatsächlich haben die Laien eine andere Kirche als die Geistlichen« (a.a.O., S. 222).

31 So ergab eine 1968 von dem Psychologen M. Rokeach durchgeführte Untersuchung über das Wertsystem kalifornischer Kirchgänger: »Diejenigen, die den Schwarzen, den Armen und der studentischen Protestbewegung gegenüber ablehnend waren und die Mitwirkung der Kirche an politischen und sozialen Entscheidungen verurteilten, bewerteten ›Erlösung‹ (salvation) übereinstimmend höher als alle diejenigen, die diesen Problemen mit mehr Mitgefühl be-

antwortung gegenüber Gott und den Menschen einfach nicht im Licht einer Sozialethik betrachtet.«[32] Es verwundert daher nicht, daß nur 29 % der christlichen Laien die Meinung teilen, Martin Luther King sei ein »herausragendes Beispiel dafür, wie das Christentum relevant und bedeutungsvoll für unsere Zeit wird«[33]. Unter den Gemeindepastoren ist dagegen die Zahl derjenigen vergleichsweise höher und im Wachsen begriffen, die gesellschaftsreformerische Praxis befürworten[34]. Der Soziologe J. Hadden hat daraus die Prognose abgeleitet, daß ein stärkeres Engagement protestantischer Pfarrer in der Bürgerrechts-Bewegung (und in der Friedensbewegung) den Konflikt bis zur Gefährdung der kirchlichen Organisation verschärfen werde[35]. Auch

gegneten« (in: Faith, Hope and Bigotry, Psychology Today, April 1970, S. 33 ff., Zitat auf S. 37). Auf die Frage: »Als Sie von der Ermordung Dr. M. L. Kings erfuhren, was war Ihre stärkste Reaktion?: 1. Ärger, 2. Trauer, 3. Scham, 4. Furcht, 5. ›Er hat es selbst dazu gebracht‹?« — antwortete ein Drittel der befragten Christen, er habe es selbst dazu gebracht (he brought it on himself)! Im Wertsystem dieser Kirchgänger nahm »salvation« einen signifikant höheren Rang ein als bei jenen, die Ärger, Trauer oder Scham empfunden hatten (s. dazu: op. cit., S. 36).

32 S. Hill, a.a.O., S. XIV.

33 Dazu: J. Hadden, The Gathering Storm, S. 137. Obwohl die jüdischen Synagogenmitglieder in den USA eine ähnliche soziale Basis haben — sie stammen weitgehend aus der »middle-class« (bes. der »upper-middle-class«) —, beurteilen sie Martin Luther King ganz anders! Über 59 % von ihnen sehen in Martin Luther King ein herausragendes Beispiel für ein relevantes Christentum!

34 Vgl. J. Hadden, a.a.O., S. 194 ff.

35 J. Hadden, a.a.O., S. 26—33. Aufgrund der besonderen institutionellen Verfassung des amerikanischen Protestantismus haben Konflikte zwischen liberalen Pastoren und konservativen Gemeindemitgliedern weitreichende Konsequenzen. Da die Denominationen Freiwilligkeitskirchen sind und die Ortsgemeinden als freiwillige Vereinigungen fast uneingeschränkte Autonomie besitzen, ist der Gemeindepastor vom Konsensus der Gemeindeglieder abhängig. Die Leitungsgremien der meisten Gemeinden werden von konservativen Laien, vor allem Geschäftsleuten, beherrscht, die nichts weniger als eine Erschütterung des ökonomischen und politischen Status quo intendieren. Vgl. J. Gustafson, The Clergy in the United States, in: Social Compass, 1965, S. 35—52. Gustafson spricht von der »freien Marktwirtschaft im religiösen Bereich« (a.a.O., S. 41). So bildeten sich nach dem Urteil des Obersten Gerichtshofs gegen die Rassentrennung in den Schulen (1954) in vielen Staaten christliche

King sprach im Hinblick auf die genannten Phänomene von zwei Kirchen: »Die Kirche existiert in zwei Formen: der kraftvollen, prophetischen und geist-geprägten (spiritual) Form, die in vielen großen Bewegungen in der Geschichte erschienen ist, und der gesetzten, konservativen, institutionellen Form, die durch unsere Gebäude und denominationellen Strukturen charakterisiert ist.«[36]

II *Die Ausrichtung der Pfarrerrolle auf die Tätigkeit als »community organizer«*

> »Der Begriff Gott ist nur dann gültig und nützlich, wenn er uns größer, freier und liebesfähiger machen kann.« (James Baldwin)

Die Rolle des Pfarrers umschrieb King in seiner letzten Rede wie folgt: »Von wem muß man mit größerem Recht erwarten, daß er die Sehnsüchte und Hoffnungen der Menschen artikuliert, als vom Pastor? In gewisser Weise muß der Pastor ein Amos sein und sagen: ›Es ströme wie Wasser das Recht und die Gerechtigkeit wie ein mächtiger Strom.‹ In gewisser Weise muß der Pastor mit Jesus sagen: ›Der Geist des Herrn ruht auf mir, weil er mich gesalbt hat, mich um die Probleme der Armen zu kümmern.‹ ... Es ist richtig, über das neue Jerusalem zu reden, aber schließlich muß der Prediger Gottes auch über das neue New York, das neue Atlanta ... reden.«[1] In einem Interview erklärte King: »Alles, was ich in Sachen Bürgerrechte tue, sehe ich als Teil meines Dienstes als Pastor an, da ich der Ansicht bin, daß das Evangelium dem ganzen

»Laymen Unions«, die eine Ausführung entsprechender kirchlicher Programme verhindern wollten; dazu: J. Silver, Mississippi – The Closed Society, S. 85 u. S. 289. – Während die Gemeindepastoren das soziale Verhalten der Laien kaum beeinflussen können, haben letztere die Möglichkeit, nonkonformistisches, »prophetisches« Verhalten des Gemeindepfarrers durch soziale Sanktionen zu »bestrafen«, die häufig bis zur Entlassung des Pfarrers reichen. J. Hadden und E. Campbell/T. Prettigrew beschreiben eine Reihe derartiger Fälle, vgl. auch J. Silver, a.a.O., S. 58 ff.

36 King, The Un-Christian Christian, a.a.O., S. 77.

1 King, I've Been to the Mountaintop, S. 7–8. King zitiert Amos 5, 24 und Lukas 4, 18–19 hier und anderswo ungenau.

Menschen dient. Es genügt nicht, sich um die Seele des Menschen zu kümmern, man muß sich um den Körper und die Umweltbedingungen kümmern, die die Seele verletzen.«[2]

Richtungweisend bei der Bestimmung der Pfarrerrolle durch King waren also der Kampf der Propheten für soziale Gerechtigkeit[3] und der Dienst des historischen Jesus an den Diskriminierten. Es ging den SCLC-Pastoren bei der Wahrnehmung ihres Pfarramtes darum, das »Zeugnis der Kirche in den Lebensbereichen zu stärken, wo die Probleme am größten sind«; ihre Praxis verstanden sie als »Antwort auf die Bedürfnisse derjenigen, die die Enterbten der Welt ausmachen«[4]. Indem sie sich in erster Linie an den elementaren materiellen Bedürfnissen diskriminierter Gruppen orientierten, vollzogen sie eine Neubestimmung der Aufgaben und Zielgruppen des Pfarramtes. Sie setzten sich kritisch von jener »traditionellen« Amtsauffassung ab, wonach die Pastorenrolle exklusiv oder primär von innergemeindlichen bzw. innerkirchlichen Bedürfnissen her definiert ist[5]. Konsequent verwendeten die SCLC-Pastoren einen wesentlichen Teil ihrer Zeit für organisatorische Tätigkeit mit dem Ziel einer Gesellschaftsreform[6].

2 Zit. in: W. Miller, Martin Luther King, S. 296.

3 Vgl. King, Stride, S. 186: »Heutzutage muß jede Diskussion über die Rolle des christlichen Pfarrers letztlich die Notwendigkeit der Prophetie betonen«; im Kontext zitiert King Amos 5,24.

4 T. Y. Rogers, Crisis of the Cities, hrsg. von der SCLC, 1968, S. 1

5 Vgl. G. Winter, a.a.O., S. 103: »Protestantische Kirchen sind im allgemeinen mitgliederorientierte Organisationen.«

6 Empirische Untersuchungen in den USA haben ergeben, daß die Majorität der weißen Pastoren in ihrem Beruf der Rolle des »organizer« relativ wenig Bedeutung zumißt. Sie halten die Rolle des »preacher«, »pastor« (=Seelsorger), »priest« (= Liturg, »Kultusbeamter«) und »teacher« für wichtiger, nur die Rolle des »administrator« für weniger wichtig. Den geringsten Effektivitätsgrad überhaupt vermuten sie bei der Wahrnehmung der »organizer«-Rolle. Dazu: J. Gustafson, The Clergy in the United States, a.a.O., S. 38. Vgl. auch E. Campbell/Th. Prettigrew, Racial and Moral Crisis: The Role of Little Rock Ministers, in: American Journal of Sociology, Vol. LXIV, 1958/59, S. 514: »Die Rolle des Pastoren als ›community reformer‹ ist nicht so institutionalisiert wie andere Rollen, die mit dem Pfarramt verbunden sind.« – Die meisten weißen Kirchgänger erwarten von ihrem Pastor vor allem seelsorgerliche Tätigkeit, während schwarze Gemeinden die »prophetische« Rolle des Pastors für vorrangig halten. Vgl. dazu: Y. Fukuyama, a.a.O., S. 97.

Für diese Aufgabe entwarfen King und seine Mitarbeiter im Jahre 1967 auch ein entsprechendes Pfarrer-Ausbildungsprogramm: das »Ministers' Leadership Training Program (MLTP)«. Die Ziele dieses Schulungskursus für Pfarrer waren folgende:

»1. Sensibilisierung der schwarzen Pastoren im Hinblick auf die Getto-Probleme und deren Bedeutung für das Pfarramt.

2. Kenntnis und Analyse der Kräfte, die zur Entstehung und Verfestigung der Gettos geführt haben.

3. Kenntnis der verschiedenen Methoden zur Lösung sozialer Probleme. Anwendung dieser Methoden auf Getto-Probleme.

4. Vermittlung von organisationssoziologischen Kenntnissen, um den Bedürfnissen der Menschen entsprechen zu können, die in den Gettos leben.

5. Schaffung einer Basis aus ›grass-root‹-Leuten, um positive Veränderungen in den Gettos herbeizuführen.«[7]

Im Februar 1968 fanden in Miami die ersten Trainings-Sitzungen des MLTP statt, an denen aus fünfzehn Großstädten der USA je zehn Pastoren teilnahmen[8]. Nach dem Ende des »Orientation Workshop« in Miami richteten die Teilnehmer gleichartige »study-action«-Programme in ihren Heimatstädten ein, um möglichst viele Negerpastoren als »community organizers« auszubilden[9].

Natürlich war nach Kings Auffassung die Aufgabe des »community organizing« nicht nur für Negerpfarrer, sondern für das Pfarramt überhaupt konstitutiv.

7 T. Y. Rogers, Crisis of the Cities, S. 2.

8 Abriß des Seminars: s. T. Y. Rogers, a.a.O., S. 3 ff.

9 Die Geschichte der Negerkirchen wie der Bürgerrechts-Bewegung zeigt, daß diese Konzeption des Pfarramtes keine unrealistische Überforderung der Negerpastoren darstellt.

III *Die Konzeption der Kirche als »Stimme derer, die keine Stimme haben«*

> »Die Kirche soll diejenigen Menschengruppen entdecken und sich mit ihnen identifizieren, die aufgrund ungerechter Situationen leiden und die keine Möglichkeit haben, sich Gehör zu verschaffen. Die Kirche sollte die Stimme derer sein, die keine Stimme haben.« (Emilio Castro)

Die prophetisch-sozialreformerische Ausprägung der Pastorenrolle in den Aktionen der SCLC implizierte ein Kirchenverständnis, das sich deutlich von den traditionellen Konzeptionen und sozialen Formen von Kirche in den USA unterschied[1]. King und seine Mitarbeiter transzendierten das herrschende Kirchenverständnis in vierfacher Weise:

1. in der Orientierung an den Bedürfnissen der Gesamtgesellschaft;
2. in der Parteinahme für unterdrückte Gruppen;
3. in der theologischen Qualifizierung der Armen;
4. in den Organisationsprinzipien.

Orientierung an den Bedürfnissen der Gesamtgesellschaft

Alle Aktionen, die im Rahmen der von King geleiteten Bewegung durchgeführt wurden, hatten letztlich das gleiche Ziel: den gesellschaftlichen Status quo auf nationaler Ebene zu erschüttern und auf das Ziel größerer sozialer Gerechtigkeit hin zu verändern. So erklärte King in seinem Bericht über den Busboykott in Montgomery: »Die Kirche hat immer die Verantwortung, Horizonte zu erweitern, dem Status quo den Kampf anzusagen und, wenn nötig, mit traditionellen Verhaltensweisen zu brechen.«[2] Die SCLC beteiligte sich an dem öffentlichen Streit um die Verfassung der Gesellschaft.

Ausdrücklich lehnte King eine Beschränkung kirchlichen Wir-

[1] Es sollen hier nicht nur die mündlichen und schriftlichen Äußerungen Kings und seiner Mitarbeiter analysiert werden, sondern auch ihre konkreten Aktionen auf das implizierte Kirchenverständnis befragt werden.

[2] King, Stride, S. 182.

kens auf Verkündigung und Erziehung ab. »Es genügt nicht, wenn die Kirche im Bereich der Vorstellungen aktiv wird; sie muß sich auch in die Arena sozialer Aktion begeben.«[3] Die aufklärerische[4], d. i. ideologie- und gesellschaftskritische Intention und die gesellschaftsreformerisch-praktische Intention waren in Kings Kirchenkonzept eng verbunden.

»Die Kirche ist herausgefordert, das Evangelium Christi innerhalb der sozialen Situation relevant werden zu lassen ... Das Evangelium sucht die Umweltbedingungen der Menschen zu verändern.«[5] Als vorrangige Aufgabe der Kirche begriffen King und seine Mitarbeiter also nicht caritas an den Opfern der gesellschaftlichen Verhältnisse, sondern Aktionen gegen die politisch-wirtschaftlichen Strukturen[6].

Parteinahme für unterdrückte Gruppen

Die wohl wichtigste Aufgabe der Kirche sah King darin, »Stimme derer (zu sein), die keine Stimme haben (voice of the voiceless)«[7]. Diese Formulierung enthält zwei Aspekte: 1. Primäre Aufgabe kirchlicher Gruppen ist die Stellvertretung der Unterdrückten und Ohnmächtigen, nicht aber die Verfolgung eigener Gruppeninteressen. 2. In ihrer Verkündigung muß die Kirche verschwiegenes oder ignoriertes Unrecht öffentlich benennen.

Kirche, wie sie sich in der Praxis der SCLC darstellte, war nicht eine »neutrale« Institution, die alle sozialen Gruppen gleichermaßen seelsorgerlich bzw. sozialtherapeutisch »betreute« und die deshalb gezwungen war, eine eindeutige Parteinahme in gesellschaftlichen Konflikten zu vermeiden. Gemäß dem Selbstverständnis Jesu, wonach die Gesunden nicht des Arztes bedürfen, sondern die Kranken, konzen-

3 King, Stride, S. 184.

4 Vgl. King, Strength, S. 38, wo King von der »moralischen Forderung nach Aufklärung« spricht.

5 King, Strength, S. 119.

6 Vgl. King, Strength, S. 24: »Wohltätigkeit ist lobenswert, doch darf sie nicht dazu führen, die Umstände wirtschaftlicher Ungerechtigkeit zu übersehen.«

7 Vgl. King, Trumpet, S. 25 u. S. 29–30; King, Speeches, S. 4.

trierte sich die SCLC auf die Probleme der »underclass« und vermied so ein rein quantitatives Verständnis kirchlicher Präsenz. Ganz im Sinne der SCLC hat jüngst K. Marti die Konzeption der »Betreuungskirche« kritisiert: Dem gängigen »Kirchenbegriff, für den die unparteiische Betreuung aller wegleitend ist«, stellt er das Handeln Jesu und seiner Anhänger entgegen: »Die Verkündigung und die Taten Jesu galten allen Menschen gerade dadurch, daß er heftig Partei ergriff für die Schwachen, Armen (das damalige ›Landvolk‹) und für die Diskriminierten (Zöllner, Frauen usw.).«[8] Gerade in ihrer Parteinahme für die sozial Deklassierten wurden die kirchlichen Gruppen, die in der Bürgerrechtsbewegung und in der Friedensbewegung wirkten, »zum Anwalt einer res publica mundana[9], die ihnen verpflichtender (erschien) als die res privata ihrer Nation oder der eigenen Konfession«[10].

Kirche als »Stimme derer, die keine Stimme haben«, tritt in der Öffentlichkeit für die Rechte aller Unterdrückten ein[11] und versucht, jene

8 K. Marti in: Guerillataktik und Parteilichkeit, MPTh, Sept. 1969, S. 363 bis 369; Zitate auf S. 368.

9 King und seine Mitarbeiter gingen vom universalen Heilswillen Gottes aus: »Gott ist nicht nur an der Freiheit schwarzer, brauner und gelber Menschen interessiert; Gott ist interessiert an der Freiheit der ganzen menschlichen Rasse« (King, Stride, S. 197). Deshalb durchbrachen sie schließlich — vor allem durch ihr Engagement in der Friedensbewegung — den inneramerikanischen Horizont der Bürgerrechts-Bewegung. »Unsere Loyalitäten müssen ökumenisch und nicht partikularistisch sein. Jede Nation muß eine übergreifende Loyalität gegenüber der Menschheit entwickeln ...« (King, Speeches, S. 12). Vgl. auch: King, Trumpet, S. 62: »Die Krise ... ist unabtrennbar von dem internationalen Notstand, der die Armen, die Besitzlosen und die Ausgebeuteten der ganzen Welt betrifft. ... Ich bin mir darüber klar, daß die nächste Stufe der Bewegung international sein muß.« King und seine Mitarbeiter waren also keine »race men« (dazu D. Thompson, The Negro Leadership Class, bes. S. 8—79), die ausschließlich für soziale Fortschritte ihrer schwarzen Brüder kämpften.

10 H.-E. Bahr, Die 95 Thesen von Chicago, in: H.-J. Benedict/H.-E. Bahr, edd., Kirchen als Träger der Revolution, S. 30.

11 Vgl. King, Trumpet, S. 25 ff. So verwundert es nicht, daß der Lateinamerikaner Emilio Castro »Kirche« ganz ähnlich definiert hat: »Die Kirche soll diejenigen Gruppen entdecken und sich mit ihnen identifizieren, die unter ungerechten Verhältnissen leiden und keine Möglichkeit haben, sich Gehör zu verschaffen. Die Kirche sollte die Stimme derer sein, die keine haben (The

Rechte politisch durchzusetzen, um alle an den Gütern der Erde und den politischen Entscheidungsprozessen zu beteiligen.

Dieses Kirchenverständnis machten King und seine Mitarbeiter konsequenterweise auch zum Kriterium der Zugehörigkeit zur Kirche Christi. Denn, wenn es Aufgabe der Kirche war, die Armen und Unterdrückten aus ihrer politischen und wirtschaftlichen Machtlosigkeit zu befreien, dann manifestierte Kirche sich in den Gruppen, deren politische Praxis die Realisierung dieses Zieles beförderte. So sprach King 1965 im Hinblick auf die Freiheitsbewegung der Neger von den »vielen Leuten, die mit uns zusammengewesen sind seit Beginn des Kampfes, ... die die wahre Apotheose des christlichen Glaubens waren. ... Einige sind Kirchenmitglieder, aber viele sind keine«[12]. Gegenüber weißen Pfarrern, die sich kaum oder gar nicht in der Bürgerrechts-Bewegung engagiert hatten, erklärten SCLC-Mitarbeiter: »Ihr seid nicht die Kirche; wir sind die Kirche.«[13] Dieses Kirchenverständnis der SCLC trifft der Satz des schwarzen Theologen James Cone: »Die wahre Kirche Christi ist jene Gruppe, die sich mit den Leiden der Armen identifiziert.«[14]

Theologische Qualifizierung der Armen

King proklamierte in einer Kultur, in der die Ideologie der unbegrenzten Entfaltungsmöglichkeiten des Individuums zu einer moralischen Diskreditierung der Armen geführt hat,[15] eine besondere Rolle der

church should be the voice of those who have none)« (zit. in: J. Cone, a.a.O., S. 62).

[12] King, The Un-Christian Christian, in: Ebony, Aug. 1965, S. 77.

[13] W. Miller, a.a.O., S. 127.

[14] J. Cone, a.a.O., S. 80. Vgl. auch: King, Where, S. 126: »Manche Kirchen erkennen an, daß sie, um im moralischen Leben Bedeutung zu haben, die Gleichheit zum Gebot machen müssen. Die Basis für ein Bündnis mit ihnen ist stark und dauerhaft. Aber für die Kirchen, die diese Frage vermeiden und umgehen, die in sozialen oder wirtschaftlichen Fragen stumm oder ängstlich sind, sind wir nicht mehr als Fremde, wenn wir auch dieselben Choräle zur Ehre Gottes singen.«

[15] Dazu: F. Sutton et al., The American Business Creed.

Armen bei der Realisierung der göttlichen Verheißungen. »Jesus von Nazareth änderte den Kurs der Menschheit allein mit den Armen und Verachteten. Mögen wir naiv und unkultiviert sein, die Armen und Verachteten des 20. Jahrhunderts werden diese Ära revolutionieren.«[16] Die Teilnehmer an der »Kampagne der Armen« bezeichnete King als »Freiheitskirche der Armen«[17]. Die spezifische Rolle, die er den Armen zuschrieb, könnte man als messianische[18] bezeichnen, insofern ihre revolutionierenden Aktionen die Bedingung sein sollen für den Anbruch der »christlichen Ära«[19], d.h. für die Bildung einer Weltgesellschaft, die durch »Gerechtigkeit, Brüderlichkeit, sicheren Frieden und Überfluß für alle«[20] charakterisiert ist[21].

Viele Negerpastoren sind überzeugt, daß unter den Armen und Unterdrückten die amerikanischen Neger in besonderer Weise dazu berufen seien, die Funktionsweisen der amerikanischen Gesellschaft und ihre Wertstruktur entscheidend zu verändern. King hoffte, die Neger in den USA würden »eine neue ›soul force‹ für alle Amerikaner finden, eine neue Ausprägung des amerikanischen Traums, die nicht auf Kosten anderer Menschen in der ganzen Welt realisiert werden muß, einen Traum von Möglichkeiten und Leben, der mit dem Rest der Welt geteilt werden kann«[22]. Doch betrachtete er die amerikanischen Neger keineswegs unkritisch-pauschal als »auserwähltes Volk«[23]. Die Möglichkeit einer messianischen Rolle der Neger leitete er allein aus ihren

16 King, A Testament of Hope, a.a.O., S. 8; vgl. King, Trumpet, S. 59.

17 King, Trumpet, S. 60.

18 Jüngst hat J. Moltmann die Rolle der Unterdrückten, die darin besteht, daß sie »die Schlüssel für die Befreiung der Menschheit von Bedrückung anderer in der Hand« halten, als »Messianismus der Unterdrückten« charakterisiert (in: J. Moltmann, Theologische Kritik der politischen Religion, in: J. B. Metz/J. Moltmann/W. Oelmüller, Kirche im Prozeß der Aufklärung, S. 11—51; Zitat auf S. 47).

19 King, Testament, a.a.O., S. 8.

20 King, Testament, a.a.O., S. 8.

21 H. Cox (in: The »New Breed« in American Churches, a.a.O., S. 142 bis 145) hat in diesem Zusammenhang auf die kirchengeschichtliche Tradition des Motivs von der »Heiligkeit der Armen« verwiesen.

22 King, Testament, S. 6.

23 Vgl. King, Testament, S. 4: »Ich meine nicht, daß weiße Menschen ein Monopol in bezug auf Sünde und Habsucht haben.«

besonderen Leidenserfahrungen und ihrer Opposition gegen Unterdrückung und Ausbeutung ab[24]. King hoffte, daß die amerikanischen Neger »die Seele Amerikas erlösen (redeem the soul of America)«[25] könnten. Denn: »Es gibt eine kollektive Erfahrung – eine gemeinsame Teilhabe an dem Elend in der ›black community‹ –, die es uns etwas schwerer macht, andere auszubeuten.«[26] So hielt er es für »durchaus denkbar, daß wir schwarzen Christen die Rettung der Kirche Christi sein sollen, wie wir es tatsächlich schon sind«[27].

Die von ihm geleitete Emanzipationsbewegung zielte ja nicht nur auf die Befreiung der Unterdrückten, sondern auch auf die Befreiung der Unterdrücker von den Zwängen des »caste-class-system« zu humanen, demokratischen Formen sozialen Verhaltens[28].

Organisatorische Aspekte

Da die SCLC zumeist an lokale Konflikte – und zwar temporäre wie strukturell-langfristige – anknüpfte, war ihre typische Organisationsform die Aktionsgruppe, die »task force«[29]. Kriterium der Gruppenbildung war nicht ein bestimmter Sozialstatus, sondern die Bereitschaft zur gemeinsamen Inangriffnahme gesellschaftlicher Aufgaben. In der von King geleiteten Bewegung wurde die in der Ökumene oft erhobene Forderung realisiert, »die Formierung der Laien auf konkrete Aufgaben zu beziehen«[30]. King und seine Mitarbeiter bildeten problemorientierte Gruppen, genauer, freiwillige Gruppen für soziale Aktion[31].

24 Vgl. King, Testament, S. 4.
25 King, Testament, S. 4.
26 King, Testament, S. 4.
27 King, The Un-Christian Christian, a.a.O., S. 80.
28 So auch J. Washington, The Politics of God, S. 157; J. Cone, a.a.O., S. 41. Vgl. auch J. Moltmanns Ausführungen in: Theologische Kritik der politischen Religion, a.a.O., S. 47: »Sie (– die Unterdrückten – der Vf.) sind nicht die Objekte der Wohltätigkeit und der Entwicklungshilfe der Reichen, sondern die Subjekte des Gerichtes und der Erlösung der Reichen.«
29 Dazu: The Church for Others, hrsg. vom WCC, S. 95 ff.
30 The Church for Others, S. 81.
31 Vgl. Ch. Glock/B. Ringer/E. Babbie, a.a.O., S. 213.

Infolge dieser Problemorientierung überwanden King und seine Mitarbeiter praktisch die oft verabsolutierte Alternative von parochialer und »übergemeindlicher« Arbeit. Soweit kirchliche Ortsgemeinden bereit waren, ihre Aktivitäten auf die Probleme »derer, die keine Stimme haben« auszurichten, blieben sie durchaus organisatorische Basis. King und seine Mitarbeiter vollzogen also keine prinzipielle Abwendung von parochialen Gemeinden[32].

Andererseits kennzeichnete die Praxis der SCLC nicht jener »morphologische Fundamentalismus«[33], demzufolge die Ortsgemeinde als die »eigentliche« Existenzweise der Kirche anzusehen ist[34]. Angesichts des Konservativismus weißer Ortsgemeinden erwiesen sich »übergemeindliche« Organisationsformen als notwendig: In der von King geleiteten Bewegung schlossen sich gesellschaftskritische Gruppen innerhalb und außerhalb der Parochien zusammen[35]. Bei Aktionen der Bürgerrechts- und der Friedens-Bewegung war der Anteil derjenigen Pastoren und kirchlichen Mitarbeiter besonders hoch, die nicht von Ortsgemeinden abhängig waren. Ironischerweise vergrößerte die Isolierung radikaler Pastoren von den konservativen Ortsgemeinden ihre Möglichkeiten, Neuerungen und Reformprojekte durchzuführen, da sie zumeist in wichtigen Verwaltungsgremien oder kirchlichen »Instituten für direkte Aktion« »untergebracht« wurden[36].

32 S. Rooks, Theological Education and the Black Church, in: Christian Century, 12. 2. 1969, S. 216, hat darauf hingewiesen, daß schwarze Theologiestudenten — im Gegensatz zu ihren weißen Kommilitonen — die Ortsgemeinde noch immer als potentielle »power base« ansehen.

33 Vgl. J. C. Hoekendijk, The Church for Others, S. 19.

34 T. Rendtorff hat zu Recht festgestellt, daß die »Identifizierung der gemeinschaftlichen Lebensformen der Ortsgemeinde mit ›Gemeinde‹ als theologischem Begriff unerlaubt« sei (in: Die soziale Struktur der Gemeinde, S. 127).

35 Vgl. Ch. Glock/B. Ringer/E. Babbie, a.a.O., S. 213: »Die Ortsgemeinde ist vielleicht nicht die effektivste Situation, um Gemeindemitglieder zu einer Mitarbeit an sozialen Problemen zu mobilisieren. ... Diese Funktion könnten vielleicht besser nicht-parochiale Organisationen übernehmen, z. B. freiwillige Organisationen, die interdenominationell und interkonfessionell sind.«

36 Vgl. dazu: J. Hadden, The Gathering Storm, bes. S. 194 ff.; vgl. auch die Bemerkung von H. Cox in: »The New Breed« in American Churches, a.a.O., S. 142: »Das Entstehen der ›New Breed‹ ... ist auf den bürokratisch gesicherten Freiheitsraum der Kirchenfunktionäre zurückzuführen, die aufgrund ihres

Die Bildung von Koalitionen aus kirchlichen und nichtkirchlichen Gruppen war eine weitere organisatorische Konsequenz des Kingschen Verständnisses der Kirche als »Stimme derer, die keine Stimme haben«. Da die von der SCLC initiierten bzw. unterstützten freiwilligen Vereinigungen problemorientierte Gruppen waren, die eine Gesellschaftsreform anstrebten, mußten alle Gruppen als koalitionswürdig erscheinen, die in gleicher Weise einen Abbau sozialer Ungerechtigkeiten intendierten. So erklärte King 1967: »Die Zukunft weitgehender struktureller Veränderungen, die wir suchen, wird nicht in den verfallenden politischen Apparaten gefunden werden. Sie liegt in neuen Bündnissen zwischen Negern, Puertoricanern, Gewerkschaftlern, Liberalen und bestimmten Elementen der Kirche und der Mittelschicht.«[37] Dabei bestand King keineswegs auf einer führenden Rolle kirchlicher Gruppen innerhalb derartiger Koalitionen[38]. Bei der Wahl der Organisationsformen ging es ihm ja nie darum, die kirchlichen Institutionen als solche zu stärken, sondern darum, die Interessen »derer, die keine Stimme haben« am nachdrücklichsten und effektivsten zur Geltung zu bringen.

In der Form freiwilliger Vereinigungen (»voluntary associations«)[39] entwickelten die Bürgerrechts-Bewegung und die Friedensbewegung »Initiativen von unten«, um gegenüber machtvoll organisierten Sonderinteressen die Rechte der Unterprivilegierten und Entmachteten und damit das vernachlässigte Gemeinwohl zu vertreten[40]. Kirchliche Gruppen wurden so zu Trägern einer »außerkommunalen Opposition«[41].

Amtes und ihrer Spezialisierung frei von unmittelbarer Verantwortung gegenüber den Laien sind.«

37 King, Where, S. 150; vgl. auch H.-J. Benedict, Die Kerngemeinde zur Sekte werden lassen . . .?, in: WPKG, Juni 1970, S. 233.

38 So hatten kirchliche Gruppen bei den Streiks in Memphis und Charleston eine unterstützende Rolle; bei »Freiheitsfahrten« und Wählerregistrierungskampagnen wirkten sie als Multiplikatoren bereits bestehender Bewegungen.

39 S. dazu: Voluntary Associations, ed. D. B. Robertson.

40 J. L. Adams, Theokratie, Kapitalismus und Demokratie, in: ZEE 1968, S. 261, hat darauf hingewiesen, daß in dieser Zielsetzung die Differenz zu den »pervertierten« freiwilligen Vereinigungen liegt, die im Widerspruch zu ihren eigenen historischen Ursprüngen zu Verteidigern des Status quo in den USA herabgesunken sind.

41 Formulierung von H.-J. Benedict (in einem unveröffentlichten Manuskript).

James Luther Adams hat jüngst darauf hingewiesen, daß die Bürgerrechts-Bewegung die demokratisierende, gesellschaftsreformerische Funktion der freiwilligen Vereinigungen, die sich im anglo-amerikanischen Protestantismus des 17. und 18. Jahrhunderts konstituierten, aktualisiert hat[42].

Die von den politisch-wirtschaftlichen Entscheidungsprozessen ausgeschlossenen sozialen Gruppen konnten in freiwilligen Vereinigungen erstmalig die Erfahrung machen, daß die bisher passiv erlittene gesellschaftliche Wirklichkeit durch Gruppenaktionen verändert werden konnte. Selbsthilfe trat an die Stelle einer demütigenden Abhängigkeit von paternalistischen Zugeständnissen der Mächtigen. Die sozial Diskriminierten erfuhren so ihre menschliche Identität, in Kings Worten: ihre »somebodiness«, ihre Gotteskindschaft. Zutreffend hat der amerikanische Sozialethiker Max Stackhouse die von King geleitete Bewegung als »Verbindung einer neuen Konzeption einer gerechten Ordnung und eines neuen Fokus personaler Identität«[43] gekennzeichnet. Die unter King gebildeten freiwilligen Vereinigungen enthielten ein proleptisches Element: Das gemeinsame politische Engagement von Menschen unterschiedlicher rassischer, ethnischer, sozialer und konfessioneller Herkunft wurde von der SCLC als Vorschein der versöhnten Weltgesellschaft, der »beloved community«, verstanden.

42 J. L. Adams, Theokratie, Kapitalismus und Demokratie, a.a.O., S. 260.
43 M. Stackhouse, Christianity in New Formation, in: Andover Newton Quarterly, November 1968, S. 100.

STATT EINES NACHWORTES

»Gelegentlich denke ich an meinen eigenen Tod und meine eigene Beerdigung ... Gelegentlich frage ich mich: ›Was sollte nach meinem Wunsch (dann) gesagt werden?‹ ... Ich möchte, daß jemand an jenem Tag sagt: ›Martin Luther King versuchte, mit seinem Leben anderen zu dienen‹. Ich möchte, daß jemand an jenem Tag sagt: ›Martin Luther King versuchte, Liebe zu üben‹. Ich möchte, daß Ihr an jenem Tag sagt, daß ich versuchte, in der Kriegsfrage auf der richtigen Seite zu stehen. Ich möchte, daß Ihr an jenem Tag sagen könnt, daß ich versuchte, die Hungrigen zu speisen. Und ich möchte, daß Ihr an jenem Tag sagen könnt, daß ich in meinem Leben versuchte, die Nackten zu kleiden. Ich möchte, daß Ihr an jenem Tag sagt, daß ich in meinem Leben versuchte, die im Gefängnis waren, zu besuchen. Ich möchte, daß Ihr sagt, ich versuchte, die Menschheit zu lieben und ihr zu dienen.

Ja, wenn Ihr sagen wollt, daß ich ein Herold gewesen sei, sagt, daß ich ein Herold für Gerechtigkeit war; sagt, daß ich ein Herold für Frieden war; daß ich ein Herold für Rechtschaffenheit war.«

(Auszug aus einer Predigt Kings, gehalten zwei Monate vor seiner Ermordung, am 4. Februar 1968, in der Ebenezer Baptist Church in Atlanta. Abgedruckt in: Coretta Scott King, My Life with Martin Luther King, Jr., S. 348–359.)

LITERATUR-VERZEICHNIS

Neben der aufgeführten Literatur hat der Verfasser alle Materialien der »Martin Luther King, Jr., Collection« in der Mugar Library der Boston University eingesehen.

Abernathy, Ralph, A Letter from a Charleston Jail — To Preach the Gospel to the Poor, hrsg. von der SCLC, Atlanta, 29. 4. 1969.

ders., One Year Later — The Kerner Report: Promises and Realities, in: Renewal, April 1969, S. 10—12.

ders., Rede vor der SCLC am 15. 4. 1969 in Atlanta, hrsg. von der SCLC, Atlanta (masch.).

Adam, Heribert, Südafrika-Soziologie einer Rassengesellschaft, edition suhrkamp, Bd. 343, Frankfurt 1969.

Adams, James Luther, Theokratie, Kapitalismus und Demokratie, in: ZEE, 1968, S. 247—267.

Ahmann, Mathew H. (Hrsg.), The New Negro, Notre Dame, Ind., Fides Publishers, 1961.

ders. (Hrsg.), Race: Challenge to Religion, Chicago, Henry Regnery, 1963.

Amendt, Gerhardt (Hrsg.), Black Power — Dokumente und Analysen, edition suhrkamp, Bd. 438, Frankfurt 1970.

Aptheker, Herbert (Hrsg.), A Documentary History of the Negro People in the United States, New York, Citadel Press, 1951.

Bahr, Hans-Eckehard, Verkündigung als Information — Zur öffentlichen Kommunikation in der demokratischen Gesellschaft, Konkretionen Bd. 1, Hamburg, Furche-Verlag, 1968.

ders., (Hrsg.), Weltfrieden und Revolution. Neun politisch-theologische Analysen, Hamburg, Rowohlt-Verlag, 1968.

Bailey, Kenneth, Southern White Protestantism in the Twentieth Century, Gloucester, Mass., P. Smith, 1968.

Baldwin, James, The Fire Next Time, New York, Dial Press, 1963.

ders., Notes of a Native Son, New York, Bantam Modern Classics, 1968.

Baran, Paul A., Faschismus in Amerika, in: P. A. Baran, Unterdrükkung und Fortschritt, edition suhrkamp, Bd. 179, S. 129—147.

Baran, Paul A./Sweezy, Paul M., Monopolkapital, Frankfurt, Suhrkamp-Verlag, 1966.

Barbour, Floyd B. (Hrsg.), The Black Power Revolt, Extending Horizons Books, Boston, Porter Sargent Publisher, 1968.

Bardolph, Richard, The Negro Vanguard, New York, Vintage Books, 1959.

Benedict, Hans-Jürgen/Bahr, Hans-Eckehard (Hrsg.), Kirchen als Träger der Revolution, Konkretionen Bd. 3, Hamburg, Furche-Verlag, 1968.

Benedict, Hans-Jürgen, »Sprechen für die, die keine Stimme haben« — Über eine mögliche Rolle der Kirche in der Formaldemokratie, in: Deutsches Pfarrerblatt, 70 Jg., Nr. 18, 2. Ausg., September 1970, S. 570—572.

Bennett, Lerone, Before the Mayflower, Baltimore, Penguin Books, 1966.

ders., Confrontation: Black and White, Baltimore, Penguin Books, 1968.

ders., The Negro Mood, New York, Ballantine Books, 1965.

ders., What Manner of Man, New York, Pocket Books, 1968.

Berger, Peter, Kirche ohne Auftrag, Stuttgart, Kreuz-Verlag, 1962.

Best, Ruth, Oh, What a Beautiful City, Nachdruck aus: Fellowship, September 1968, ohne Seitenangabe.

The Birmingham Manifesto, in: Freedomways, Winter 1964, S. 20—21.

Black America 1970, Sonderheft des Time-Magazine, 6. 4. 1970.

»Black Power« — Erklärung des »National Committee of Negro Churchmen«, in: The New York Times, 31. 7. 1966.

Black Power — Ursachen des Guerillakampfes in den Vereinigten Staaten, Voltaire-Flugschrift Nr. 14, hrsg. von B. Vesper, Frankfurt, 1968.

Bloch, Ernst, Das Prinzip Hoffnung, 2 Bde., Frankfurt, Suhrkamp-Verlag, 1959.

Bonhoeffer, Dietrich, Gesammelte Schriften Bd. I, Ökumene, Hrsg. von E. Bethge, München, Kaiser-Verlag, 1965.

Bracher, Karl-Dietrich, Deutschland zwischen Demokratie und Diktatur, Bern, Scherz-Verlag, 1964.

Brandes, Volkhard/Burke, Joyce, USA — Vom Rassenkampf zum Klassenkampf, München, DTV, 1970, Bd. 669.

Brannon, Robert, Gimme That Old-Time Racism, in: Psychology Today, April 1970, S. 42 ff.

Brawley, James P., The Negro and the Methodist Church, in: Concern, 15. 6. 1962, S. 17—20.

Brewer, Earl D./Faulkner, Clyde W., Attitudes Toward Inclusiveness in Local Methodism, hrsg. von: Board of Missions, The Methodist Church, 1968.

Brink, William/Harris, Louis, The Negro Revolution in America, New York, Simon & Schuster, 1964.

Broderick, Francis L./Meier, August (Hrsg.), Negro Protest Thought in the 20th Century, Indianapolis, Bobbs-Merrill Comp., 1965.

Campbell, Ernest/Pettigrew, Thomas, Christians in Racial Crisis. A Study of Little Rock's Ministry, Washington, D. C., Public Affairs Press, 1959.

dies., Racial and Moral Crisis: The Role of Little Rock Ministers, in: Journal of Sociology, Vol. LXIV, Juli 1958 — Mai 1959, S. 509—516.

Carmichael, Stokely/Hamilton, Charles, Black Power — The Politics of Liberation in America, New York, Vintage Books, 1967.

Carmichael, Stokely, Die Dritte Welt, unsere Welt: Thesen zur schwarzen Revolution, Voltaire — Flugschrift Nr. 20, Berlin, 1969.

Chambers, Bradford (Hrsg.), Chronicles of Black Protest, New York, Mentor Books, 1968.

Chandler, Russell, A King in the Capital, in: Christianity Today, 5. 1. 1968, S. 210—211.

Chapman, Abraham (Hrsg.), Black Voices. An Anthology of Afro-American Literature, New York, The New American Library, 1968.

Chicago: The Touchiest Target, in: Newsweek, 15. 8. 1966, S. 29.

The Church for Others and the Church for the World, hrsg. von: World Council of Churches, Genf, 1967.

Clark, Kenneth, Dark Ghetto, New York, Harper and Row, 1965.

Clark, Kenneth B., The Negro Protest: James Baldwin, Malcolm X, Martin Luther King Talk with Kenneth B. Clark, Boston, Beacon Press, 1963.

Clayton, Ed (Hrsg.), The SCLC Story in Words and Pictures, Atlanta, 1964.

Cleage, Albert, The Black Messiah, New York, Sheed and Ward, 1968.

Cleaver, Eldridge, Soul on Ice, New York, Dell Publishing Company, 1968.

Conconi, Charles/West, Woody, Someone Had to Carry on for King, in: The New Republic, 13. 7. 1968, S. 12—14.

Cone, James H., Black Theology and Black Power, New York, Seabury Press, 1969.

Cook, Bruce, King in Chicago, in: Commonweal, 29. 4. 1966, S. 175 bis 177.

Cornehl, Peter/Bahr, Hans-Eckehard (Hrsg.), Gottesdienst und Öffentlichkeit. Zur Theorie und Didaktik neuer Kommunikation, Konkretionen Bd. 8, Hamburg, Furche-Verlag, 1970.

Cox, Oliver Cromwell, Caste, Class and Race, Garden City, N. Y., Doubleday, 1948.

David, Harry/Good, Robert C. (Hrsg.), Reinhold Niebuhr on Politics: His Political Philosophy and Its Application to Our Own Age, New York, Scribner's, 1960.

A Decade of SCLC, hrsg. von der SCLC, Atlanta, 1967.

Degen, Johannes, Das Problem der Gewalt — Politische Strukturen und theologische Reflexion, Konkretionen Bd. 9, Hamburg, Furche-Verlag, 1970.

Demerath, Nicholas J., Social Class in American Protestantism, Chicago, Rand McNally, 1965.

Deming, Barbara, Mud City, in: Liberation, September 1968, S. 12 bis 15.

Detwiler, Bruce, King — The Establishment Embrace, in: Liberation, April 1968, S. 16—17.

Dollard, John, Caste and Class in a Southern Town, Garden City, N. Y., Doubleday, (1937) 1957[3]

Drake, St. Clair/Cayton, Horace,

Black Metropolis, New York, Harper and Row, 1962.
Dratch, Howard B., The Emergence of Black Power, in: International Socialist Journal (Rom), 5. Jg., Juli 1968, S. 321—365.
Earle, Clifford, How Presbyterians Think About Civil Rights, in: Social Progress, Januar/Februar 1969, S. 5—35.
Ebert, Theodor, Gewaltfreier Aufstand. Alternative zum Bürgerkrieg, Freiburg, Rombach, 1968.
ders., Martin Luther Kings Erbe: Langer Marsch der gewaltfreien, direkten Aktion oder Guerillakrieg in den Städten?, in: Zivil 13, Nr. 5, 1968, S. 52—54.
Ebert, Theodor/Benedict, Hans-Jürgen (Hrsg.), Macht von unten. Bürgerrechtsbewegung, außerparlamentarische Opposition und Kirchenreform, Konkretionen Bd. 5, Hamburg, Furche-Verlag, 1968.
Etzioni, Amitai, Modern Organizations, Englewood Cliffs, Prentice-Hall, 1964.
The Execution of Dr. King, Editorial in: Ramparts, Mai 1968, S. 47.
Fager, Charles, Dilemma for Dr. King, in: Christian Century, 16. 3. 1966, S. 331—332.
ders., White Reflections on Black Power, Grand Rapids, Eerdmans, 1967.
Fanon, Frantz, Die Verdammten dieser Erde, Frankfurt, Suhrkamp-Verlag, 1966.
Farewell to a »Drum Major for Justice and Peace«, Editorial in: Freedomways, 1968, 2. Quartal, S. 101 bis 102.
Farmer, James, Reports on a Freedom Ride, in: Instead of Violence, hrsg. von Arthur u. Lila Weinberg, Boston, Beacon Press, 1965, S. 45 bis 49.
Feil, Ernst/Weth, Rudolf (Hrsg.), Diskussion zur »Theologie der Revolution«, München/Mainz, Kaiser-Grünewald, 1969.
Ferman, Louis A./Kornbluh, Joyce L./Haber, Alan (Hrsg.), Poverty in America, Ann Arbor, The University of Michigan Press, 1965.
Fleig, Hans, Die Tragödie von »Resurrection City«, in: Zivil 13, Nr. 7—8, 1968, S. 82—83.
Franklin, John Hope, From Slavery to Freedom, New York, Vintage Books, 1969³.
Frazier, E. Franklin, Black Bourgeoisie, New York, Macmillan, 1956.
ders., The Negro Church in America, New York, Schocken Books, 1966.
Typical ›Freedom Rally‹ Program, hrsg. von der SCLC, ohne Jahr.
Friedman, Leon (Hrsg.), The Civil Rights Reader, New York, Walker and Company, 1968.
Fukuyama, Yoshio, Parishioners' Attitudes toward Issues in the Civil Rights Movement, in: Sociological Analysis, No. 2, Sommer 1968, S. 94—103.
Gandhi Marg 47, Journal of the Gandhi Peace Foundation, New Delhi, Vol. 12, No. 3, Juli 1968 (King-Gedenkausgabe)
Galbraith, John Kenneth, The Affluent Society, Boston, Houghton Mifflin, 1958.
Geiss, Immanuel, Die Afro-Amerikaner, Frankfurt, Europ. Verlagsanstalt, 1969.
Gist, N./Fava, S., Urban Society,

New York, Thomas Crowell Company, 1965.
Glock, Charles/Ringer, Benjamin/Babbie, Earl, To Comfort and to Challenge, Berkeley and Los Angeles, University of California Press, 1967.
Glock, Charles/Stark, Rodney, Religion and Society in Tension, Chicago, Rand McNally, 1965.
Good, Paul, Bossism, Racism and Dr. King, in: The Nation, 19. 9. 1966, S. 237—242.
ders., The Meredith March, in: New South, Sommer 1966, S. 2—16.
Goodman, George, »He Lives, Man!«, in: Look, 15. 4. 1969, S. 29—31.
Gossett, Thomas F., Race: The History of an Idea in America, New York, Schocken Books, 1965.
Gottlieb, Saul, The Negro and the Church, in: Dissent, Frühjahr 1956, S. 118—120.
Gregg, Richard, B., The Power of Nonviolence, New York, Fellowship of Reconciliation Publications, 1959.
Grier, William H./Cobbs, Price M., Black Rage, New York, Bantam Books, 1968.
Gustafson, James, The Clergy in the United States, in: Social Compass, 1965, S. 35—52.
Hadden, Jeffrey, The Gathering Storm in the Churches, New York, Doubleday, 1969.
Hadden, Jeffrey/Rymph, Raymond, Social Structure and Civil Rights Involvement: A Case Study of Protestant Ministers, in: Social Forces, Vol. 45, No. 1, September 1966, S. 51—61.
Halberstam, David, Notes from the Bottom of the Mountain, in: Harper's Magazine, Juni 1968, S. 40 bis 42.
ders., The Second Coming of Martin Luther King, in: Harper's Magazine, August 1967, S. 39—51.
Harding, Vincent, The Religion of Black Power, in: The Religious Situation 1968, hrsg. von D. Cutler, Boston, Beacon Press, 1968, S. 32 bis 37.
Harding, Vincent/Lynd, Staughton, Albany, Georgia, in: The Crisis, Februar 1963, S. 69—78.
Harrington, Michael, The Other America. Poverty in the United States, New York, Macmillan, 1962.
Harrison, Paul, Authority and Power in the Free Church Tradition, Princeton, Princeton University Press, 1959.
Haselden, Kyle, The Racial Problem in Christian Perspective, New York, Harper & Row, 1964.
Haynes, L., The Negro Community within American Protestantism, Boston, The Christopher Publishing House, 1953.
Herberg, Will, Protestant — Catholic — Jew, Garden City, N. Y., Doubleday 1960.
Hetmann, Frederick, Das schwarze Amerika, Freiburg, Herder, 1970.
Hill, Samuel S., Southern Churches in Crisis, New York, Holt, Rinehart and Winston, 1967.
Hinckle, Warren/Welsh, David, Five Battles of Selma, in: Ramparts, Juni 1965, S. 21—52.
Hochman, Elena/Sonntag, Heinz Rudolf, Christentum und politische Praxis: Camilo Torres, edition suhrkamp, Bd. 363, Frankfurt, 1969.

Hoekendijk, Johannes C., Ein Mann mit einem Traum, in: Kontexte, Bd. 1, 1965, S. 85–91, Stuttgart, Kreuz-Verlag, 1965.

Hopkins, Charles, The Rise of the Social Gospel in American Protestantism 1865—1915, New Haven, Yale University Press, 1940.

Hough, Joseph C., Black Power and White Protestants, New York, Oxford University Press, 1968.

Hunter, Charlayne A., On the Case in Resurrection City, in: Transaction, 5. Jg., 1968, Nr. 10, S. 47 bis 55.

Italiaander, Rolf, Martin Luther King, Berlin, Colloquium Verlag, 1968.

Jackson, Jesse, Black Power and White Churches, in: Church in Metropolis, Frühjahr 1968, S. 7 ff.

ders., Playboy-Interview, Playboy, November 1969, S. 85 ff.

Jacobs, Paul/Landau, Saul (Hrsg.), The New Radicals, New York, Random House, 1967.

Johnson, King and Ho Chi Minh, Editorial in: Christianity Today, 26. 4. 1968, S. 744–745.

Johnston, Ruby F., The Development of Negro Religion, New York, The Philosophical Library, 1954.

ders., The Religion of Negro Protestants, New York, The Philosophical Library, 1956.

Jones, Jameson, Issues in the Sit-Ins, in: Motive, Mai 1960, S. 10—15.

Jones, LeRoi, Ausweg in den Haß, Darmstadt, Joseph Melzer, 1966.

de Jong, Gordon F./Faulkner, Joseph F., The Church, Individual Religiosity and Social Justice, in: Sociological Analysis, Vol. 28, Nr. 1, 1967, S. 34—43.

Käsemann, Ernst, Gottesdienst im Alltag der Welt, in: Exegetische Versuche und Besinnungen, Bd. II, S. 198—204, Göttingen, Vandenhoeck & Ruprecht, 1964.

Kahn, Tom, Why the Poor People's Campaign Failed, in: Commentary, Vol. 46, No. 3, September 1968, S. 50—55.

Kardiner, A./Ovesey, L., The Mark of Oppression, Cleveland, Ohio, World Publishing Company, 1962.

Kehrer, Günter, Das religiöse Bewußtsein des Industriearbeiters, München, Piper-Verlag, 1967.

Killian, Lewis/Grigg, Charles, Racial Crisis in America, Englewood Cliffs, New Jersey, Prentice-Hall, 1964.

King, Coretta Scott, My Life with Martin Luther King, Jr., New York, Holt, Rinehart and Winston, 1969.

King, Martin Luther, The Acceptance Speech of the Nobel Peace Price on Dec. 10, 1964, abgedruckt in: Negro History Bulletin, Mai 1968, S. 20—21.

ders., Address to the National Bar Association, Milwaukee (29. 8. 1959), King Collection, Akte I, Mugar Library, Boston University.

ders., After the March, masch., ohne Datum.

ders., Annual Report of the President (16. 8. 1967, Atlanta), hrsg. von der SCLC, Atlanta, 1967.

ders., Ansprache bei der »Prayer Pilgrimage for Freedom« (17. 5. 1957, ohne Titel), hrsg. von der SCLC, Atlanta, 1957 (masch.).

ders., Ansprache in der Howard University am 6. 11. 1963 (ohne Titel), abgedruckt in: Sarva Sava Sangh, April 1968, S. 2.

ders., Ansprache vor der SCLC am 16. 6. 1965 in Atlanta (ohne Titel), masch., Atlanta 1965.

ders., Behind the Selma March, in: Saturday Review, 3. 4. 1965, S. 57 ff.

ders., Black Power, in: The New York Times, 26. 6. 1966.

ders., Black Power, in: The Progressive, Nov. 1966, S. 15 ff.

ders., Bold Design for a New South, in: The Nation, 30. 3. 1963, S. 259 bis 262.

ders., The Casualties of the War in Vietnam (An address by Dr. Martin Luther King, Jr., The Nation Institute, Los Angeles, California, February 25, 1967), in: Dr. Martin Luther King, Jr./Dr. John C. Bennett/Dr. Henry Steele Commager/Rabbi Abraham Heschel Speak on the War in Vietnam, hrsg. von: Clergy and Laymen Concerned About Vietnam, New York, S. 5 bis 9 (Deutsch in: Benedict, Hans-Jürgen/Bahr, Hans-Eckehard, Hrsg. Kirchen als Träger der Revolution, S. 113–124, unter dem Titel: Die Wunden, die wir uns schlagen).

ders., A Comparison of the Conceptions of God in the Thinking of Paul Tillich and Henry Nelson Wieman, ungedruckte Ph.-D.-Dissertation, Boston University (Photokopie).

ders., The Crisis in American Cities, in: Gandhi Marg, Januar 1968, S. 17–23 (Übersetzung in: Ebert, Theodor/Benedict, Hans-Jürgen, Hrsg., Macht von unten, Hamburg, 1968, S. 36–45).

ders., Epitaph and Challenge, in: SCLC Newsletter, November-Dezember 1963, S. 1.

ders., Equality Now, in: The Nation, 4. 2. 1961, S. 91–94.

ders., Facing the Challenge of a New Age, in: Fellowship, Februar 1957, S. 3–11.

ders., Fumbling on the New Frontier, in: The Nation, 3. 3. 1962, S. 190 bis 193.

ders., The Hammer of Civil Rights, in: The Nation, 9. 3. 1964, S. 130 bis 134.

ders., Honoring Dr. DuBois, in: Freedomways, Vol. 8, Nr. 2, Frühjahr 1968, S. 104–111.

ders., I Have a Dream (Rede am 28. 8. 1963 in Washington), hrsg. von der SCLC, Atlanta, 1963 (masch.)

ders., I've Been to the Mountain Top (Rede, gehalten am 3. 4. 1968 in der Mason Temple Church in Memphis), hrsg. von der SCLC, Atlanta, 1968 (masch.).

ders., In a Word — Now, in: New York Times Magazine, 29. 9. 1963, S. 91.

ders., Is It All Right to Break the Law?, in: U. S. News & World Report, 12. 9. 1963, S. 6.

ders., Martin Luther King Defines Black Power, in: New York Times Magazine, 11. 6. 1967, S. 26.

ders., The Last Steep Ascent, in: The Nation, 14. 3. 1966, S. 288–292.

ders., Let Justice Roll Down, in: The Nation, 15. 3. 1965, S. 269–274.

ders., Love, Law and Civil Disobedience, in: New South, Dezember 1961, S. 3–11.

ders., The Luminous Promise, in: The Progressive, Dezember 1962, S. 34 bis 37.

ders., The Measure of a Man, Philadelphia, Pilgrim Press, 1968.

ders., More Than Any Other Person in History, Artikel für die »Hindustan Times«, ohne Datum, masch.

ders., Next Stop: The North, in: Saturday Review, 3. 4. 1965, S. 33 bis 35 u. S. 105.

ders., Never Let Them Rest, in: Liberation, Oktober 1959, S. 12 f.

ders., Nonviolence: The Only Road to Freedom, in: Ebony, Oktober 1966, S. 297 ff.

ders., Nonviolence and Racial Justice, in: Motive, Mai 1960, S. 18.

ders., Our Struggle, in: Liberation, April 1956, S. 3—6.

ders., Predigt in der Ebenezer Baptist Church, Atlanta, 16. 1. 1966 (ohne Titel), hrsg. von der SCLC, Atlanta, 1966 (masch.).

ders., Recommendations to the Dexter Av. Baptist Church for the Fiscal Year of 1954—55, Montgomery, 1954 (masch.).

ders., Rede in der Lincoln University am 6. 6. 1961 (ohne Titel), in: Negro History Bulletin, Mai 1968, S. 10—15.

ders., Rede vor der »Fourth Constitutional Convention of AFL-CIO« in Miami Beach am 11. 12. 1961 (ohne Titel), hrsg. von der SCLC, Atlanta 1961 (masch.).

ders., The Role of the Behavioral Scientist in the Civil Rights Movement, in: American Psychologist, März 1968, S. 180—186.

ders., Showdown for Nonviolence, in: Look, 16. 4. 1968, S. 23 bis 25.

ders., The Social Organization of Nonviolence, in: Liberation, Oktober 1959, S. 5—6.

ders., Speeches About the War in Vietnam: a) Vietnam and the Struggle for Human Rights (Riverside Church, New York, 4. 4. 1967); b) The Domestic Impact of the War in Vietnam (National Labor Leadership Conference, University of Chicago, 11. 11. 1967); c) Vietnam Is Upon Us (New York Avenue Presbyterian Church, Washington, D. C., 6. 2. 1968), hrsg. von: Clergy and Laymen Concerned About Vietnam, New York, 1968 (zit.: King, Speeches).

ders., Statement by Dr. Martin Luther King, Jr., President, Southern Christian Leadership Conference (Presseerklärung, abgegeben am 30. 10. 1967 anläßlich seiner Verurteilung zu einer 5tägigen Gefängnisstrafe wegen der Demonstrationen in Birmingham), hrsg. von der SCLC, Atlanta, 1967 (masch.).

ders., Statement to the Press at the Beginning of the Youth Leadership Conference (15. 4. 1960, Raleigh, N. C.), hrsg. von der SCLC, 1960 (masch.).

ders., Strength to Love, New York, Pocket Books, 1968 (zit.: King, Strength).

ders., Stride Toward Freedom, New York, Harper & Row, 1958 (zit.: King, Stride).

ders., Suffering and Faith, in: The Christian Century, 27. 4. 1960, S. 26 f.

ders., Telegram to President Eisenhower (9. 3. 1960), hrsg. von der SCLC, Atlanta, masch.

ders., A Testament of Hope, Nach-

druck aus: Playboy, Januar 1969, S. 174 ff. (zit.: King, Testament).
ders., The Time for Freedom Has Come, in: The Quiet Battle, hrsg. von Mulford Sibley, Boston, Beacon Press, 1963, S. 300—304.
ders., The Trumpet of Conscience, New York, Harper & Row, 1968 (zit.: King, Trumpet).
ders., The Un-Christian Christian, in: Ebony, August 1965, S. 77 ff.
ders., Vorwort zu: Daniel C. Thompson, The Negro Leadership Class, Englewood Cliffs, N. Y., Prentice Hall, 1963, S. IX-X.
ders., Vorwort zu: Richard Gregg, The Power of Nonviolence, New York, Fellowship of Reconciliation Publications, 1959, o. S.
ders., We Are Still Walking, in: Liberation, Dezember 1956, S. 6—9.
ders., Where Do We Go from Here: Chaos or Community? Boston, Beacon Press, 1968 (zit.: King, Where).
ders., Who Is Their God?, in: The Nation, 13. 10. 1962, S. 209—210.
ders., Who Speaks for the South?, in: Liberation, März 1958, S. 13 ff.
ders., Why We Can't Wait, New York, Signet Books, 1964 (zit.: King, Why).
Martin Luther King, Editorial in: The Nation, 15. 4. 1968, S. 490.
Martin Luther King and Mahatma Gandhi, Editorial in: The Negro History Bulletin, Mai 1968, S. 4 bis 5.
Martin Luther King and the Montgomery Story, hrsg. von der »Fellowship of Reconciliation«, Nyack, New York, 1957.
Martin Luther King, Man of Peace or Apostle of Violence? in: Congressional Record, Washington, 4. 10. 1967, Vol. 113, Nr. 158.
King Comes to Chicago, in: Christian Century, 11. 8. 1965, S. 979—980.
Dr. King Calls for Antiwar Rally in Capital Feb. 5—6, in: New York Times, 13. 1. 1968.
Dr. King Carries Fight to Northern Slums, in: Ebony, April 1966, S. 94 ff.
Dr. King's Disservice to His Cause, Editorial in: Life, 21. 4. 1967, S. 4.
King's Last March: We Lost Somebody, in: Newsweek, 22. 4. 1968, S. 26 ff.
Dr. King's Legacy, Editorial in: Commonweal, 19. 4. 1968, S. 125—126.
Dr. King Says Civil Disobedience May Be Necessary if U. S. Continues to Intensify War, in: New York Times, 2. 4. 1967.
Mrs. King Says LOOK Story Untrue, in: Jet, 17. 4. 1969.
King, Slater, Our Main Battle in Albany, in: Freedomways, Sommer 1965, S. 417—423.
Kolko, Gabriel, Besitz und Macht, edition suhrkamp, Bd. 239, Frankfurt, 1967.
Kopkind, Andrew, The Birth of Black Power, in: Ramparts, Oktober 1966, S. 4 ff.
Krakau, Knud, Missionsbewußtsein und Völkerrechtsdoktrin in den Vereinigten Staaten von Amerika, Frankfurt, Metzner-Verlag, 1967.
Krüger, Marlis, Zum Begriff der »black culture«, in: Blätter für deutsche und internationale Politik, Juni 1970, S. 627—638.
Lawson, James, From a Lunch-Counter Stool, in: Motive, Mai 1960, S. 16—18.
ders., The Meredith March and To-

morrow, in: Concern, 15. 7. 1966, S. 4 ff.

Lee, Robert/Marty, Martin E. (Hrsg.), Religion and Social Conflict, New York, Oxford University Press, 1964.

Lehmann, Theo, Negro Spirituals. Geschichte und Theologie, Berlin (Ost), Evangelische Verlagsanstalt, o. J.

Lenski, Gerhard, The Religious Factor, Garden City, N. Y., Anchor Books, Doubleday, 1963.

Lewis, David L., King — A Critical Biography, New York, Praeger, 1970.

Lincoln, C. Eric (Hrsg.), Martin Luther King, Jr. — A Profile, New York, Hill and Wang, 1970.

Lincoln, C. Eric, The Negro Pilgrimage in America, New York, Bantam, 1967.

ders., Sounds of the Struggle, New York, William Morrow & Co., 1969.

Loescher, Frank S., The Protestant Church and the Negro, New York, Association Press, 1948.

Lokos, Lionel, House Divided — The Life and Legacy of Martin Luther King, New Rochelle, Arlington House, 1968.

Lomax, Louis E., To Kill a Black Man, Los Angeles, Holloway House, 1968.

ders., The Negro Revolt, New York, Signet Books, 1963.

Long, Margaret, He Kept So Plain, in: The Progressive, Mai 1968, S. 20—24.

dies., The Movement, in: New South, Winter 1966, S. 1 ff.

Lowenthal, Wolf, Resurrection City: The Medium Was the Message in: Liberation, September 1968, S. 16 bis 17.

Lynd, Staughton, The New Radicals and »Participatory Democracy«, in: Dissent, Sommer 1965, S. 325 bis 333.

Maguire, John David, Martin Luther King and Vietnam, in: Christianity and Crisis, 1. 5. 1967, S. 89—90.

Man of the Year, in: Time, 3. 1. 1964, S. 13 ff.

Marcuse, Herbert, Ideen zu einer kritischen Theorie der Gesellschaft, edition suhrkamp, Bd. 300, Frankfurt, 1969.

ders., One-Dimensional Man, Boston, Beacon Press, 1967.

Marine, Gene, »I've Got Nothing Against the Colored, Understand!«, in: Ramparts, November 1966, S. 14—18.

Marsch, Wolf-Dieter, Christlicher Glaube und demokratisches Ethos, dargestellt am Lebenswerk Abraham Lincolns, Hamburg, Furche-Verlag, 1958.

Marti, Kurt, Guerillataktik und Parteilichkeit, in: Monatsschrift für Pastoraltheologie, September 1969, S. 363—369.

Martyrdom Comes to America's Moral Leader, Editorial in: Christian Century, 17. 4. 1968, S. 475 bis 476.

Mayntz, Renate, Soziologie der Organisation, rde, Bd. 166, Hamburg, Rowohlt, 1967.

Mays, Benjamin, Disturbed About Man, Richmond, Va., John Knox Press, 1969.

Mays, Benjamin/Nicholson, Joseph, The Negro's Church, New York, Institute of Social and Religious Research, 1933.

Mays, Benjamin, The Negro's God as Reflected in His Literature, New York, Atheneum, 1968.
McGill, Ralph, The Agony of the Southern Minister, in: The New York Times Magazine, 27. 9. 1959, S. 16 u. S. 57.
McGraw, James, An Interview with Andrew J. Young, in: Christianity and Crisis, 22. 1. 1968, S. 324 bis 330.
McKee, Don, Martin Luther King, Jr., New York, Putnam's Sons, 1969.
Meier, August, On the Role of Martin Luther King, in: New Politics, Winter 1965, S. 52—59 (nachgedruckt in: E. Lincoln, Hrsg., Martin Luther King, Jr., S. 144—156).
Memmi, Albert, The Colonizer and the Colonized, Boston, Beacon Press, 1965.
Metz, Johann Baptist, Zur Theologie der Welt, Mainz/München, Grünewald/Kaiser, 1968.
Metz, Johann Baptist/Moltmann, Jürgen/Oelmüller, Willi, Kirche im Prozeß der Aufklärung, München/Mainz, Kaiser/Grünewald, 1970.
Miller, William Robert, Gandhi and King — Trail Blazers in Nonviolence, in: Fellowship, Januar 1969, S. 5—8.
ders., Martin Luther King, Jr. — His Life, Martyrdom and Meaning for the World, New York, Weybright and Talley, 1968.
ders., Nonviolence – A Christian Interpretation, New York, Schokken Books, 1966.
Mills, C. Wright, Politik ohne Verantwortung (The Causes of World War III), München, Kindler, 1963.
Moberg, David O., The Church as a Social Institution. The Sociology of American Religion, Englewood Cliffs, N. J., Prentice-Hall, 1962.
Le Mone, Archie (Hrsg.), The Negro Church in the USA, Risk, Vol. 4, No. 1, 1968 (Publikation des WCC).
Moody, Anne, Erwachen in Mississippi. Eine Autobiographie, Frankfurt, Fischer-Verlag, 1970.
Murphy, Raymond J./Elinson, Howard (Hrsg.), Problems and Prospects of the Negro Movement, Belmont, Cal., Wadsworth Publishing Company, 1966.
Murray, Michael, White Churches and Black Power, in: Church in Metropolis, Frühjahr 1968, S. 1 ff.
Myrdal, Gunnar, An American Dilemma, New York, McGraw-Hill, 2 Bde. 1964 (1944[1]).
The Negro American, hrsg. von R. Aron u. a., in: Daedalus, Journal of the American Academy of Arts and Sciences, Herbst 1965 (Bd. I) und Winter 1966 (Bd. II).
Niebuhr, Reinhold, The Irony of American History, New York, Scribner's, 1952.
ders., Die Königskapelle und der Königshof, in: Junge Kirche, März 1970, S. 152-155 (dtsch. Übersetzung).
ders., Moral Man and Immoral Society, New York, Scribner's Sons, [2]1960 (= [1]1932).
Niebuhr, H. Richard, Der Gedanke des Gottesreiches im amerikanischen Christentum, New York, Church World Service, 1948.
ders., The Social Sources of Denominationalism, Cleveland, The World Publishing Company, 1964.
Editorial: Nonviolence Isn't Dead, in: Liberation, April 1968, S. 3—6.

North and South. Southern Christian Leadership Conference Staff News, hrsg. von der SCLC, Atlanta, 1967.
Peck, James, Freedom Ride, New York, Simon and Schuster, 1962.
Peukert, Helmut (Hrsg.), Diskussion zur »politischen Theologie«, Mainz/München, Grünewald/Kaiser, 1969.
Pilgrimage of the Poor, in: The New Republic, 11. 5. 1968, S. 6 f.
Pitcher, Alvin/Wallace, David/Freeman, Lorraine, The Breadbasket Story, in: Church in Metropolis, Frühjahr 1968, S. 3 ff.
Pope, Liston, The Kingdom Beyond Caste, New York, Friendship Press, 1957.
ders., Millhands and Preachers, New Haven, Yale University Press, 1942.
ders., Religion and the Class Structure, in: The Annals of the American Academy of Political and Social Science, Vol. 256, März 1948, S. 84—91.
Pritchard, Warren, The Poor People's Campaign, in: New South, Vol. 23, No. 4, Herbst 1968, S. 2—20.
ders., The Poor People's Campaign and Other Lobbies, in: New South, Vol. 23, No. 4, Herbst 1968, S. 21 bis 27.
Quarles, Benjamin, Martin Luther King in History, in: Negro History Bulletin, Mai 1968, S. 9.
Rainwater, Lee/Yancey, William L., The Moynihan Report and the Politics of Controversy, Cambridge, Mass., The M. I. T. Press, 1967.
Rathbun, John W., Martin Luther King: The Theology of Social Action, in: American Quarterly, XX, 1, Frühjahr 1968, S. 38—53.
Rauschenbusch, Walter, Christianity and the Social Crisis, New York, Harper & Row, 1964 (1907[1]).
ders., A Theology for the Social Gospel, New York, Macmillan, 1917.
Reddick, Lawrence D., The Bus Boycott in Montgomery, in: Dissent, Frühjahr 1956, S. 107—117.
Reimers, David, White Protestantism and the Negro, New York, Oxford University Press, 1965.
Religion in America, Daedalus, Journal of the American Academy of Arts and Sciences, hrsg. von R. Aron u. a. m., 1968.
Rendtorff, Trutz, Freiheit und Recht des Menschen — Theologische Überlegungen zur Menschenrechtserklärung, in: Lutherische Rundschau, 18. Jg., 1968, S. 215—227.
Report of the National Advisory Commission on Civil Disorders (= Riot Commission Report), New York, Bantam Books, 1968.
Richardson, Herb, Martin Luther King — Unsung Theologian, in: Commonweal, 3. 5. 1968, S. 201 bis 203.
Robertson, D. B. (Hrsg.), Voluntary Associations — A Study of Groups in Free Societies, Richmond, Va., John Knox Press, 1966.
Rokeach, Milton, Faith, Hope and Bigotry, in: Psychology Today, April 1970, S. 33 ff.
Romero, Patricia W., Martin Luther King and His Challenge to White America, in: Negro History Bulletin, Mai 1968, S. 6—8.
Rooks, C. Shelby, Theological Education and the Black Church, in: Christian Century, 12. 2. 1969, S. 212—216.

Rose, Stephen C., The Grass Roots Church, Nashville, Abingdon Press, 1966.
ders., The »Movement« Moves North, in: Christianity and Crisis, 19. 9. 1966, S. 200—201.
Rowan, Carl T., Martin Luther King's Tragic Decision, in: Reader's Digest, September 1967, S. 37 bis 42.
Rustin, Bayard, Guns, Bread, and Butter, in: War/Peace Report, März 1967, S. 12—14.
ders., The Lessons of the Long Hot Summer, in: Commentary, Vol. 24, No. 4, Oktober 1967, S. 39—45.
ders., The Meaning of Birmingham, in: Liberation, Juni 1963, S. 7 ff.
ders., The Meaning of the March on Washington, in: Liberation, Oktober 1963, S. 11—13.
ders., Montgomery Diary, in: Liberation, April 1956, S. 7—19.
The Sanitation Strike, in: New Left Notes, 8. 4. 1968, S. 1 ff.
SAPAC Digest, hrsg. vom »Social and Political Action Committee« der Dexter Avenue Baptist Church, Montgomery, Januar 1955.
SCLC Has a Brilliant and Dedicated Staff, in: Ebony, Juni 1965, S. 142 ff.
Seiz, Paul-Gerhard (Hrsg.), Die Siedlung als Neuland der Kirche, Bd. 2 der Reihe »Kirchenreform«, Stuttgart, Calwer Verlag, 1968.
Sharma, Mohan Lal, Martin Luther King: Modern America's Greatest Theologian of Social Action, in: The Journal of Negro History, Juli 1968, S. 257—263.
Shuttlesworth, Fred L., Birmingham Shall Be Free Some Day, in: Freedomways, Winter 1964, S. 16—19.
Sibley, Mulford, The Quiet Battle — Writings on the Theory and Practice of Nonviolent Resistance, Boston, Beacon Press, 1963.
Silberman, Charles, Crisis in Black and White, New York, Vintage Books, 1964.
Silver, James W., Mississippi: The Closed Society, New York, Harcourt, Brace & World, Inc., 1966.
Sleeper, C. Freeman, Black Power and Christian Responsibility, Nashville, Abingdon Press, 1969.
Smith, Donald H., Martin Luther King, Jr.: Rhetorician of Revolt, ungedruckte Ph.-D.-Arbeit, University of Wisconsin 1964 (masch.).
Smylie, James H., On Jesus, Pharaohs, and the Chosen People — Martin Luther King as Biblical Interpreter and Humanist, in: Interpretation, A Journal of Bible and Theology, Januar 1970, S. 74—91.
Soul Force, »Official Journal of the Southern Christian Leadership Conference«, Atlanta, Ga.; zitiert wird aus folgenden Ausgaben: 15. 2. 1968; 31. 3. 1968; 1. 5. 1968; 15. 5. 1968; 19. 6. 1968; 4. 4. 1969.
Spiegel, Yorick, Pfarrer und Gesellschaft in den USA, in: Theologia Practica, Januar 1968, S. 9—26.
Spike, Robert W., Fissures in the Civil Rights Movement, in: Christianity and Crisis, 21. 2. 1966, S. 18 bis 21.
Spivey, Charles, The Black Church and Church Union, in: Impact, Dezember 1968, S. 8 ff.
Summary of Ninth Annual Convention (Birmingham, Al., 9.—13. 8. 1965), hrsg. von der SCLC, Atlanta, 1965.
Sutton, Francis X./Seymour, E. Har-

ris/Tobin, James/Kaysen, Carl, The American Business Creed, New York, Schocken Books, 1962.

Schuchter, Arnold, White Power/Black Freedom. Planning the Future of Urban America, Boston, Beacon Press, 1968.

Schultz, Hans-Jürgen, Erinnerung an Martin Luther King, in: Monatsschrift für Pastoraltheologie, Juni 1969, S. 233—237.

Schulze-Wilde, Harry, Malcolm X und Elijah Muhammed — Die religiösen Wurzeln der amerikanischen Rassenkämpfe, in: Frankfurter Hefte, 22. Jg., 1967, S. 333—348.

Sykes, Ossie, Dream World of Rev. King, in: Liberator, Februar 1965, S. 10—13 und: März 1965, S. 11 bis 15.

Stackhouse, Max, Christianity in New Formation, in: Andover Newton Quarterly, November 1968, S. 95 bis 111.

Stanfield, J. Edwin, In Memphis: More Than a Garbage Strike, hrsg. vom Southern Regional Council, Atlanta, 1968, mit zwei Supplementen.

Still King, Editorial in: Christian Century, 7. 9. 1966, S. 1071 bis 1072.

Stringfellow, William, My People Is the Enemy, Garden City, N. Y., Doubleday, 1966.

Thompson, Daniel C., The Negro Leadership Class, Englewood Cliffs, N. J., Prentice Hall, 1963.

Tillich, Paul, Die politische Bedeutung der Utopie im Leben der Völker, Berlin, Gebr. Weiss-Verlag, 1951.

Troeltsch, Ernst, Die Soziallehren der christlichen Kirchen und Gruppen (= Gesammelte Schriften, Bd. I), Tübingen, Mohr, 1919.

The Urban Riots, the Church and the Future, in: Concern, 1. 1. 1967, S. 1 ff.

Vahl, Anneliese, Martin Luther King, Berlin, Evangelische Verlagsanstalt, 1968.

Vidich, Arthur J./Bensman, Joseph, Small Town in Mass Society, Garden City, Anchor Books, Doubleday, 1960.

Vilmar, Fritz, Rüstung und Abrüstung im Spätkapitalismus, Frankfurt, Europ. Verlagsanstalt, 1969.

Violence in America. Historical and Comparative Perspectives, A Report to the National Commission on the Causes and Prevention of Violence, hrsg. von Hugh D. Graham und Ted Robert Gurr, New York, Signet Books, 1969.

The Violent New Breed, in: Christianity Today, 24. 11. 1967, S. 25 bis 26.

Walker, Wyatt Tee, Albany, Failure or First Step?, in: New South, Juni 1963, S. 3—8.

ders., The Future of the Black Church, in: Impact, Dezember 1968, S. 11 ff.

Warren, Robert Penn, Who Speaks for the Negro?, New York, Vintage Books, 1966.

Washington, Joseph, Black Religion, Boston, Beacon Press, 1964.

ders., The Politics of God, Boston, Beacon Press, 1967.

Watters, Pat, Beale Street and Points North — Memphis Is Also America, in: The Nation, 22. 4. 1968, S. 529—531.

Watters, Pat/Stanfield, J. Edwin, In Memphis: One Year Later, hrsg.

vom Southern Regional Council, Atlanta, 1969.

Weatherford, Willis D., American Churches and the Negro, Boston, Christopher Publishing House, 1957.

Westin, Alan F. (Hrsg.), Freedom Now, New York, Basic Books, 1964.

Whitely, D. E. H./Martin, R. (Hrsg.), Sociology, Theology and Conflict, Oxford, 1969.

Wieser, Thomas (Hrsg.), Planning for Mission, Publikation der »U. S. Conference for the WCC«, New York, 1966.

Williams, Preston, Black Church: Origin, History, Present Dilemmas, in: Andover Newton Quarterly, November 1968, S. 112—123.

Williams, Robert F., Can Negroes Afford to Be Pacifists? in: Liberation, September 1959, S. 4—7.

Williams, Robert F./Rigg, Robert B., Großstadtguerilla, Voltaire-Flugschrift 24, hrsg. von B. Vesper, Berlin 1968.

Wilmore, Gayraud S., The White Church and the Search for Black Power, hrsg. von: Board of Christian Education, United Presbyterian Church, 1967.

Winter, Gibson, The Suburban Captivity of the Churches, New York, Macmillan Company, 1966.

Wood, James R./Zald, Mayer N., Aspects of Racial Integration in the Methodist Church: Sources of Resistance to Organizational Policy, in: Social Forces, Vol. 45, No. 2, Dezember 1966, S. 255—265.

Woodson, Carter G., The History of the Negro Church, Washington, Associated Publishers, 1921.

Wright, Nathan, Black Power and Urban Unrest, New York, Hawthorn Books, 1967.

Wurzbacher, Gerhard/Bolte, Karl Martin/Klaus-Roeder, Rosemarie/Rendtorff, Trutz, Der Pfarrer in der modernen Gesellschaft, Hamburg, Furche-Verlag, 1960.

X, Malcolm, The Autobiography of Malcolm X, New York, Grove Press, 1965.

ders., Schwarze Gewalt. Reden, Edition Voltaire, Bd. I, hrsg. von B. Vesper, Berlin 1968.

Yinger, J. Milton, Religion, Society and the Individual, New York, Macmillan, 1957.

Young, Andrew, »New Day! News in Racial Tensions?« (Rede, masch., ohne Datum).

ders., Rede, gehalten am 25. 9. 1968 auf der »Ministers' Leadership Training Conference« in Green Lake, Wisconsin (ohne Titel, masch. Nachschrift — mit Lücken).

ders. (Hrsg.), Does Martin Luther King, Jr., Have the Right? the Qualification? the Duty? to Speak Out on Peace?, Atlanta, 1967.

Young, Whitney M., When the Negroes in Vietnam Come Home, in: Harper's Magazine, Vol. 234, No. 1405, Juni 1967, S. 63—69.

Zinn, Howard, SNCC: The New Abolitionists, Boston, Beacon Press, 1964.

ders., Albany: A Study in National Responsibility, hrsg. vom Southern Regional Council, Atlanta, 1962.

VERZEICHNIS DER INTERVIEW-PARTNER

Prof. James Luther Adams (Harvard University), 4. 5. 1969, Boston.

Rev. Fred Bennette (Operation Breadbasket), 15. 5. 1969, Charleston, S. C.

Rev. Charles Bivens (National Council of Churches), 28. 4. 1969, New York.

Randolph Blackwell (ehemaliger Programmdirektor der SCLC), 23. 5. 1969, Atlanta.

Rev. J. Chapman (National Council of Churches), 29. 4. 1969, New York.

Rev. F. H. Dorsey (MLTP), 21. 5. 1969, Atlanta.

Carl Farris (SCLC), 15. 5. 1969, Charleston, S. C.

Rev. J. D. Grier (Operation Breadbasket), 23. 5. 1969, Atlanta.

Prof. Johannes Hoekendijk (Union Theological Seminary), 30. 4. 1969, New York.

Father William Joyce, 14. 5. 1969, Charleston, S. C.

Mrs. Coretta Scott King, 23. 5. 1969, Atlanta.

Rev. James Lawson (SCLC), 24. 5. 1969, Memphis.

Rev. John Lewis (ehemaliger Vorsitzender von SNCC, jetzt Mitarbeiter des Southern Regional Council), 22. 5. 1969, Atlanta.

Prof. Benjamin Mays (Morehouse College), 20. 5. 1969, Atlanta.

Rev. D. Montgomery, 30. 4. 1969, New York.

Prof. Walter Muelder (Boston University), 9. 5. 1969, Boston.

Tom Offenburger (SCLC, Director of Public Information), 22. 5. 1969, Atlanta.

Rev. Metz Rollins (National Council of Churches), 2. 5. 1969, New York.

Dr. Grant Shockley (National Council of Churches), 28. 5. 1969, New York.

Prof. Max Stackhouse (Andover Newton Theological School); 10. 5. 1969, Boston.

Rev. Wyatt Tee Walker (ehemaliger »Executive Director« der SCLC), 28. 5. 1969, New York.

Rev. Hosea Williams (SCLC), 22. 5. 1969, Atlanta.

Prof. Preston Williams (Boston University), 8. 5. 1969, Boston.

Ron Young (Fellowship of Reconciliation), 30. 4. 1969, Nyack, N. Y.